周宪 主编

怀孕文化史
怀孕、医学和文化（1750—2000）
A Cultural History of Pregnancy
Pregnancy, Medicine and Culture, 1750-2000

[英] 克莱尔·汉森 著
Clare Hanson

章梅芳 译

北京大学出版社
PEKING UNIVERSITY PRESS

著作权合同登记　图字：01-2008-2155

图书在版编目(CIP)数据

怀孕文化史：怀孕、医学和文化(1750—2000)/(英)汉森(Hanson,C.)著；章梅芳译. —北京：北京大学出版社，2010.4

(同文馆·小历史系列)

ISBN 978-7-301-16852-3

Ⅰ. 怀… Ⅱ. ①汉… ②章… Ⅲ. 妊娠-医学史-英国-1750~2000 Ⅳ. K892.21

中国版本图书馆 CIP 数据核字(2010)第 031230 号

First published in English by Palgrave Macmillan, a division of Macmillan Publishers Limited under the title A Cultural History of Pregnancy, 1st edition by Clare Hanson. This edition has been translated and published under licence from Palgrave Macmillan. The author has asseted her right to be identified as the author of this Work

Clare Hanson ⓒ 2004

书　　　　名：	怀孕文化史——怀孕、医学和文化(1750—2000)
著作责任者：	〔英〕克莱尔·汉森　著　章梅芳　译
责 任 编 辑：	吴　敏
标 准 书 号：	ISBN 978-7-301-16852-3/C·0568
出 版 发 行：	北京大学出版社
地　　　　址：	北京市海淀区成府路 205 号　100871
网　　　　址：	http://www.pup.cn
电　　　　话：	邮购部 62752015　发行部 62750672　编辑部 62752022
	出版部 62754962
电 子 邮 箱：	pkuwsz@yahoo.com.cn
印　刷　者：	三河市北燕印装有限公司
经　销　者：	新华书店
	650 毫米×980 毫米　16 开本　17.75 印张　231 千字
	2010 年 4 月第 1 版　2010 年 4 月第 1 次印刷
定　　　　价：	35.00 元

未经许可，不得以任何方式复制或抄袭本书之部分或全部内容。

版权所有，侵权必究

举报电话：010-62752024　电子邮箱：fd@pup.pku.edu.cn

致谢

在本书的写作过程当中，很多同事都帮助了我。我尤其要感谢妮古拉·布拉德伯里(Nicola Bradbury)、马劳拉·约安诺(Maroula Joannou)和伊梅尔达·惠勒翰(Imelda Whelehan)，他们阅读了本书的草稿并慷慨地提供了有益的批评和建议。马克·汉森(Mark Hanson)阅读了已完成的打字稿并提出了很多富有建设性的批评意见。萨拉·甘布尔(Sarah Gamble)最早给予了我鼓励并推动我追寻霍尔丹氏(Haldanes)的足迹。同时，我还十分感谢威尔康姆图书馆科学史与科学理解部工作人员的友好协助，尤其要感谢米丽娅姆·古铁雷斯-佩雷斯(Miriam Gutierrez-Perez)在视觉材料方面为我提供的帮助。大英图书馆的工作人员也始终十分周全殷勤和乐于助人。最后，我要感谢安东尼娅(Antonia)和杰克·汉森(Jack Hanson)的热情支持。

第四章的一部分内容最初发表在《文化与历史》2003年秋的第12卷第2期上。感谢编者允许我再次发表这部分内容，同时也感谢威尔康姆医学影像图书馆允许我再次使用以下图片：

威廉·亨特，图版XX.《孕妇子宫解剖学》

（佚名艺术家），"某位男接生婆积极地为一位颇具魅力的孕妇做身体检查"

托马斯·罗兰森，"女先知乔安娜·索思科特"

拉斯·尼尔松，"20周婴儿正在吸吮拇指"

"超声波扫描设备"

克丽丝·纳斯，"怀孕"

关于拼字法的一条说明

在全书中,我就"胎儿"一词采用的是英式拼法"foetus",因为它也是书中所分析的大部分产科文献所使用的拼法,同时它还是目前英式英语更为偏爱的一种拼法。但是,当引用近现代科学文献(在这些文献中,"fetus"是被广泛接受的拼法)或美国文献时,我则使用美式拼法"fetus"。

插图清单

1. 一名男接生婆充满暗示地为一位颇具魅力的孕妇做身体检查,线雕画,1773年。威尔康姆图书馆,伦敦。 ……… (26)
2. 女先知乔安娜·索思科特(Joanna Southcott)将自己展示给三位男医师,以让其验证自己确已怀孕。T. 罗兰森(T. Rowlandson)的彩色版画,1814年。威尔康姆图书馆,伦敦。 ……… (32)
3. 威廉·亨特(William Hunter):《孕妇子宫解剖学》,1774年。图版 XX. 威尔康姆图书馆,伦敦。 ……… (62)
4. 福特·马多克斯·布朗(Ford Madox Brown),"接住你的儿子吧,先生!",c. 1857(细节)。伦敦塔特美术馆(Courtesy of Tate London)。 ……… (114)
5. 拉斯·尼尔松(Lars Nilsson),20周的胎儿正在吮吸手指。威尔康姆影像图书馆。 ……… (220)
6. 妊娠工厂,克丽丝·纳斯(Chris Nurse)。威尔康姆影像图书馆。 ……… (223)
7. 超声波扫描设备。威尔康姆影像图书馆。 ……… (225)

目 录

致谢 …………………………………………………………… (1)
关于拼字法的一条说明 ……………………………………… (1)
插图清单 ……………………………………………………… (1)

导言 …………………………………………………………… (1)
1 给女性的建议 …………………………………………… (23)
　　怀孕代言：相互竞争的真理主张 ………………………… (23)
　　兴奋性/敏感性和母性印记 ……………………………… (34)
　　评价怀孕 ………………………………………………… (52)
　　预成论、渐成论与《弗兰肯斯坦》 ………………………… (65)
2 道德生理学 ……………………………………………… (72)
　　女性的本质 ……………………………………………… (72)
　　妊娠期精神病 …………………………………………… (84)
　　"接住你的儿子吧，先生！" ……………………………… (100)
3 生育种族 ………………………………………………… (117)
　　身体劣化与优生学女权主义 …………………………… (117)
　　妇女权利与产前环境 …………………………………… (130)
　　分析怀孕 ………………………………………………… (148)
4 大规模生产 ……………………………………………… (162)
　　优生学与社会阶级 ……………………………………… (162)
　　人工培育 ………………………………………………… (174)

国家政策……………………………………………（183）
　　自然分娩……………………………………………（196）
5　生育未来………………………………………………（208）
　　第二次女权主义运动浪潮与人口生育………………（208）
　　作为个体的胎儿，作为病人的胎儿…………………（219）
　　新的生育技术………………………………………（229）
　　生育选择……………………………………………（240）

参考书目…………………………………………………（249）
索引………………………………………………………（259）
译后记……………………………………………………（269）

导言

1791年10月，朱迪思·米尔班克（Judith Milbanke）写信给她的姑妈玛丽·诺埃尔（Mary Noel），告诉了她自己可能已经怀孕的消息，此时朱迪思已结婚15年，一直没有小孩，其间经历了两次流产。朱迪思的境遇在很多方面都是不同寻常的。她的丈夫拉尔夫·米尔班克（Ralph Mibanke）是一位辉格党下院议员，和他在一起朱迪思生活得很快乐，他显然没有给她必须生育小孩以延续家族香火的压力。她积极地参与丈夫的政治生涯，过着忙碌的社会生活，而且最重要的是他们还十分富有。[1] 然而，尽管她拥有特权地位，怀孕这件事仍然使她陷入疑虑和不确定之中，这也是当时现实条件的必然伴生物。她姑妈的回信就生动地表明了这一时代的经验特征，即对怀孕的焦虑和不确定性。因为在这个时代，直到在产妇的分娩过程中孩子被真实地看见之前，人们都始终无法确诊是否怀孕。在给朱迪思的第一封回信中，姑妈表达了自己对朱迪思症状的兴奋之情和种种推测，并且吩咐她必须严守秘密以免希望落空而遭人嘲笑。在第二封回信中，姑妈告诉朱迪思自己就"哺乳妇女"的问题咨询了朋友，这些人和朱迪思一样有"饥饿感但没有恶心呕吐的症状"。11月9日，她在信中写道："我现在开始相信你一定怀孕了，因为你具备了除恶心呕吐

---

[1] 关于朱迪思·米尔班克的婚姻细节可以参照马尔科姆·埃尔温（Malcolm Elwin）的《诺埃尔家族和米尔班克家族：25年中的通信1767—1792》（Malcolm Elwin, *The Noels and the Milbankes: Their Letters for Twenty-Five Years, 1767-1792*, London: Macdonald, 1967）。随后对这一文献的参考将采用随文注。

之外的每一个妊娠症状,并且没有证据表明你的症状是由于某种身体故障(stoppage)而偶然引发的,虽然这种情况可能会经常发生。"[2]在同一封信中,她还建议朱迪思应该与时髦的**男助产士**(accoucheur)登曼(Denman)医生联系,告诉他自己的症状并询问他自己是否怀孕。两个星期以后,关于朱迪思怀孕的传言不胫而走,但状况依然不确定。虽然胎动初觉(quickening,母亲对胎动的最初体验)常常被认为是怀孕的最可靠的标志,但这也不能提供确定性。所以,在12月2日,玛丽·诺埃尔依然有些畏惧,她写道:"昨晚回到这里之后我就给你写这封信,真的十分感谢你的美味佳肴,它比我的任何晚餐都丰盛得多……但是,我希望你能更加确定一些。"(第401页)直到12月中旬,那时朱迪思已经怀孕4个月了,她才允许她的姑妈开始着手考虑分娩的事情。这时,玛丽·诺埃尔再次力劝朱迪思雇请像登曼那样护理过"精英人物"的**男助产士**来照顾自己,她甚至代替朱迪思走很远的路去向他咨询意见。登曼打消了她们的疑虑,并特别指出,他不觉得有什么必要在这把年纪再遭这份罪(第411页)。1792年5月17日,朱迪思最终生了一个女儿,取名为安娜贝拉(Annabella),由姑妈在英格兰北部的艾拉莫尔-霍尔(Elemore Hall)乡村别墅进行照料。安娜贝拉1815年与拜伦爵士(Lord Byron)结婚,这也正是为什么我们能获得这一怀孕记录的原因。[3]

两百年后,小说家蕾切尔·卡斯克(Rachel Cusk)在她的自传《一生的工作:成为一位母亲》中描述了她首次怀孕时的情况。她的描述始于拜访通业医生,告诉他自己怀孕了:读者可能会推断她是通过某种怀孕测试工具而得知自己怀孕了,因为这类工具从任何一位

---

[2] 故障(stoppage)是一种子宫阻塞,它可能被误认为是怀孕,可能是"胎块"和"假孕"。

[3] 恰好是在安娜贝拉和拜伦1815年结婚的一年之后,她要求分居并开始收集与其婚姻有关的大量文献。由于形成了整理和保存材料的习惯,她也保存了她的母亲朱迪思·米尔班克留给她的全部信件。

药剂师那里都很容易获得。卡斯克随后在比利牛斯山脉进行了徒步旅行,并且偶然失足跌入冰河。当她费尽千辛万苦转危为安时,她注意到在自己的内心出现了事实和感情的鸿沟:尽管她害怕但还是小心翼翼地往上爬,她发现"看起来,我所感觉到的对于我所能做的而言,并不会构成障碍"〔4〕。对她来说,下一个具有里程碑意义的事件则是接受超声波扫描:

> 超声波扫描员命令我们,上下无规则地摆动你的臀部,这样我们可以看清是不是能让它动起来。在床旁边的计算机屏幕上,一个小小的、类似甲壳类的生物躺在静态的雪花点之中……来吧,超声波扫描仪严厉地命令着这个生物,让我们看到你动起来!她将扫描仪进一步按压在我的腹部上。这个生物挥舞着它纤瘦的胳膊,看起来十分痛苦。(第24页)

卡斯克意识到,胎动的公开展示不仅仅是简单地出于医学的原因,同时也是为了满足"自我的兴趣需要",离开的时候医生给了她一张扫描照片,这张照片在她看来就是母婴遭遇后留下的某种纪念品或图腾标志。除此之外,医生还给了她《艾玛日记》(*Emma Diary*)的复印本。这是一部由英国国家医疗卫生服务系统(National Health Service)出版的小说性质的怀孕说明书,书中充满了对怀孕期间各种行为的指导意见,这些建议类似于其他怀孕书籍和传单的汇总,它告诉孕妇什么是正确的饮食和锻炼方式,应采取怎样的睡觉姿势,怎么过夫妻生活,等等。卡斯克开始怨恨这些文献,尤其是这些文献还暗示了"欠考虑的行为可能会引发残忍的结果。例如,吃酱的话,婴儿

---

〔4〕 蕾切尔·卡斯克:《一生的工作:成为一位母亲》(Rachel Cusk, *A Life's Work: On Becoming a Mother*, London: Fourth Estate, 2001),第23页。后面对这一文献的参考采用随文注。

的肝脏将会受到损伤。吃蓝纹干酪的话,孩子则可能感染李斯特氏菌"(第29页)。随着怀孕的继续,她对自己的困境感到"绝望"和"从未有过的孤立无援"。但是影响她最大的不是饮食和行为受到约束,不是身体发生了"极端"变化,也不是要经受莫名的痛楚,而是失去了隐私,对此她这样描述道:

> 这是隐私被人侵犯的感觉,如同我的房门大开着,陌生人走了进来,他们四处搜寻,这让我很难忍受。……我在报纸上读到了关于美国妇女的报道,这些妇女因伤害了她们未出生的胎儿而遭到起诉,我在想这样的事情究竟是如何发生的;身体如何能变成一个像电话亭那样的公共空间,对自己身体的伤害如何就变成是非法的……就好像我的身体里被植入了一个间谍,在它的详细审查面前,我有着负罪感和自觉意识。我确定并不是腹中的胎儿给我们施加了这种警觉性压力:而是孩子对于其他人的意义,是这个世界所宣称的一种主权感在向我们施压。(第34—35页)

尽管对这次怀孕做了认真的监测,卡斯克在怀孕8个月的时候还是开始流血,并被发现存在不能确诊的胎盘前置(placenta praevia)情况(一种潜在的可威胁到生命的情况,发生于胎盘封住了全部或部分子宫颈时)。她女儿的出生,采取的是急救性剖腹产:几天前卡斯克已从扫描仪中"一眼就认出了她"。

朱迪思和卡斯克的故事在很多方面都不相同,它们生动地展示了怀孕在不同的文化背景中被建构和体验的多种方式。实际上,这正是本书研究开始的前提:怀孕的身体(它可被论证为具有双重化身)是双倍易变的。显而易见,它经历了持续的生理(有时候是病理)变化以及文化上的变化,这是因为人们总是从不断变换的解释框架中来看待它。这些解释框架是在医学和文化的互动中被建构起来的,这种互动关系非常复杂,不能归类为某个单一的理论模式。例如,医学知识方面的一些进步源于对某个特定的、明确的科学目标的追求,这一进步于是又在医学实践的其他领域产生了(非故意的)影响。例如,在怀孕方面,当雷内·拉埃内克(Rene Lannec)1819年发明了听诊器,就被他的学生雅克·亚历山大·德·克加拉德克(Jacques Alexandre de Kergaradec)应用于听诊胎儿在羊水中的活动情况。反过来,他本人由于发现了胎儿的心跳,发明了一种至今仍然是最为重要的怀孕监测器具。因此尽管被限制在严格的伦理范围内,这种伦理构建了19世纪男医生和女病人之间的关系,听诊(听胎音)还是开始"转变为"一种可被接受的产科实践。换句话说,它被文化所调控。在另一方面,医学领域的一些"发展"并非主要源于医学探索,而是产生于一定的文化压力,这些压力造成了一些可被归类为"疾病"并需要接受专业医学"治疗"的行为:所谓的"妊娠期精神病"*,对它的诊断流行于19世纪,这便是一个很能说明情况的事例。尽管医学和文化被视为各自独立的两个领域,但它们的边界是模糊的:它们之间存在一种相互渗透的关系。

  本书正是通过分析一系列的文化和医学文本,进而考察在过去的250年当中,英国在对怀孕的文化"建构"方面所经历的变化。本书利用了一系列的文献,包括产科和助产术方面的书籍、妇女指导丛书、医疗—社会文本(medico-social texts)、文学作品、通俗小说和视觉图像。与渗透性隐喻相符合,这其中没有哪一种文献类型比其他的文献类型更具优先地位:例如,我们不会假定医学科学话语比其他的话语更具认识论上的优先性。本书的目的并不是去描述由医学理解

---

  * 妊娠期精神病(the insanity of pregnancy):妊娠期伴发的精神障碍以抑郁状态多见,其次为神经症症状如焦虑、失眠、情绪不稳等。有的人也出现精神分裂症、躁狂抑郁症的症状。在妊娠的各个时期可出现不同的精神症状,在妊娠早期主要有焦虑不定、失眠、易发脾气等症状;妊娠后期出现抑郁或焦虑,与害怕分娩的痛苦和担心幼儿的健康有关。——译注

变化引起的"文化反响",而是去探索医学、科学、社会和想象的话语共同创造出某种解释框架的方式,这个解释框架构建了任一给定时代对怀孕的理解和体验。它的影响力可能不很均衡,甚至其内部也可能是碎片化和相互矛盾的,因为建构它的每一种话语都有其独特的文化历史和利益取向。如果说任何文本都不会"外在于"意识形态的话,那么它们也同样不会完全臣服于意识形态。对于医学文本而言,这种判断是正确的;对于社会评论著作或者文学文本而言,情况也是如此。确实,正如吉尔·马图斯(Jill Matus)曾指出的,有时候医学话语看起来似乎"比虚构性的想象话语更加开放,更富有探索性和更少臣服于意识形态"〔5〕。然而,因为医学文本声称具有真理性,所以依然有必要强调这一事实:尽管医学科学语言试图努力获得客观性,作为一门语言它仍然不能摆脱自己并非价值无涉的事实。正如伊夫林·福克斯·凯勒(Evelyn Fox Keller)在最近关于基因的一项研究中所提出的:"像我们其他人一样,科学家也是语言的表演者。他们所使用的词语在激发他们的行动方面扮演着非常重要的(而且常常是不可或缺的)角色。……透过他们的词语,科学家塑造了独特的可能性的前景。"〔6〕

同样重要的是必须强调,本书在探索怀孕话语所创造的"可能性前景"的同时,还是一部关于思想和文化表征的历史,它的目的不是试图去获得所谓的"历史的真实"。如同 E. 安·卡普兰(E. Ann Kaplan)所说,在怀孕和小孩喂养的活动中,复杂而矛盾的并且常常未

---

〔5〕 吉尔·L. 马图斯:《不稳定的身体:关于性欲与母性的维多利亚式表述》(Jill L. Matus, *Unstable Bodies: Victorian Representations of Sexuality and Maternity*, Manchester and New York: Manchester University Press, 1995),第 6 页。

〔6〕 伊夫林·福克斯·凯勒:《基因世纪》(Evelyn Fox Keller, *The Century of the Gene*, Cambridge, Mass. and London: Harvard University Press, 2000),第 139 页。

被记录下来的那些主观经验,极其难以得到恢复。[7] 在《被捕获的子宫》一书中,安·奥克利(Ann Oakley)提出了类似的观点,她追问"怀孕的妇女焦虑吗?她们在 1781 年会比在 1881 或 1981 年的时候更焦虑么?对此我们没有办法来断定"[8]。但是,如果不能恢复主观经验,我们还可以去追溯那些构建和改变怀孕的话语,并且在这样做的时候,能揭示出塑造和形成这些经验的思想的历史。我们还能去记录和分析怀孕的行为及其管理中发生的变化,这些变化受到社会的影响和受到医学的影响同样多。例如,我们可以去追溯产科学的兴起过程,以及在富人女性和**男助产士**/产科男医生之间建立起来的关系。这一关系连同其他的因素一起,成为保护怀孕妇女独立性的一种手段。在 20 世纪,我们能勾勒出国家为怀孕妇女所提供的医疗关照的变化模式,以及妇女在就业和休闲方面发生的变化。

如同上文所言,本书所考察的文本主要分为以下三类:医学文本、医疗—社会文本和文学文本(尽管也考察了一些不能划入这三类的材料)。其中,本书所考察的医学文本最主要是产科教材和助产术教科书,以及孕妇的"指导"手册。而本书所讨论到的医疗社会文本,其形式在 19 世纪和 20 世纪存在显著的差异。在 19 世纪,当科学研究提供了一种对精神与身体的新理解时,这些文本较具典型性地是

---

[7] E. 安·卡普兰:《母职与表征:通俗文化与情节剧中的母亲》(E. Ann Kaplan, *Motherhood and Representation: The Mother in Popular Culture and Melodrama*, London: Routledge, 1992),第 19 页。

[8] 安·奥克利:《被捕获的子宫:孕妇医疗史》(Ann Oakley, *The Captured Womb: A History of the Medical Care of Pregnant Women*, Oxford: Blackwell, 1984),第 14 页。与妇女对分娩死亡的焦虑(与对胎儿健康的担心相反)有关,欧文·劳登(Irvine Loudon)令人信服地反驳了"过去那种令人目瞪口呆的分娩观点,而这一观点为一些历史学家所认可",这些人描绘了一幅"死于分娩的惊恐女人,就像苍蝇一样众多"的图景。正如他所指出的,风险总是相对的,在任何时代死于分娩的风险,必须在育龄妇女所面临的其他风险的背景中来理解。所以可以发现,在 1890 年,当孕妇死亡率处于历史的最高点时,在所有 15 至 44 岁的死亡女性中,因分娩而死的人数仍然只占到 8.8%。参考欧文·劳登:《分娩死亡:孕妇护理与孕妇死亡率的一项国际研究(1800—1950)》(Irvine Loudon, *Death in Childbirth: An International Study of Maternal Care and Maternal Mortality 1800-1950*, Oxford: Clarendon Press, 1992),第 162—163 页。

由医学专家来撰写的(但不总是如此),他们对自己的科学发现所具有的社会含义进行反思。到了 20 世纪,这类文本则更多地是由委员会来撰写,并向政府汇报。这些报告的作者不仅包括医学专业的成员,也包括社会科学家和统计学家甚至外行成员。最后,本书所分析到的文学文本包括一系列通俗的和"高雅的"文化文本。在每个领域里,被挑选出来加以讨论的文本,常常是与构建某个特殊时期对怀孕的理解的那些关键概念最为相关的。当然,这种做法回避了一个问题,即如何能确定哪些概念**是**关键性概念。在本书的研究中,我集中关注了那些在上文中提及的零散领域里最具影响力的思想,例如孕妇兴奋性/敏感性(maternal irritability/sensibility)、妊娠期精神病(the insanity)、优生母职(eugenic motherhood),等等。

正如米尔班克和卡斯克的故事所表明的,作为社会复制自身的机制,怀孕绝不是一件私事,相反它特别地容易受到社会的干涉和控制。因此,在宏观层面,贯穿本书所考察的历史时段的人口生育问题,同时也是国家民族的实力和生存之关键。例如,由于 1945 年的人口出生率降至人口死亡率之下,相关人士预计到 2020 年人口总数会下降至 2800 万,这时英国便成立了一个皇家调查委员会,以考察战后背景中人口下降问题的内涵和影响。该委员会的调查给出了一个意味深长的结论,它认为这一局面不仅对于英国是危险的,对于整个英联邦也是十分危险的。对英国来说,这"不仅仅是军事实力和安全"的问题,而且还"必须纳入到更为根本的西方价值、思想和文化的维持与扩张的议题之中"来考量。[9] 相应地,调查报告还向政府建议了鼓励人口增长的干预措施,例如对于那些育有小孩的人实行税收减免政策。在较小的范围内,法定婚姻结构内的人口增长被认为是有益于社会稳定的。在这时,贯彻继承法的家庭保险业就显得十

---

〔9〕 皇家人口调查委员会:《报告》(Royal Commission on Population, *Report*, London: HMSO, 1949),第 134 页。

分重要。当然,法律规定是会随着变化着的社会需求和实践而做出相应改变的。在 18 世纪,统治阶层是地主贵族,他们只能通过留下一份完整的不动产,从而将财富和地位传给下一代,因此一般采取长子继承法和限定继承法。但是到了 19 世纪早期,随着拥有流动资产的中产阶级的兴起,分割继承(divided inheritance)的原则开始盛行,资产更为普遍地在包括妻子和女儿在内的所有继承者中间分割。[10] 但是,无论怎么变化,人口生育总是在某种法律背景之中进行的。

在微观的层面上,情况同样如此,尽管在这里怀孕看起来也许仅仅是个人的私事。例如,如果一位妇女怀孕了但是却希望堕胎,在当前的法律情况下,她有权力这样做而不必参考除自己之外的其他任何人的想法,无论她是已婚还是单身。从法律上讲,如果对她的生理和心理健康而言,坚持怀孕的风险比中止怀孕的风险更大的话,她就可以选择堕胎。[11] 但这里实际上产生了一个为我们所熟悉的悖论,即为什么个人"做选择的权力"必须通过法律的保护来实现。选择的可能性之所以存在,仅仅是因为国家使之成为可能,尽管它在很多人看来是一件最为私人化的事情。

伴随着生育技术领域的新近发展而频繁出现的法律纠纷,也因此仅仅只是使得一直发生的事实更为突出可见而已:人口生育类似于其他产品的生产和消费,既是私人事件,也是公共事件。然而,尽管贯穿着这样一条连续性的线索,理解怀孕的方式在本书所考察的历史时段内还是经历了一个重要的变化,这一变化部分地与人口统

---

〔10〕 参见莉奥诺·达维多夫、凯瑟琳·霍尔:《家族财富:英国中产阶级男性与女性(1780—1850)》(Leonore Davidoff and Catherine Hall, *Family Fortunes: Men and Women of the English Middle Class, 1780-1850*, London: The University of Chicago Press, 1987),第 205—206 页。

〔11〕 英格兰、苏格兰和威尔士的时下法律规定是,当有必要维护身体的健康时,妇女有权力堕胎(在怀孕的最初 24 周内)。仅当她能找到两位医生来证明为了她的健康必须停止妊娠时,她才能实现堕胎的愿望。但是,法律对"妇女健康"的解释十分宽泛,除严格的医学考虑外还包括对社会因素的考虑。在北爱尔兰,对妇女健康威胁的理解则要狭窄得多。

计学的发展有关。从 18 世纪直到 19 世纪 70 年代,英国的人口一直在快速增长,这导致了社会对人口过剩的恐慌,其中最有名的就是马尔萨斯(Thomas Malthus)的论断。[12] 但是,自 19 世纪 70 年代晚期,人口出生率开始下降,一直到第二次世界大战末期,正如上文所提到的,为社会主流所担心的问题变成了人口减少问题。导致人口出生率下降的原因有两个方面。首先是由于避孕知识的增长和避孕途径的增加。很多评论者都关注到了一个事实,那就是在 19 世纪 70 年代这一关键性的 10 年中发生了一件事:安妮·贝赞特(Annie Besant)和查尔斯·布雷德洛(Charles Bradlaugh)因销售诺顿(Knowlton)博士的《哲学的果实》(Fruits of Philosophy)一书而遭到起诉。《哲学的果实》主要是一本避孕指导书籍。这个案件的审讯产生了巨大的宣传效应,在随后的整个 20 年里,约有超过 100 万本的避孕指导手册得以销售。[13] 避孕信息在 19 世纪末期的散播对人口出生率所产生的影响,可能比玛丽·斯托普斯(Marie Stopes)在 20 世纪 20 年代所做工作的影响还要更大一些。但是,在 1880 年到 1920 年这段时期,恰好与第一次女权主义运动浪潮的爆发时间相一致。正是妇女想获取更大独立性的愿望,成为导致家庭人口快速减少的第二个主要因素。

这一人口统计学上的变化对怀孕行为和怀孕经验的影响十分深远。在以前,人们期望一个有生育能力的妇女在她的一生中养育大约 8 个孩子,因此每一次的怀孕对于家庭的生存来说都不是关键性的。而且,在既定的怀孕和分娩的条件下,医疗干预措施又相对很少,女人和男人只能期望出现流产、死产或胎死腹中的情况,从而能

---

[12] 参见马尔萨斯:《影响到社会未来发展时的人口原则,兼对戈德温先生、孔多塞先生和其他作者之推论的评论》(Thomas Malthus, *An Essay on the Principle of Population as It Affects the Future Improvement of Society, With Remarks on the Speculations of Mr Godwin, M. Condorcet, And Other Writers*, London: J. Johnson, 1798)。

[13] 例如,可以参考麦克利里:《种族自杀?》(G. F. McCleary, *Race Suicide?* London: George Allen and Unwin, 1945),第 27 页。该书对 19 世纪避孕知识的影响进行了讨论。

少生一个或更多的孩子。正如历史学家所认为的那样,这并不意味着他们失去孩子的痛苦比不上今天的人,不过二者因此而受到的影响却可能是不同的,因为它们分别发生在不同的医疗、社会和宗教背景之中。正是部分地由于这些原因,使得自18世纪到20世纪早期的产科学的首要兴趣是母亲,而不是婴儿。在1795年出版的《助产术理论与实践专论》中,威廉·斯梅利(William Smellie)提出了一条盛行了150年的黄金法则:"与婴儿的安全相比,母亲的生命总是能得到更多的考虑。"[14] 直到今天,当母亲和婴儿发生冲突时,母亲的安全也总是被放在第一位的,不过现在的情况与斯梅利及其同代人对胎儿死亡的现实态度有所不同。到了20世纪初,当社会评论家们开始注意到人口出生率下降的现象时,巴兰坦(J. W. Ballantyne)在《英国医学杂志》上发表了一篇文章,向产前护理领域介绍了一种极其新颖的视角。在《建立产前医院的呼吁》一文中,巴兰坦主张成立专家小组以致力于"产前诊断和治疗"工作。[15] 重要的是,他区分了两类不同的情况。在第一种情况中,"母亲的因素"是首要的,而在另一种情况中,则开始考虑"产前疗法"(也就是通过母亲来治疗尚未出生的胎儿)。巴兰坦的文章非常重要,因为它标志着产科医学开始发生一个重要的变革,也即从关注母亲的健康转变为关注胎儿的健康。一系列的连锁因素最终促使这一转变成为可能,其中最为重要的一个因素就是由于产褥热(puerperal fever)的问题逐渐得以解决,

---

〔14〕 威廉·斯梅利:《助产术理论与实践专论》(William Smellie, *A Treatise on the Theory and Practice of Midwifery*, London: D. Wilson, 1752,卷1),第280页。

〔15〕 巴兰坦:"关于建立产前医院的呼吁"(J. W. Ballantyne, "A Plea for a Pro-Maternity Hospital"),载《英国医学杂志》(*British Medical Journal*, 6 April 1901),第185页。关于人口出生率下降的情况,可以参考《女性与女性气质:寻找原则》(C. W. Saleeby, *Woman and Womanhood: A Search for Principles*, London: William Heinemann, 1912)。

使得孕妇的死亡率不断下降。[16] 但是,对胎儿健康的新关注,也同人口出生率的下降以及更小家庭模式的盛行有着十分清晰的关联。坦率地说,供需法则(the law of supply and demand)在这里同样发挥着作用:当怀孕越来越少时,怀孕结果的成功就变得更加重要。正如我们所看到的,当代的人口出生率不断下降,而且人们也越来越多地使用辅助怀孕(assisted conception)的方法,在这样的与境(context)中,情况就更是如此。

正如巴兰坦所充分意识到的,他对产前疗法的兴趣引发了尖锐的焦点话题,这些话题直到今天还处于争论之中。母亲和胎儿之间关系的本质究竟是什么?我们应该如何来解释和刻画它的特性?在什么程度上,胎儿和母亲能被称为是"一个生命整体"(one flesh),就像J. W. 赛克斯(J. W. Sykes)所主张的那样?[17] 母亲和胎儿各自的权利是什么?在18世纪和19世纪,关于二者关系的主流范式用巴兰坦的术语来说就是"和谐共生"(harmonious symbiosis):换句话说,怀孕被认为是一种"尚未出生的婴儿和母亲共同生活……并有着共同利益"的情形。[18] 所以男助产士约翰·格里格(John Grigg)在1789年《写给普通女性尤其是怀孕和分娩妇女的建议》中就提到,怀孕不只是对胎儿有好处,如果妇女忠实地遵照"自然的进程",她们的

---

[16] 直到20世纪中叶,产褥热一直是导致产妇死亡的一个最为重要的原因。实际上,在19世纪中期,产褥热因为传染病而进一步扩散,为此产科医生们如詹姆斯·辛普森(James Simpson)十分强调当时称之为"消毒"("antisepsis")的做法,也就是要求医生和产婆做好的一般清洁工作,以减少产妇患病的风险。在19世纪60年代晚期,李斯特在防腐杀菌中使用石碳酸,就像我们今天知道的那样,但是产褥热仍然保持较高的比例。直到20世纪40年代,由于使用了硫胺类药剂和青霉素,因产褥热而引起的产妇死亡率才开始戏剧化地下降。关于这方面的讨论可以参考:G. F. Gibberd 等编:《夏洛特王后的产科教科书》第8版(G. F. Gibberd et al. eds, *The Queen Charlotte's Textbook of Obstetrics*, London: J. and A. Churchill, 1952),第347页。

[17] 参考伊夫琳·M. 邦廷:《母亲们的学校》(Evelyn M. Bunting, ed., *A School for Mothers*, London: Horace Marshall & Son, 1907),第9页。

[18] J. W. 巴兰坦:《孕妇:监护与卫生保健》(J. W. Ballantyne, *Expectant Motherhood: Its Supervision and Hygiene*, London, New York, Toronto and Melbourne: Cassell, 1914),第53页。

身体和心智都将通过怀孕而充满活力。助产婆玛莎·米尔斯(Martha Mears)在《助产婆给女性的坦率建议:或自然的学生》中也提出了类似的主张,她认为怀孕的状态能促使妇女"更加接近生命的完美,并提供给她们一个更强的信念,让她们坚信怀孕能带来健康和安全而不是疾病"[19]。到了20世纪,另一个具有竞争性质的模型获得了存在基础,那就是寄生模型(parasitism),它认为怀孕就是患了"'9个月的'疾病"("'nine months' malady"),它不利于母亲,就像巴兰坦所提出的那样,"是一种紧张或过劳的状态"。这种观点在马格丽·斯普林·赖斯(Margery Spring Rice)的著作《工人阶级的妻子》(*Working-class Wives*)中得到了非常清晰的表达。马格丽·斯普林·赖斯认为"众所周知,尚未出生的胎儿从它的母亲那里汲取自己所需要的一切,只要这些需要能在母亲的身体里得到满足;因此,如果孕妇饮食不充分的话,在9月怀胎过程中被损耗掉的就是她们的营养和维他命"[20]。第三种模型是从关于胎儿成长的当前研究中发展而来的,它提出了一个认为母亲和胎儿之间的关系"更富竞争性"("competitive")的观点。该模型认为当营养不足的时候,绝对不能确定地说,胎儿会自动地从它的母亲那里吸取自己的全部所需。在这种情况下,也许会产生更为复杂的交换和适应机制,胎儿可能会被

---

[19] 约翰·格里格:《给普通女性尤其是孕妇和产妇的建议:关于她们各自状态下易患疾病的说明和治疗建议,与现代医疗实践一致》(John Grigg, *Advice to the Female Sex in General, Particularly those in a State of Pregnancy and Lying-in: The Complaints incident to their respective Situations are specified, and Treatment recommended, Agreeable to Modern Practice*, Bath: S. Hazard, 1789),第7页。玛莎·米尔斯:《助产婆给女性的坦率建议:或自然的学生》(Martha Mears, *The Midwife's Candid Advice to the Fair Sex: or the Pupil of Nature*, London: Crosby and Co. and R. Faulder, 1805),第4页。

[20] 马格丽·斯普林·赖斯:《工人阶级的妻子:她们的健康与体况》(Margery Spring Rice, *Working-class Wives: Their Health and Conditions*, Harmondsworth: Penguin Books, 1939),第157—158页。珍妮特·坎贝尔夫人(Dame Janet Campbell)为此书写了序言。

迫优先考虑个体发展的某些方面,而以牺牲其他方面的发展为代价。[21]

这些不同的模型在本研究所囊括的历史时段内,是交迭共存的。例如,托马斯·登曼(Thomas Denman)在1788年的《助产术实践导论》(Introduction to the Practice of Midwifery)(比马格丽·斯普林·赖斯的书早150年)一书中,提出了一种怀孕的"寄生"模型,但与此同时,英国医学协会联合出版的一些孕妇指导手册却仍然以更古老的"和谐共生"模型为理论基础。[22] 在母亲与胎儿的权利问题上,情况也同样如此:我们可以追溯出人们在认知和态度上的巨大变化,但在任何一个特定的时期,不同的视角总是共存着的。然而正如我所预料,从整体上看,这些模型的发展还是越来越关注胎儿。这尤其以常规的超声波扫描检查的出现,以及胎儿医学的新近发展为标志:所有这一切形成了"胎儿病人"(foetal patient)的观念,胎儿甚至拥有和已出生的孩子一样的权利。[23] 当然,反堕胎者为受精卵争取"生命权"的运动是一个长期过程,当生育技术的发展使得冷冻和储存胚胎成为可能,关于生命究竟始于何时的争论就变得更加激烈。然而尽管我们可能会假定,对胚胎/胎儿权利的这种关注几乎是20世纪所独有的一种现象,但事实却并非如此。在18世纪末19世纪初,产科医师对尚未出生胎儿模糊的法律地位就表示过担忧。在1837年的著作《怀孕迹象与症状的说明》中,W. F. 蒙哥马利(W. F. Montgomery)非常详细地描述了一种矛盾状况,即凭什么在涉及继承法时,一个胚

---

[21] 参考戴维·巴克:《营养失衡的婴幼儿》(David J. P. Barker, "The Malnourished Baby and Infant"),载《二型糖尿病:节约显型,英国医学通报》(Type 2 Diabetes: The Thrifty Phenotype, British Medical Bulletin, ed. David J. P. Barker, Vol. 60, 2001),第69—88页。

[22] 参见由英国医学协会联合出版的《理解怀孕》(Understanding Pregnancy, Family Doctor Publications: Poole, 2002),第15页。

[23] W. F. 蒙哥马利:《关于怀孕迹象与症状、怀孕阶段与分娩征兆的说明》(W. F. Montgomery, An Exposition of the Signs and Symptoms of Pregnancy, the Period of Human Gestation, and the Signs of Delivery, London: Sherwood, Gilbert, & Piper, 1837),第32页。

胎从受精卵开始就具有了合法的地位;而当一位孕妇"以她的怀孕为理由"希求逃脱死刑时,胎儿的合法存在却只有当被发现有胎动时才能被相信。[24]

除了上述关于母亲和胎儿之间关系的解释模型(共生、寄生和竞争)之外,还存在一个更深层次的关于二者关系的修辞比喻,它长期支配着与怀孕有关的讨论和表述,那就是"自然"(nature)。人们在一系列的层面上几乎用尽了"自然—文化"这一二分的对立概念,它们的对立同时具有政治和经验的内涵。之所以说这个议题是政治性的,是因为怀孕对身体的医疗化(medicalisation of the body)提出了特别的挑战,而后者是后启蒙时代西方社会的特征之一。[25] 怀孕究竟是一种自然状态还是一种疾病状态?答案并非像看起来的那样简单。我们可以将怀孕划分为正常和反常两类(巴兰坦就是这么划分的),正常怀孕被认为是非疾病的。但问题在于,对于任何的怀孕而言,正常都可以快速转变为反常,这意味着针对所有怀孕的医学监控都只是**表面上证据确凿**。在另一方面,很多女性发现这些医学监控具有侵略性并且可能贬损她们的价值,其结果会对她们的怀孕经历甚至结果产生消极的影响。一般而言,医学职业领域对这个问题的看法可以按性别划分出两大阵营,一边是捍卫最少干预(自然)怀孕过程的助产婆,另一边则是倡导干预(文化)的男接生婆/产科医师。(当然,情况也并非总是如此,一个值得注意的例外就是产科男医师格兰特利·迪克·里德[Grantly Dick Read],此人推动了20世纪30年代的"自然分娩"运动。)

---

[24] 巴伦:"导言"(S. L. Barron, "Introduction"),见《胎儿医学议题:1992年高尔顿研究所第29届学术年会记录》(S. L. Barron and D. F. Roberts, eds., *Issues in Fetal Medicine: Proceedings of the Twenty-Ninth Annual Symposium of the Galton Institute, London 1992*, Basingstoke: Macmillan, in association with The Galton Institute, 1995),其中,对与"胎儿病人"问题有关的议题进行了讨论。

[25] 关于身体医疗化问题最具影响力的讨论可参见:米歇尔·福柯:《诊所的诞生》(Michel Foucault, *The Birth of the Clinic*, trans. Alan Sheridan, London: Routledge,1997)。

矛盾的是,争论的双方都始终如一地将自己的实践活动划归"自然"的阵营。例如,在 18 世纪晚期,当时助产婆和男助产士之间发生了异常激烈的对抗。男性参与者如格里格和亚历山大·汉密尔顿(Alexander Hamilton)倡导在怀孕和分娩过程中应"按照大自然的旨意给予孕妇一种精确而耐心的护理",其结果就导致如果说不是他们的临床实践至少是他们的语言修辞,已无法与同时代的助产婆如玛莎·米尔斯和伊丽莎白·尼哈尔(Elizabeth Nihell)等人的说法区别开来。[26] 当然,对于一位希望在产科医疗中有所作为的男性从医者而言,对自然(或大自然)公开表示尊重是其能得到别人尊敬的一种保证,甚至也是其具有微妙而重要的品格的一种保证。如果进一步推进这种观点,我们会发现在医学史的某些关键时刻,自然与文化之间修辞性的对立往往会消融甚至完全消除。一个很好的事例就是詹姆斯·辛普森(James Simpson)在 1847 年对一位分娩妇女使用氯仿(choroform)*所引发的争论事件。他的行为激发了人们的狂怒,很多人指控他不虔诚,挑战了圣经戒律,"在痛苦之中带来了孩子"(《创世记》3:16)。辛普森积极善辩地回应了针对他的批评,提出"如果上帝**仁慈地**赐予了我们一种减轻分娩痛苦的方法,那就表明我们应该使用这些方法,这是他明显的意图"。在回应主要的对手——费城的梅格斯(Meigs)教授时,他进一步这样写道:

事实就是,在一个文明国家的社会里,人类的所有意向就是

---

[26] 见约翰·格里格:《给普通女性的建议》(Grigg, *Advice to the Female Sex in General*);亚历山大·汉密尔顿:《关于妇科疾病管理和婴幼儿疾病治疗的助产术专论》(Alexander Hamilton, *A Treatise of Midwifery Comprehending the Management of Female Complaints, and the Treatment of Children in Early Infancy*, London: j. Murray and Edinburgh: Dickson. Creech and Elliot, 1781);米尔斯:《助产婆的坦率建议》(Mears, *The Midwife's Candid Advice*);伊丽莎白·尼哈尔:《助产技艺论》(Elizabeth Nihell, *A Treatise on the Art of Midwifery*, London: A. Morley, 1760)。

* 氯仿(choroform):三氯甲烷,一种清澈、无色、比重大、有香味的液体,曾一度被广泛用于人类及兽医外科手术,现已普遍被低麻醉性且较易控制的药剂所取代。——译注

按照他的设想去干预、改变和提高几乎是人体的每一项机能活动。而且每一次这样的提高,如同麻醉技术的实践一样,在最初被引进的时候,都会立即遭遇公开的指责,被指控为不适当、不虔诚,等等,等等。[27]

辛普森的评论强调了这样一个事实,即我们在自然和文化之间所划的界限是具体与境化(context-specific)的:界定一种实践或行为是自然的(有机的、规范的)还是不自然的(人造的、不正当的),这实际上是一种意识形态的迁移判断。

自然—文化对立观念的运用,还对怀孕产生了另外一种影响。将怀孕建构为"自然的"的意图,显然与将女性划入自然范畴而将男性划入文化范畴的习惯归类有着清晰的关联。就怀孕的管理而言,求助于"自然"有时有助于形成女性的实践优势。然而,从更长远的观点来看,将孕妇建构为"自然的"的做法,则会将她归入身体一类,从而破坏她作为理性主体和社会行动者的身份。所以19世纪重要的哲学家斯宾塞(Herbert Spencer)声称,女性的生殖功能和智力发展是无法共容的:女性的全部能量都需要用到生育过程之中。他认为男性和女性在身体上和精神上的差异源于"女性的个体进化比男性的要停止得稍微早一些,这是因为她们必须保留至关重要的能量用以补足生育所带来的消耗"[28]。这一观点对于治疗(怀孕)妇女有着明显的影响。到了更晚近的时期,女性主义精神分析学家朱莉亚·克里斯蒂娃(Julia Kristeva)在论文《圣母悼歌》("Stabat Mater")中对怀孕问题进行了20世纪最为精细的考量,文中也将怀孕划归自

---

[27] 普里斯特利、霍雷肖·R. 斯托勒编:《产科文集与爱丁堡大学助产术教授詹姆斯·辛普森的贡献,》(W. O. Priestley and Horatio R. Storer, eds., *The Obstetric Memoirs and Contributions of James Y. Simpson, Professor of Midwifery in the University of Edinburgh*, Edinburgh: Adam and Charles Black, 1854, Vol. 11),第619、701页。

[28] 斯宾塞:《社会学研究》(Herbert Spencer, *The Study of Sociology*, seventeenth edition, London: Kegan Paul, Trench, Trubner & Co., Ltd., 1894),第373页。

然的或前文化(pre-cultural)的范畴(对此我们没有充分的自觉意识)。在她对怀孕的描述中,作为言说主体的母亲,其身份受到了身体分裂以及无法控制生育过程所带来的威胁:

> 细胞融合、分裂、增生,体积变大,组织伸长,体液加速或减缓着节律。在身体内部存在着一个他者,生长类似于一种嫁接,不屈不挠地进行着。在这二元的异域空间里,没有人在场去表明这里正在发生的一切。"它发生了,但我并不在那里。""我不能认识到它,但它却在发生着。"[29]

克里斯蒂娃在生理学与心理学、身体和心智之间作出区分,这样做存在一定的风险:运用我们熟悉得不能再熟悉的术语来界定怀孕,可能会使得妇女的主体身份屈从于自然的神秘力量。

尽管如此,《圣母悼歌》一文中提出的议题,对于理解怀孕的个人经历而言仍然是十分重要的。真正困扰上段引文中的"我"的是,在她的身体里存有"她"无法了解的"另一个他者"。在《自我与本我》("The Ego and the Id")中,弗洛伊德(Freud)指出"自我首先且最最重要的是肉体的自我"。在一条脚注里,他的译者詹姆斯·斯特拉契(James Strachey)补充说道:"自我从根本上还是发端于肉体的感觉,且主要是源于那些来自身体表面的涌动。它因此可被认为是源于肉体表面的精神投射。"[30] 学者们对弗洛伊德的肉体自我概念给出了很多不同的阐释,其中最为著名的是由拉康(Jacques Lacan)提出的肉体的投射视觉形象(projected visual image of the body)这一概念,以及迪迪埃·安齐厄(Didier Anzieu)提出的与之对照的"皮肤自我"

---

[29] 凯莉·奥利弗编:《克里斯蒂娃文集》(Kelly Oliver, ed., *The Portable Kristeva*, New York and Chichester: Columbia University Press, 1997),第 301 页。

[30] 弗洛伊德:《论元心理学》(Sigmund Freud, *On Metapsychology*, Pelican Freud Library 11, Harmondsworth: Pelican Books, 1984),第 364—365 页。

(skin ego)的观念。[31] 所有这些视角所共有的一个观点是,肉体自我正对着并创造了我们的个体身份感觉。弗洛伊德所说的"身体的观念"(the idea of our body),无论首先是以视觉还是以触觉和知觉为依据来建构的,都建立了我们对个体存在的整体感。怀孕会威胁与毁坏这种"身体的观念"。随着怀孕身体的成长,女性在镜子里看到的自我视觉形象与她内心设定的自我形象不再相符。与此同时,她的"身体感觉",无论是来自肉体表层还是深里,都变得陌生和令人不安:这些感觉都和她之前所拥有的关于自己身体的知识不相符合。当然,这些困扰以及由此带来的可能丧失身份的威胁,也是身体发生其他状况时可能有的特点,尤其是在身体的某些部分发生了很大的改变或者被切除的情况下更是如此。怀孕的真正特点在于这一事实:我们习惯上认为是属于我们自己的身体空间被另外一个人入侵了,且我们还应该将一定程度的感觉能力和个体特性(individuality)归因于这个入侵者。但是自我和他者的边界永远都不是那么清晰:即使是胎动,它作为胎儿独立存在的证据,也是孕妇个人的感觉体验。因此,克里斯蒂娃将怀孕空间描述成无人居住的("没有人在场")、"二元和异域的"空间。在这个空间里,母亲的身份被分解:她的身体和她的身体观不一致,她的体验也被认为并不能安心地属于她自己。

克里斯蒂娃使用"异形"("alien")这个词也是非常令人震惊的,这个词将怀孕的感觉描述为既自然又怪异。对畸形分娩(monstrous births)的描述常见于18世纪和19世纪的医学文本,而在19世纪和20世纪的很多文学作品,甚至在更近时期的一些影片如《罗斯玛丽

---

[31] 雅克·拉康:《自我形塑之镜像阶段——精神分析经验所揭示的一个阶段》(Jacques Lacan, "The Mirror Stage as Formative of the Function of the I as Revealed in Psychoanalytic Experience", 载《拉康选集》(in *Ecrits: A Selection*, trans. Alan Sheridan, London: Tavistock, 1977);迪迪埃·安齐厄:《皮肤自我:关于自我的一种精神分析进路》(Didier Anzieu, *The Skin Ego: A Psychoanalytic Approach to the Self*, trans., Chris Turner, New Haven: Yale University Press, 1989)。

的婴儿与异形》(*Rosemary's Baby and Alien*)中,也能发现对畸形分娩的恐惧。这类恐惧很显然与怀孕结果的不确定性有关。但是,它们也可能反映了对未知事物的一种更为普遍的恐惧,这是很多文化中对孕妇形象进行刻画的焦点(或替罪羊)。玛丽·道格拉斯(Mary Douglas)描述了它们在很多文化的怀孕禁忌中得以表达的方式。她这样描写胎儿的阈限形象(liminal figure):"它的存在位置和未来都是不明确的。因为没有人能说出它将来的性别或者它能否安全度过幼年时期的意外危险。它常常被认为是既脆弱又充满危险的东西。"她继续写道,当怀孕时,"一位雷雷族(Lele)妇女会努力做到体贴而不去接近病人,以免腹中的胎儿会加剧病人的咳嗽或发烧症状"[32]。尽管英国古代的很多怀孕禁忌都已得到充分的描述,但人们几乎都只从性的角度来解释它们。对比之下,值得强调的是这些禁忌的复杂性,它们不仅与因妇女的性活动而引起的那些窘境有关,也与这样的事实有关:怀孕身体既是我们肉体起源的提醒者,又是(不确定的)未来的表征者。

  本研究以 18 世纪中期为起点,是因为正是在这一时期,产科学的发展(及相关的生理学和生物学的兴起)改变了对怀孕的理解。产科学的出现与"男接生婆"在这一时期日益占据优势地位有关。众所周知,在此之前,怀孕和分娩几乎完全控制在女性的手中。男性被排斥在产房之外,外科医生只是作为最后的求助对象而被允许进入产房,例如请其使用穿颅术*(craniotomy)以从孕妇子宫中取出死胎(在这种实践中,**子宫内**的胎儿颅骨必须被打破以使得胎儿能顺利娩出)。然而到了 18 世纪中期,有行医资格的男性开始将他们的注意

---

〔32〕 玛丽·道格拉斯:《洁净与危险:关于污染和禁忌的分析》(Mary Douglas, *Purity and Danger: An Analysis of Concepts of Pollution and Taboo*, Harmondsworth: Pelican Books, 1970)。

 * 穿颅术:当胎儿不能正常分娩时做的切割或挤碎胎儿头颅骨以减少其体积并利于移动的手术。——译注

力转移到这个领域所提供的机遇上。在上层和中产阶级社会中,请男接生婆或者**男助产士**负责分娩已成为平常之事:法国已确立下来的这一习俗使得男助产士成为一个时髦的身份。与此同时,由于涉足这一领域的男性医师既有技术,同时还有从事解剖工作的机会,他们就能开辟一种对怀孕和分娩过程的新理解。1754年,威廉·斯梅利出版了他的著作《解剖工作台》(Anatomical Tables),这是一部产科学图册,它首次描述了分娩的物理机制。1774年,威廉·亨特(William Hunter)出版了《孕妇子宫解剖学》(Anatomia Uteri Humani Gravidi),这本书详细描述了胚胎/胎儿发育的过程,并对胎盘的结构和功能进行了说明。这些产科学图册与助产术论著是相伴出版的,后者包括斯梅利从1752年到1764年出版的三卷本《助产术理论与实践专论》、亚历山大·汉密尔顿1781年发表的《助产术专论》和托马斯·登曼1788年出版的《助产术实践导论》。这些书籍中包含的新知识,通过销售书籍和助产学校举办的演讲会,以较快的速度得到传播。[33]

斯梅利和亨特提供的理解是以解剖学为根基的,同时也是以我们现在称之为生理学的知识为基础的,对于亨特而言更是如此。在这一时期,尚未有固定的术语,生理学、生物学和自然科学这些术语

---

[33] 威廉·斯梅利:《解剖工作台:助产术实践的图解说明与案例讨论》(William Smellie, *Anatomical Tables with Explanations and an Abridgement of the Practice of Midwifery, with a View to Illustrate A treatise on that Subject and Collection of Cases*, Edinburgh: William Creech, 1754);威廉·亨特:《孕妇子宫解剖学:图解》(William Hunter, *Anatomia Uteri Humani Gravidi: Tabulis Illustrata*, Birmingham: John Baskerville, 1774);威廉·斯梅利:《助产术理论与实践专论》(William Smellie, *A Treatise on the Theory and Pratice of Midwifery*, 3 vols, London: D. Wilson, 1752—1764);亚历山大·汉密尔顿:《关于妇科疾病管理和婴幼儿疾病治疗的助产术专论……没有技术术语和高深的理论》(Alexander Hamilton, *A Treatise of Midwifery Comprehending the Management of Female Complaints, and the Treatment of Children in Early Infancy... Divested of Technical Terms and Abstruse Theories*, London: j. Murray; Edinburgh: Dickson. Creech and Elliot, 1781);托马斯·登曼:《助产术实践导论》(Thomas Denman, *An Introduction to the Practice of Midwifery*, London: J. Johnson, 1788);在助产术专论的第1卷序言中,斯梅利记录了他教授900名学生的情况,不包括女学生。亨特的解剖学讲稿也尤其受到关注。

或多或少是可以互换使用的。但在此时,学科却多少开始以能为我们所识别的现代形式出现,开始强调对人类、动物和自然界中的过程而非形态进行研究。这类工作的一个事例可以在伊拉斯谟·达尔文＊1794年出版的《动物生理学:或有机生命的规律》一书中找到。该书开始创立一种"以自然为基础的理论,这一理论强调将医学知识的零散事实捆绑到一起,并汇聚到有机生命的规律这一观点之下"。达尔文认为这一研究是对早期关于人类身体的机械论理解的一种必要纠正:他的做法不是将身体视为"一架水力机器",而是"对属于生命自然的每一个属性进行相互比较"。[34] 对比较生物学的这种强调与同时代医学的发展是一致的,在同时代的医学领域里,将疾病理解为个体内部失衡的旧的医学框架正让位于疾病的种属模型(generic models)。

用欧文·劳登(Irvine Loudon)的话来说,"18世纪是产科知识、产科教学与产科实践大发展的一个时期"。从业医师可以从日益增多的助产术教材中获得新知,正如劳登所指出的那样:"其中最好的书籍,像斯梅利的书尤其是登曼的书,在他们那个时代已是令人惊异的完备。"[35] 除此之外,"指导书籍"也在不断增多,这类书籍是助产婆和**男助产士**为非专业读者而写的怀孕指导文献。这些文献就被包括在本书第一章将要探讨的多样化文献来源之中,该章探讨了1750年至1820年期间围绕和改变怀孕经验的"期待视野"＊＊。

　　＊ 伊拉斯谟·达尔文(Erasmus Darwin):英国医学家、诗人、发明家、植物学家和生理学家,进化论之父查尔斯·达尔文的祖父。——译注

　　[34] 伊拉斯谟·达尔文:《动物生理学:或有机生命的规律》(Erasmus Darwin, Zoonomia: Or, The Laws of Organic Life, London: J. Johnson, 1794, Preface),第1—2页。

　　[35] 劳登:《分娩死亡》(Loudon, Death in Childbirth),第171页。

　　＊＊ "期待视野"("horizon of expectation"):指接受者由先在的人生经验和审美经验转化而来的关于艺术作品形式和内容的定向性心理结构图式。——译注

1 给女性的建议

怀孕代言:相互竞争的真理主张

男助产士出现于18世纪,他们先是在上层社会的家庭,后来是在中产阶级的家庭内逐渐取代了助产婆的地位,一些历史研究已经对此进行了探讨。[1] 但是,这些叙述主要聚焦于围绕分娩管理及产科工具的使用(所谓的滥用)而展开的斗争上。相反,助产婆和**男助产士**之间关于怀孕管理的争论却较少得到关注。这一争论不仅涉及实践,也涉及解释学和方法论:确实,关键的议题是认识论方面的。怀孕如何能被知晓?谁有权作为它的代言人?在这方面,最激烈的争论发生在威廉·斯梅利和伊丽莎白·尼哈尔之间。争论的画面复杂而充满妙趣,因为争吵至少部分是由双方的代理人发起的。很多人认为伊丽莎白·尼哈尔的《助产技艺论》实际上是由她的丈夫所写,而对尼哈尔的攻击进行抵御的却是斯梅利的朋友多比亚斯·斯摩莱特(Tobias Smollett)。斯梅利分别在1752年和1754年出版了

---

[1] 参见琼·唐尼森:《助产婆与男医生:专业竞争史与妇女权力》(Jean Donnison, *Midwives and Medical Men: A History of Inter-Professional Rivalries and Women's Rights*, London: Heinemann, 1977);希拉里·马兰编:《助产技艺:近代欧洲的早期产婆》(Hilary Marland, ed., *The Art of Midwifery: Early Modern Midwives in Europe*, London: Routledge,1993);欧·莫斯库奇:《妇女科学:英格兰的妇科医学与社会性别(1800—1929)》(O. Moscucci, *The Science of Woman: Gynaecology and Gender in England, 1800—1929*, Cambridge: Cambridge University Press, 1990);阿德里安·威尔逊:《男性助产术的制造》(Adrian Wilson, *The Making of Man-Midwifery*, Cambridge, Mass: Harvard University Press, 1995)。

《助产术理论与实践专论》的前两卷,这两卷书和他的《解剖工作台》(1754)都集中对"分娩所涉部分的状况"进行了"精确的"描述,并且对通过"触摸"来诊断怀孕的方法给出了操作建议。

尼哈尔的回应十分激烈:她在1760年的《助产技艺论》中将所有男接生婆的活动描述为粗俗卑鄙的。她对斯梅利从事的解剖工作的背景进行了猛烈的抨击,提出许多男接生婆之所以转向助产领域是因为他们是失败的医生,并且她还充满厌恶地谈到一位男接生婆触摸一名孕妇的情景:

> 她的丈夫将会在场吗?在如此恶心和粗俗的场面,妻子会经历怎样的心理混乱?当他的妻子被如此**服务**时,他会**适当地**走开吗?面对那些搜查者,他的妻子会有怎样的危险?在探访她的秘密魅力时,她是否应该足够貌美以引起他的注意,或者得到他的表扬?[2]

尼哈尔运用一些具有诱惑性的粗鄙词汇("服务"、"搜查者")来描述对女性空间的这种不适当的入侵。同时代的一幅雕刻图"男接生婆或已婚女性的优雅"更加突出了这类遭遇的危险性:一名男接生婆正在给一位孕妇做身体检查,她以充满诱惑的姿势躺着,一只胳膊还搭在男接生婆的肩上,而她的丈夫则被引出门外,门的上方有一幅臀部画像(意味着通奸)。在此,怀孕妇女被描绘成具有性吸引力**并且**积极主动的形象,这与19世纪的准处女(quasi-virginal)的孕妇形

---

〔2〕 伊丽莎白·尼哈尔:《助产技艺论,列举了各种各样滥用器械的情况:目的是确保所有理性的探寻者能形成自己对问题的公正判断:在怀孕和分娩的过程中,最好是雇请男产婆还是雇佣女产婆》(Elizabeth Nihell, *A Treatise on the Art of Midwifery, Setting forth various abuses therein, especially as to the practice with instruments: the whole serving to put all rational inquirers in a fair way of very safely forming their own judgment upon the question; what it is best to employ, in cases of pregnancy and lying-in, a man-midwife or, a midwife*, London, A. Morley, 1760),第232页。随后对这一文献的参考将采用随文注。

象形成了鲜明对比,后者将孕妇从性活动的氛围中抽离出来了。[3]这种将孕妇视为色欲对象的理解,在诸如夏洛特·史密斯(Charlotte Smith)的《梦达乐拜》(*Montalbert*)之类的文学文本中曾反复出现过,尽管书中并没有迹象表明妇女对这种感觉有过回馈。

在讨论完伦理行为的问题之后,尼哈尔进一步利用同时代关于身体不同部分会"协同一致"("consent")的观念,提出女性医师对怀孕有着更为精微、协调的理解。她写道:"有时助产婆自己就是孩子的母亲,除了她们的个人经验之外,还有一种来自身体性器官与自身怀孕的直觉引导,它们对心智和性活动有着本能的影响。"(第98—99页)尽管使用了这个术语,但尼哈尔的文本并非简单地援引为我们今天所贬称的"女性直觉"一词。协同学说(the doctrine of consent)假定,身体的各个器官或各个部分,在一定的条件下会相互感应。怀孕就是一个最好的事例,怀孕之后子宫的兴奋状态会刺激和扰乱胃部与胸部。爱丁堡大学助产术教授亚历山大·汉密尔顿在其1781年的《助产术专论》中竟然提出,"女性身体的每一个部分都和子宫相感应"[4]。而且,协同的观念还假设,有时候在心灵和身体之间还会发生相互影响。因此尼哈尔是利用了一个已确立的医学学派的思想来作为自己观点的基础,她认为女性的具身化(female embodiment)会产生特殊的性别感觉与认知。

---

[3] 始于1773年的佚名线雕,由胡珀(S. Hooper)出版,题为"男助产士,或已婚女性的优雅:与丈夫对话"(published by S. Hooper, entitled "The man-midwife, or female delicacy after marriage: addressed to husbands", Wellcome Trust Medical Picture Library)。

[4] 亚历山大·汉密尔顿:《关于妇科疾病管理和婴幼儿疾病治疗的助产术专论……没有技术术语和高深的理论》(Alexander Hamilton, *A Treatise of Midwifery Comprehending the Management of Female Complaints, and the Treatment of Children in Early Infancy... Divested of Technical Terms and Abstruse Theories*, London: J. Murray; Edinburgh: Dickson, Creech and Elliot, 1781),第109页。随后对这一文献的参考将采用随文注。

图1 一名男接生婆充满暗示地为一位颇具魅力的孕妇做身体检查,线雕画,1773年。威尔康姆图书馆,伦敦。

斯摩莱特走的无疑是完全不同的另一条路线。在捍卫斯梅利观点的《评论》(*The Critical Review*)中，他尖刻讥讽地评论道：

> 接受过医学训练的男医师和没有接受过医学训练的助产婆的区别在于：前者了解动物经济学(the animal oeconomy)、人体的结构、温热病的治疗、外科手术的技艺、通过观察有经验的高手而习得的助产术理论与实践，以及多次接生的优势；而后者除了从无知的护士或助产婆那里听到或从参加过的少数几次接生中看到的内容之外，对一切完全无知。[5]

争论实际上转变为对两类知识的相对价值进行判断，一种是通过共情获得的知识，另一种则是通过观察获得的知识。尼哈尔认为医疗服务者不仅需要去了解病患的个人体质情况，还要对他们的经验有某种共情认同。而在爱丁堡医学专业锻炼并协助过斯梅利出版《助产术理论与实践专论》的斯摩莱特，则坚持以实验生理学和解剖学为基础的知识的高级诊断能力。比较而言，男性从业医师当然更容易获得这类知识，但这并不意味着女性就没有可能接触到它们：例如，斯梅利的课程就对助产婆开放。因此，尼哈尔强调**仅**为女性所有的感应体验之价值首先还是一种策略，是在这场产科学控制权争夺战中采取的一项政治动作。

竞争非常激烈，因为关涉到的利益也相对很多。对于一位有医师资格的医生而言，照料富有的女性将是非常有利可图的事情，他的

---

[5] 多比亚斯·斯摩莱特，引自菲利普·K. 威尔逊编：《分娩：1600 年以来英美两国相关思想与实践的变迁》(Tobias Smollett, quoted in Philip K. Wilson, ed., *Childbirth: Changing Ideas and Practices in Britain and America 1600 to the Present*, New York and London: Garland Publishing, 1996, vol.2)，第 47—48 页。

要价远远高于助产婆的要价。[6] 但如果将产科学的兴起简单地视作为富有野心的男人们发起的一场运动,而这些男性能利用和剥削脆弱的女性病患的话,那将是错误的看法。**男助产士**的角色的确为男性提供了一个走向上层社会的途径。例如,托马斯·登曼和威廉·亨特都出生于非常卑微的家庭,但他们都逐渐在贵族中间开展了广泛的私人医疗实践,亨特最终还成为夏洛特王后的特派医师。[7] 但是,综合的证据将表明,**男助产士**的兴盛并不是通过对女性的剥削,而恰恰是通过与她们的合作来实现的。男接生婆利用他的职业地位,可以为女性提供一定程度的保护,而且女性也很快就认识到了这一好处。例如,在怀孕和分娩期间,可以借助**男助产士**的权威来支持其与丈夫和母亲之间的关系。**男助产士**的护理提升了孕妇的社会地位:它为贵族妇女阶层称作怀孕专业化的东西增添了价值。因此可以说,产科学的专业化是在与女性的协商过程中实现的,其中,女性是积极的参与者而非消极的受骗人。阿德里安·威尔逊(Adrian Wilson)在他关于男接生婆的研究中也提出了类似的观点,但他强调**男助产士**的角色是时尚代言人(用他的话说,雇请男接生婆是一种"故意惹人注意的消费")。与他的观点不同,我要强调的却是**男助产士**作为社会保护者的角色。在这方面,很有意义的一件事是,威

---

[6] 至18世纪末和19世纪,助产婆还一直在为穷苦女性提供护理服务,她们中有相当一部分人接受过专业训练。但是,我们还缺乏聘用助产婆(而非男助产士)的妇女人数方面的精确信息,让朋友或其他家庭成员照料的妇女的人数信息也同样不详。参见欧文·劳登:《分娩死亡:孕妇护理与孕妇死亡率的一项国际研究(1800—1950)》(Irvine Loudon, *Death in Childbirth: An International Study of Maternal Care and Maternal Mortality 1800—1950*, Oxford: Clarendon Press, 1992),本书的第11章讨论了这一问题。劳登在其他的地方也提到,至18世纪90年代,"全英格兰有1/3到1/2的分娩是由产科医师来照料的"。参见欧文·劳登编:《西方医学:一部插图史》(Irvine Loudon, ed., *Western Medicine: An Illustrated History*, Oxford: Oxford University Press, 1997),第209页。

[7] 这只是18世纪末期动荡不安的医学界通往上层社会的众多途径之一,当时外科医师—药剂师挤占着医学领域的地盘和地位。史密斯的小说《年轻的哲学家》(*The Young Philosopher*)就暗指了医生不确定的职业身份:讲述者如此描绘医学"它是贵族职业,如何尊敬都不为过,但如果人们专心学习,并且尽职尽责地实践它,它将是最有利于人类的职业"(1:84)。

廉·亨特将他的有关主张置于产科学的首要位置,而且这一主张的提出,依据的是他对女性的理解而不是他所拥有的(独一无二的)解剖学知识。在1783年亨特去世之后,他所写的一篇关于杀婴问题的文章,被宣读给医学协会(Medical Society),在这篇文章中他写道:

> 这个世界无疑将给我信任,让我拥有如此充足的机会去了解很多的女性特质。对于各个社会阶层的女性,我既看到了她们或公开或隐藏的美德和优点,也看到了她们或公开或隐秘的缺点和脆弱之处。我身处于她们的秘密花园,在她们遭遇身体和心灵的巨大痛苦时,担当她们的顾问和指导者。当她们准备面对危险时,我是她们私密行为的见证人,当她们确信自己没有几个小时的生命时,我聆听了她们最后的也是最认真的反思。[8]

亨特的这段陈述,也是他最后的遗嘱,证实了**男助产士**的社会角色甚至心理角色。因为尽管解剖学知识在之前的25年里得到了快速发展,斯梅利还特别对分娩过程给予了新的解释,但是怀孕和分娩的许多机制依然很少为人们所了解。最为重要的是,这个时候还没有发明出检测胎儿生长和发育的方法。直到1822年人们检测到胎儿的心跳,这才为听诊和确定胎儿是否存活提供了可能性。[9] 尽管在分娩过程中使用器械(例如产钳)能挽救生命,但就怀孕而言,医学

---

[8] 威廉·亨特:《私生子谋杀特征的不确定性》(William Hunter, "On the Uncertainty of the Signs of Murder in the Case of Bastard Children", London: J. Callow, 1812),第6页。该文于1783年7月14日宣读给英国医学协会。随后对这一文献的参考将采用随文注。

[9] 1819年,拉埃内克(Laënnec)发明了听诊器。当他的学生克加拉德克用听诊器来聆听子宫内胎儿的"振水音"("splashing")时,才首次捕捉到了胎儿的心跳。参见 E. T. H. 拉埃内克:《听诊与心肺疾病专论》(E. T. H. Laënnec, *Treatise on Mediate Auscultation and Diseases of the Lung and Heart*, trans. J. Forbes, second edition, 1827)。

顾问最主要的作用依然是为孕妇提供信心,也就是提供类似安慰剂一样的产前关照。这一点通过研究该时期医生所写的建议手册,就能看得一清二楚了,这些手册是作为私人咨询的辅助读物或替代品而销售给女性病患的。例如,亚历山大·汉密尔顿在《助产术专论》(据他所说,该书是以"最简单和通俗易懂的方式"书写的)一书中,向他的读者保证"怀孕尽管会给生活带来不便,但它一般不会扰乱正常的身体健康;分娩尽管十分痛苦,但它基本上总是十分自然的,而且结果令人愉快"(第 xxiv 页)。在此,女性再次被要求让自己相信自然(nature):因此登曼证实说"与分娩相关的每一件事都是自然的,不会被疾病所干扰,不会有被打断的麻烦,女性完全有能力去完成自己的使命"[10]。然而,正如我在导论里所提到的,"自然"是一种狡猾的意识形态建构。这里依然存在一个悖论,这个悖论继续影响着怀孕期间的医疗护理,权威的专业人士除了向孕妇提供对自然的信任之外什么也做不了,换句话说,**不干涉**(non-intervention)成为了一种医疗策略。不过,在这些文本中也包含了一些较为温和的指导建议,例如保持饮食平衡和进行适度的身体锻炼;有时还依然建议采用静脉切放血术(放血疗法),而且把很多的注意力放在了便秘问题上。[11] 在当时,便秘被认为是非常严重的事情,因为它可能会导致孕妇使用药性很猛的泻药,而这些药反过来又可能导致流产。

然而,专业医学人士发现,缺乏关于怀孕的确定知识还是令人感到挫败和尴尬。在这方面,一个生动的事例就是乔安娜·索思科特(Joanna Southcott)的故事。索思科特是一位自学成才的预言者和占卜者,她在 1791 年加入卫斯理公会派(Wesleyans)之后便拥有了一

---

〔10〕 托马斯·登曼:《助产术实践导论》(Thomas Denman, *An Introduction to the Practice of Midwifery*, London: J. Johnson, 1788),第 337 页。随后对这一文献的参考将采用随文注。

〔11〕 参见约翰·格里格:《给普通女性尤其是孕妇和产妇的建议》(John Grigg, *Advice to the Female Sex in General, Particularly those in a State of Pregnancy and Lying-in*, Bath: S. Hazard, 1789),第 80 页。随后对这一文献的参考将采用随文注。

批宗教追随者。一年之后,她发出了一系列"密封的"预言,1801年出版了一部文集,名为《忠诚的意外结果》(The Strange Effects of Faith)。她最终吸引了14万追随者,这些人发动了一场有影响力的千禧年运动。1802年,她预言自己将会生下希洛(Shiloh),即第二个耶稣基督。1814年,当时她已经64岁了,却宣称自己"奇迹般地"怀孕了。那年的8月,好几名医生应邀为她做了身体检查,但得出的结论却相互矛盾。通俗版的《家庭医疗指南》(Domestic Medical Guide, 1805)的作者理查德·瑞斯(Richard Reece)医生发现,她的乳房肿胀变大,腹部隆起。他这样描述道:

> 这些事实还没有构成怀孕的充分证据,我希望能允许我将右手放在她的子宫上,以寻找和感受胎动,这时她说自己在吃食物的时候,胎儿通常就会动起来,于是她的女性照顾者就递给她一块水果,在她咀嚼水果的时候,胎动的确十分明显。

为此,瑞斯很高兴地表示她怀孕了。[12]

约翰·西蒙斯(John Sims)医生在同一天为索思科特做了检查,但他不同意瑞斯的观点,他发现她的乳房丰满仅仅是因为"老年妇女的肥胖",而且他并没有检测到胎动。但是,他确信"这个可怜的女人并非冒名顶替者,她只是在一种强烈的心理错觉下怀孕了"(第27页),他希望这一看法能被记录下来。索思科特继续想办法去验证自

---

[12] 乔安娜·索思科特:《乔安娜·索思科特的生活与使命,书中充满了可信的轶事,并且通过一些有趣的文献得到说明,这些文献包括她本人对怀孕过程的描述,以及瑞斯医生和西蒙斯的看法,威廉·托泽还添加了一幅草图,将其修饰得与女先知惊人的相似》(Joanna Southcott, Memoirs of the Life and Mission of Joanna Southcott, interspersed with Authentic Anecdotes and elucidated by Interesting Documents including the Progress of her Pregnancy detailed by herself together with the Opinions of Drs Reece and Sims to which is added a Sketch of the Rev. W. Tozer, M. J. S. embellished with a Striking Likeness of the Prophetess, London: M. Jones, 1814),第24页。随后对这一文献的参考将采用随文注。

图2　女先知乔安娜·索思科特将自己展示给三位男医师,以让其验证自己确已怀孕。T. 罗兰森(T. Rowlandson)的彩色版画,1814 年。威尔康姆图书馆,伦敦。

己的怀孕,她承认"如果最后表明并没有怀孕,那一定会将我送进坟墓"。索思科特最终死于1814年12月27日,依据《国民传记词典》(*Dictionary of National Biography*)的记载,尸检表明她并没有怀孕,而且她的身体器官也没有功能失调或患病。但是,1837年W. F. 蒙哥马利在《怀孕迹象与症状的说明》一书中宣称,尸检中发现了腐烂物质,这表明她的确患病了。我们不可能确定,索思科特是真的患了某种疾病(例如肿瘤或纤维瘤),还是属于我们今天称之为癔病性怀孕(hysterical pregnancy)的情况。

这一事件很快就声名狼藉,无论是索思科特还是那些曾支持她的医生和牧师,都遭到了很多讽刺和挖苦。托马斯·罗兰森的漫画"医学检查:或奇迹将永不停步"尤其具有教育色彩。画面中的索思科特身形巨大而肥胖,她背对着观众,撩起自己的裙摆,展示自己的腹部,像一座塔一样的矗立在中央,在她的左边有一位牧师,右边则是三位男医师。牧师的名字叫威廉·托泽(William Tozer),是她最坚定的追随者之一:他蜷缩在她的阴影里,正喝着酒汤(一种加了调料的汤,常用来催使妇女分娩)。那些容易受骗的医生们则蹲伏在一个写有"预言"标签的箱子旁边:这幅略图表明他们的专业看法和索思科特的那些预言一样,缺乏事实根据和荒谬不可信。这一事件肯定激起了公众对男产科医师诊断能力的怀疑,以至于20年后蒙哥马利还对此愤愤不平。在研究怀孕征兆的专著中,他一再指出索思科特是"假冒的女先知",谴责她故意欺诈和操控自己的腹部肌肉以模仿胎动的行为。[13]

从1750年到1820年,**男助产士**撰写的教科书数量剧增,产科医学话语也得以确立起来。这一时期的产科教材、指导手册和医疗一

---

〔13〕 W. F. 蒙哥马利:《关于怀孕迹象与症状、怀孕阶段与分娩征兆的说明》(W. F. Montgomery, *An Exposition of the Signs and Symptoms of Pregnancy, the Period of Human Gestation, and the Signs of Delivery*, London: Sherwood, Gilbert, & Piper, 1837),第85页。随后对这一文献的参考将采用随文注。

社会文本组成并主导了占支配地位的医学主题,遵循这些主题的医学话语建构了一种特殊的、有时充满矛盾的对怀孕的文化理解。

兴奋性/敏感性和母性印记

这一时期对怀孕期间生理学变化的理解,常常是用"兴奋性"(irritability)这个词汇来表达的。该词在用来形容身体器官时,指的是一种过度的或病态的敏感状态。人们确信,怀孕会刺激子宫,从而产生一种兴奋性,这种兴奋性反过来又会影响到身体的其他器官,使得它们与之"协同一致"(相互感应)。因此托马斯·登曼写道:"关于子宫应激性以及整个身体受其影响之特性的医学观察,比其他任何观察都能得到更加普遍的认可。"(第238页)他继续解释说,子宫和乳房之间的一致性是"亲密而持续的",也正因如此才导致了怀孕期间的乳房肿胀。而子宫和胃部之间的感应也是"特别地频繁",因此导致了初孕期间的恶心感(第239—240页)。并且,根据登曼和其他人的说法,在子宫和心灵或情感之间也存在一定程度的"一致性":

> 并非某个特定的部位会受到特别的影响,而是身体的整个习性都将受到处于特定状态的子宫的干扰。伴随着普遍而持久的扰动,有时就会导致孕妇的性情变得不如往常那般温柔和有耐心。(第241页)

我们能发现,这些说法其实只是对古希腊的"迷失的子宫"(wandering womb)理论的一种重述,该理论在19世纪被用来支持女性精神疾病的相关话语。确实,登曼的一些同代人就明确断言,怀孕期间子宫的"兴奋"能导致一种接近于精神失常的情绪低落状态。约翰·格里格提出:"在整个怀孕期间,女性或多或少都容易陷入精神沮丧之中,有歇斯底里的倾向,有时甚至还会真的晕厥"(第103页),亚历山大·汉密尔顿区分了怀孕失调中的昏厥和"紧张与歇斯底里的发作"状态(第117页)。只有玛莎·米尔斯试图反对这些关于兴奋性的消极看法。在她决然乐观的《给女性的坦率建议》一书中,她热情地将怀孕描绘为一种健康的瓜熟蒂落的状态,并在提及"兴奋性"一词时追问:

> 女性是活生生的自然的唯一组成部分吗?当她最想要发挥自己的能力时,她的能量就一定会减弱吗?在赋予另一个生物以生命和营养时,谁必须穿越死亡的阴影?抛弃这一愚蠢而不敬的观点吧……大多数孕妇很快就会体验到的那些变化都是为了告知她们身体状态而安排的幸福提示,它们并非身体衰弱的症状。**那时医生所说的兴奋性,只是子宫在接到珍贵礼物之后不断增加的敏感性而已**。[14]

然而,这段话里所说的敏感性(sensibility)一词的含义却是含混不清的。在同时代的生理学家看来,"敏感性"指的是神经纤维对痛感刺激的敏感度。[15] 也许仅仅只是在这层意义上,米尔斯希望主张受孕后子宫是"敏感的"(sensible),也就是说它会对潜在的疼痛或危险做出响应和提出警示,这种敏感性并不是一种病态的过敏反应。但是,无论是有意还是无意,她使用"敏感性"这一术语,还是借助了当时人们对"敏感性"一词的某种崇拜心理。在当时,该词汇意味着拥有一种灵敏而纤细的情感能力。在这层意义上可以说,敏感性一

---

〔14〕 玛莎·米尔斯:《助产婆给女性的坦率建议:或自然的学生》(Martha Mears, *The Midwife's Candid Advice to the Fair Sex; or the Pupil of Nature*, new edition, London: Crosby and Co. and R. Faulder, 1805),第5—6页,尤其强调这一点。随后对这一文献的参考将采用随文注。

〔15〕 阿尔布莱克·冯·哈勒(Albrecht von Haller)表明,兴奋性(收缩性)是所有肌肉纤维的一个内在属性,而敏感性则是神经纤维的独特属性,它对疼痛刺激给出回应。

词也和女性气质的意识形态紧紧捆绑在一起,也因此具备了双刃剑的性质:一方面它意味着女性尤其擅长提高和提炼情感,但另一方面它也可能因此将女性视为情绪化、感性的而非理性的人类。

《给女性的坦率建议》并不是一部助产术专论,相反它是面向非专业女性读者的建议手册,具有明确的政治和意识形态目的。作为一名助产婆,她强调自己就是一位母亲,并且还借助自然的隐喻,来抵制伴随着产科学的兴起而出现的怀孕医疗化现象。她用华丽的词藻描绘了年轻女性为迎接生产的"伟大目标"而做的准备:在期望"即将成为母亲的喜悦"之中,她们获得了"玫瑰般的健康",拥有了"一千个新的迷人气质"。这些语言表明,对于米尔斯而言,怀孕绝对不是一种疾病状态。她提出,怀孕"过多地被描述成一种微恙或生病的状态:这是一个致命的错误,同时也几乎是女性在分娩中容易遭遇的全部不幸之根源"(第4页)。米尔斯还同意母亲和胎儿之间存在感应协同关系的那种观念,因为这一观念也可以支持她的意识形态主张。对这一观念的详尽阐释是建立在这样的假设基础之上的:即母亲和胎儿构成了**一个整体**(one body)。这一点很重要,因为它意味着母亲对怀孕具有优先的(感性的)认识,这种认识是不可能为外在的观察者所获得的。这将我们再次带回到关于怀孕的认识论问题上来了。米尔斯希望将怀孕的体验与知识重新整合进母亲的主观性(subjectivity),是因为这种母性的权威性,可以向外扩展为她作为女性护理者的权威性。她认为正是"这些现代人"(即男产科医师),他们——

> 拒绝承认母亲和胎儿之间存在的一切神秘的协同关系,是因为这一关系不能用机械原则来解释。那么他们还会基于同样的原因,而拒不承认在心灵和身体之间存在的交互影响吗?这样的论证是不是很像医生和解剖学家仅仅因为我们的解剖工具和窥镜都还无法探测胎盘上发挥作用的淋巴和腺体,便否认作为母亲和胎儿互动中介的**胎盘**的吸收和过滤功能?(第57页)

写到这里,米尔斯的辩论目的就变得十分明确了,但是上述举例说法的效果却并不那么明显。一方面,她支持母性的权威性,并以此确保母亲成为怀孕的正当主体或代理人。另一方面,在使用敏感性和"神秘的"协同关系这些术语时,她又陷入了将母性划归感觉而非思想范畴的窠臼。[16]

母性印记的观念和兴奋性(或敏感性)的观点,以及认为母亲与胎儿之间会保持协同一致的观点有着密切的关联。它认为孕妇的想象会影响到腹中的胎儿,形成胎记或者导致畸形,正如菲利普·威尔逊(Philip Wilson)所表明的,这是一个长期存在的民间信仰,而且还被整合进18世纪的医学话语。[17] 1727年,詹姆斯·博朗德尔(James Blondel)匿名出版了一本题为"被检查孕妇之想象的力量"("The Strength of Imagination in Pregnant Women Examined")的小册子,试图以理性为基础来反驳母性印记观念。博朗德尔认为,尽管孕妇在身体上遭遇的意外和在情感上感受到的压力可能会导致流产,但也有许多孕妇遭遇到这些情况却并没有引起任何不好的结果:类似地,许多有胎记或畸形的儿童,他们母亲当初经历的怀孕过程却完全是非常平静而顺利的。博朗德尔的论文很快就引起了丹尼尔·特纳(Daniel Turner)的回应,此人强烈地为母性印记观点(在1714年关于皮肤病的书籍中,他就已经利用了这一观点)辩护,他认为母亲的想象将会对具有可塑性的胎儿产生物理影响。这一争论引起了社会

---

[16] 在对米尔斯的解读方面,我与阿曼达·吉尔罗伊(Amanda Gilroy)有不同的侧重。在她的论文《"给女性的坦率建议":或18世纪晚期英国的母职政治》中,吉尔罗伊认为米尔斯"耗尽了母亲的主体性",并且"不仅描绘了女性需要压制的身体,也描述了她们受压抑的心灵"。参见艾薇儿·何纳、安吉拉·基恩编:《身体问题:女性主义、文本与肉体存在》(Avril Horner and Angela Keane, eds., *Body Matters: Feminism, Textuality, Corporeality*, Manchester: Manchester University Press, 2000),第26页。

[17] 参见菲利普·威尔逊:《眼不见,心不烦?:丹尼尔·特纳与詹姆斯·博朗德尔围绕女性想象的争论》(Philip K. Wilson, "'Out of Sight, Out of Mind?': The Daniel Turner-James Blondel Dispute over the Power of the Maternal Imagination"),见《分娩》(*Childbirth*, ed. Philip K. Wilson, New York and London: Garland Publishing, 1996, vol. 3),第361—383页。

的大量关注：在博朗德尔和特纳之后又相继出版了两本小册子，而且还引发了其他人的介入。那些支持母性印记观念的人认为，孕妇的想象受到她们对特定物体的渴望或讨厌之情的影响非常强烈，以至于这些物体的物理形状会对其腹中正在发育的胚胎/胎儿产生影响。然而，到了18世纪晚期，在男接生婆/产科医师之间达成了一致意见，不管人们如何描绘那些具有欺骗性的故事，他们都反对任何真实意义上的母亲印记的观念。例如，斯梅利就对他的一个病人的母性印记的故事有看法，这个病人的舌尖上有个很痛的、"绿色的"、状如李子的硬物：

> 她告诉我这些铅锤*（**原话是这么说的**）开始成熟，它变得更大、更软、痛苦也略微减轻，它是蓝色的，略微带些红色或紫色，她感觉到在铅锤的中间有个石头大小的可怕硬核：冬天时它会萎缩变小，可到了下个季节又会恢复到原先的样子。这似乎是因为她的母亲在怀她的时候，非常想得到一些铅锤，当时这些铅锤正在减价，但她并没有买，因为在她看来还是太贵了；但当时她拿了一个铅锤用舌尖舔了一下然后就扔掉了，就是这一瞬间的动作导致了腹中胎儿身体的同样部位受到了影响。[18]

斯梅利依然对这些期望或渴望之于胎儿发育的影响持怀疑态度。同样地，他也反对那些认为负面的情绪想象会影响胎儿的看法：他提到自己接生的许多婴儿身上都没有特殊标记，即使他们的母亲曾"对一些令人厌恶的东西感到过害怕和惊奇"，并且十分担心这些

---

* 这个词说的应该是"李子"（plum），可能是患者在叙述时说成了"铅锤"（plumb），所以斯梅利的引文括号里标注原话是这么说的。以此类推，该段引文中提到的"铅锤"都指的是"李子"。——译注

〔18〕威廉·斯梅利：《助产术理论与实践专论》（William Smellie, *A Treatise on the Theory and Practice of Midwifery*, London: D. Wilson and T. Durham, 1754, vol.2），第209—210页。随后对这一文献的参考将采用随文注。

想象会产生可怕的后果(第210页)。格里格也持同样的主张,他建议孕妇不要听信"那些蜚短流长的无用故事"(第121页)。但是伊拉斯谟·达尔文却很有个性地支持母性印记的观念,只不过在他的案例中,这是一种**父性**(paternal)印记。在《动物生理学》一书中他提出,这个世界"长期错误地描述了女性想象的巨大力量","在怀孕过程中,想象的真正力量却是仅仅只属于男性的"。[19] 在他看来,性交或射精时父亲大脑中的影像"将因为兴奋或敏感的作用而强烈影响到射精的过程……因而产生相似的形状和特征,决定了胎儿的性别"。达尔文的说明有些循环论证的意味,他认为父性印记的作用影响到了胎儿的性别,这一看法又被用以解释为什么父亲可以被视作性交过程中的男性存在形式。[20]

尽管对想象之于胎儿发育的真实影响,**男助产士**和助产术教授们都持怀疑态度,但是他们却一致认为,怀孕过程中过于激动的情绪将会产生潜在的危险后果。汉密尔顿就警告人们要防止"拥挤(crowds)、禁闭(confinement)以及任何会致使孕妇受到令人厌恶的限制的情况发生……以及任何会干扰孕妇身体或心灵的东西"(第161页);格里格解释认为流产可能是由于"放任激烈情绪,采取与自然的秩序和简单性不一致的生活方式,观看深陷痛苦或即将面临危险的物体,听可怕的描述,或者读悲伤的故事,简而言之,一切可能伤害身体或扰乱心灵的东西"而引发的(第117—118页)。在这种情况

---

[19] 伊拉斯谟·达尔文:《动物生理学:或有机生命的规律》(Erasmus Darwin, *Zoonomia: Or, The Laws of Organic Life*, London: J. Johnson, 1794, vol.2),第520页。随后对这一文献的参考将采用随文注。

[20] 关于父亲的想象力方面,达尔文毫不避讳地说出了一段轶事,以解释为什么有些孩子生下来和父母双方都不相像。他的一个熟人,夫妇俩都是白人,却生了个黑眼睛的孩子。这位朋友告诉达尔文,"在她夫人怀第三个孩子的时候,他爱上了自己家某个下等佃户的女儿,并且贿赂她以讨欢心,结果却是徒劳,在一次更大的贿赂同样失败之后,他的心中连续多个星期都充满着这个女孩的音容笑貌,结果他的下一个孩子,就是上文提到的那位黑眼睛的年轻女士,无论长相和肤色,都酷似那位拒绝他的年轻姑娘"(《动物心理学》,第2卷,第523—524页)。

下,悲惨案例的历史讲述总是与流产或死产相关,且会强调母亲对于健康怀孕所应负有的责任。对这些看法的坚持包含了复杂的专业政治。和其他兴起的医学专业领域一样,产科学是以理性探索和经验观察为基础的:因此**男助产士**会对真实意义上的"母性印记"观念持怀疑态度。然而,他们对母亲情绪之于胎儿健康的影响所持的强烈信念,却**并不是**安全地建立在理论推理或经验观察的基础之上,这表明该信念首先必须被视作一种意识形态的建构,且这一建构与同时代的文化规则紧紧捆绑在一起。关于母性印记的旧观念反映了孕妇所具有的一种几近离奇的能力(她仍然不能为本身所受的影响负责),而新的观念则是强调孕妇必须控制自己的情绪状态。这种关于母性印记的更为精致的学说,似乎更应被称为一种母性责任(maternal responsibility),因为它鼓励妇女内化关于其怀孕责任的医疗—社会观念,并因此而约束自己的情绪和采取"适当的"(被迫的)行为。通过运用这种精巧的文化伎俩,关于母性印记之影响的知识就转移到男性医师那里,而对这些印记(及其医学后果)的责任却被推到了怀孕妇女这一边。

在这一与境下,母性责任成为这一时期女性写作中反复出现甚至过于着迷的一个主题,也许就不是那么令人奇怪的事情了。在这方面,如同在其他许多方面一样,玛丽·沃斯通克拉夫特*的事例具有一定的启发意义。在 1792 年出版的《女权辩护》(*A Vindication of the Rights of Woman*)一书中,她勇敢地主张女性应该像理性的动物一样行动,"轻视心灵的那种脆弱的优雅,细腻的敏感性,以及甜蜜顺从的举止,这些气质都被假定是弱者的性别特征"[21]。然而,一年以后

---

* 玛丽·沃斯通克拉夫特(Mary Wollstonecraft):18 世纪的英国作家、哲学家和女权主义者,《女权辩护》是她最知名的作品,她因倡导性别平等而被视为女权主义哲学家的鼻祖之一。——译者注

[21] 玛丽·沃斯通克拉夫特:《政治写作》(Mary Wollstonecraft, *Political Writings*, Oxford: Oxford World's Classics, 1994),第 73 页。

她开始和吉尔伯特·伊姆利（Gilbert Imlay）交往并怀了他的孩子，她依然痛苦地写信告诉他，作为孕妇的自己经常屈服于敏感性，并且很难控制自己的情绪：

> 是我应该变得**更加理智**的时候了，再多一些这样**反复无常的敏感性**，就会毁了我。实际上，在过去几天里我感到非常的不舒服。我正在折磨或谋杀一个可怜的小生命，它日益让我感到焦虑和脆弱，而现在我能感觉到它的生命存在，这些想法使我变得更加糟糕。[22]

三天之后，提到伊姆利的冷淡让她感到心烦意乱的事实时，她写道"被严重警醒并对自己感到生气，继续担心自己的愚蠢行为会影响到胎儿"（第245页）。从她所使用的激烈语言可以看到，沃斯通克拉夫特感到自己几乎是一个谋杀犯：她最初对伊姆利感到的痛苦和对自己的情绪反应将会损害胎儿的担心，混合在了一起。她并没有挑战关于她的情绪会影响到胎儿的这一医学流行观点，其结果只能是陷入一种令人厌倦的自我谴责。

然而，尽管沃斯通克拉夫特和她的同代人并没有挑战母性责任的事实（即认为母亲的情绪会影响到胎儿健康发育的观点），但他们在小说里使用的概念却质疑了这一责任的具体背景。这些小说将可能导致孕妇遭遇"极端"情绪的环境摆在最显著的位置，并常常将怀孕妇女的状态描绘成女性遭受社会和法律剥削的一个极端事例。在平等的制度体系下，当时的女性例外地获得了可以自由支配的财产，但是英国法律的规定却使得女性丧失了婚姻中的法律身份。妇女实

---

[22] 拉尔夫·沃德编：《玛丽·沃斯通克拉夫特通信集》（Ralph M. Wardle, ed., *Collected Letters of Mary Wollstonecraft*, Ithaca, NY and London: Cornell University Press, 1979），第243页（1784年1月6日的信件）。随后对这一文献的参考将采用随文注。

际上成为在父亲和丈夫之间进行交换的财产,她们的首要功能就是充当财产继承的管道。因此对女性贞节的强调,实际上是为了确保合法儿子们的财产继承链。

沃斯通克拉夫特未完成的小说《玛丽亚》(Maria)就直接聚焦于这一问题。在违背意愿的情况下,玛丽亚被迫嫁给了一位粗野浪荡的男人,此人挥霍了两人结婚时的积蓄。玛丽亚在怀孕之后不久,就发现丈夫曾怂恿另一个男人和自己发生奸情,以确保得到一份必需的贷款。为此她决定离开丈夫,但是为了进一步坚定决心,沃斯通克拉夫特意味深长地建议她从心灵和身体的相互纠缠中"解脱"(disengage)出来,尽管像理性人那样行事与孕妇的形象不太相容。然而,在她成功逃脱之后,心灵和身体又融合到一起了,其结果就是她开始担心与自己身体相连的胎儿,她认为胎儿必然会受到自己的心理状态的影响:

> 在过去的几天里,我的心灵似乎与身体分离了;但是现在斗争结束了,我强迫性地感到,在我这种状态的女人身上所发生的情绪混乱会产生怎样的后果。
>
> 对流产的这种理解,迫使我将自己禁闭在公寓里长达两个星期之久。[23]

很显然,是丈夫的粗暴行为导致了玛丽亚的"情绪混乱",而且这种粗暴对待是建立在一套法律制度基础之上的。用玛丽亚的生动语言来说,这套法律将妻子视为"男人的财产,就像是他的马或者牛一样"(第118页)。这一点在另外一件事上,得到了进一步的强调。当

---

[23] 玛丽·沃斯通克拉夫特:《玛丽与玛丽亚》;玛丽·雪莱:《玛蒂尔达》(Janet Todd, ed., Mary Wollstonecraft, *Mary and Maria*; Mary Shelley, *Matilda*, Harmondsworth: Penguin, 1991),第126页。随后对这一文献的参考将采用随文注。

时玛丽亚的叔父去世,恰在这个时候她生了个女儿,叔父就将遗产传给了孩子,而玛丽亚是她的监护人。通过这种方式,叔父希望能使得玛丽亚"成为这笔遗产的女主人,而(她的丈夫)则对财产的任何部分都没有支配权"。然而,这个计划并没有起到作用。在(再次)生下女儿时,玛丽亚不得不给了她丈夫另一部分珍贵的财产,因为他设法绑架了孩子,然后将玛丽亚软禁到精神病院。尽管这些并非哥特式的小说情节*修饰,文本却反映了现实的真实性,即类似于玛丽亚这种处境的女性,对于损害自己利益却依然是自己第一法律监护人的丈夫,基本上不能获得任何赔偿。

如果说沃斯通克拉夫特在《玛丽亚》中重述了自身经历的某些方面,她又委托另外一位小说家在她死后重述她的生活素材——她这么做的益处值得怀疑。阿米莉亚·奥佩(Amelia Opie)是沃斯通克拉夫特的好朋友,她的小说《阿德琳·莫布雷》(Adeline Mowbray)或《母亲与女儿》(The Mother and Daughter)于1805年出版,宣称是以沃斯通克拉夫特和她的丈夫威廉·戈德温(William Godwin)之间的关系为素材进行写作的。《阿德琳·莫布雷》曾被视作对自由思想(free-thinking)和戈德温们的婚姻观的一种攻击,以及对构成了后革命时期的主要特征的雅各宾派激进观念进行的反驳。但是,就像小说中谈到的那样,我们对其母性责任这一主题的考量表明,奥佩和沃斯通克拉夫特一样,都打算批判和构建女性情感的社会框架。于是故事情节转到了一位年轻女性身上,她没能意识到自己母亲的"自由思想"仅仅只停留在理论上。她天真地将母亲的自由理念运用到实践中,公然和年轻的哲学家格伦默里(Glenmurray)同居在一起,她读过此人的著作并吸收了他的思想,这时她毫无疑问地遭到了自己母亲

---

* 哥特式小说流行于18世纪,内容多为恐怖、暴力、神怪及对中世纪生活的向往,因其情节多发生在荒凉阴暗的哥特式古堡(流行于18世纪英国的一种建筑形式,类似于教堂)里而得名。——译注

和社会的反对。她一直公然反抗着社会观念,直到格伦默里去世之后,她意识到自己判断失误时,才慢慢重新回到社会认可的正常轨道上。母性责任是小说的核心,作者在一系列相互关联的层面上探讨了这一主题。首先,是作为自由思想者的莫布雷夫人导致了自己女儿的人生失败,因为她不负责任地向女儿倡导了自己绝不会付诸于实践的理论,这些理论对她来说仅仅只是"消遣"而已。其次,她40岁时还像个傻瓜,嫁给了"一个一无所有的浪荡男人,仅仅因为他有美丽的容貌和漂亮的腿",就像她的朋友诺贝瑞(Norberry)医生说的那样:正是这第二任丈夫对阿德琳的引诱,促使了她和格伦默里的私奔。莫布雷夫人在这里再次没有尽到一位母亲的责任。第三,莫布雷夫人被她的一位亲戚欺骗了,此人隐藏了阿德琳写的许多请求原谅的信件。而作为母亲的她没有去追问正在发生的实情,也没有积极去寻找女儿,这导致了阿德琳的身心衰弱和最终的死亡。

正是通过阿德琳的故事,怀孕过程中的母性责任的特殊性得到了探讨。阿德琳的怀孕是爱情和理性的结晶。她嘲笑那些世俗的婚姻,面对认为她的婚姻在上帝眼里不道德的非议者,她辛苦地捍卫着自己的立场。然而,尽管阿德琳认为她的观点建立在理性的基础之上,她却太晚才发现理性不同于"娱乐性的"推测,在阐释行为准则的时候,它必须考虑"世界的本来样态"(world as it is)。在怀孕七个月的时候,她看到一些小孩在庭院里玩耍,他们始终不愿意让其中的一个小男孩参与游戏。当她询问原因时,孩子告诉她自己是私生子,所以不适合做他们的玩伴。阿德琳听到之后感到十分痛苦并向丈夫哭诉,她意识到自己的小孩将来也可能会经受这样的命运:

> 导致这孩子痛苦的原因,就像插在她心尖上的一把匕首,现在当她听到他加倍强烈的、屈辱的哭泣声,想到他所受到的自以为是的折磨,她几乎怒不可揭(phrensy)(**原文如此**):"这些,"她大声喊叫着,"总会在某些时候成为我的孩子的痛苦,对于他而

言,孩童时期的这几个小时,会加剧他一生的痛苦。"她靠着这个小小的悲伤者坐下来,陪着他一起流泪。[24]

这些语言表明,阿德琳的心灵和身体经受了深深纠结的痛苦:她的身体言说了她的情感。她目击的这件"悲惨事件"严重打击了她,以至于她仅剩下回到格伦默里身边请求他和自己结婚的力气,之后她就毫无知觉地昏倒在地板上。但是,这时再想要避开这一"母性印记"的恶劣影响已经太晚了。在短暂地恢复意识之后,阿德琳再次陷入昏厥,庭院事件之后的第二天,她产下了一个死婴。

在某种程度上,这一情节可能直接来源于产科教科书的劝诫和指导,它们警告不加约束的情绪会造成危险。这一情节同时也反映了占主导位置的意识形态,因为阿德琳的痛苦被认为是对她所犯罪恶的直接报应。假如她没有和格伦默里婚外同居,假如她对危险有所认知,孩子就不会死。阿德琳的第二次怀孕进一步强化了这一观点,第二个孩子是格伦默里去世之后阿德琳新婚姻的结晶,这个孩子茁壮成长的故事听起来有些夸张,其甚至在天花中都存活下来了。奥佩的文本表露出很多矛盾的观点,尤其对婚姻问题持一种矛盾态度。她将阿德琳塑造成非常善良和亲切的角色,其唯一的过错只是(原则性很强地)拒绝和格伦默里结婚。小说的叙事将视角放在其他人对阿德琳的看法上,当以为她结了婚时,他们将她看成是贞洁善良的人,而一旦发现了真相,他们就说她品德败坏。这一叙事角度实际上提出了内在或天生的德行与宗教教条之间的关系问题。阿德琳没能结婚就必须被认为是绝对的罪孽吗?它同时还突出展现了偏见的致命危害:正如阿德琳自己所说,"就因为我没有在圣坛上举行一场无聊的仪式,我就容易被视作为品德败坏的女人,也更容易受到有恃

---

[24] 阿米莉亚·奥佩:《阿德琳·莫布雷》(Amelia Opie, *Adeline Mowbray* [1805], Oxford: Oxford World's Classics, 1999),第 131 页。随后对这一文献的参考将采用随文注。

无恐的侮辱"(第116页)。尽管小说在最后还是同意婚姻是一种"神圣的习俗",但还是不安地谈到了阿德琳的过失和所受惩罚之间的不对称问题,她只犯了一桩罪过(没有和格伦默里结婚),却遭受了一连串的惩罚(失去了孩子,遭到社会的排斥,陷入贫困处境)。

更为麻烦的是,在关于母性印记的诸多描述中始终贯穿着一条线索,它不仅存在于文学作品中,也存在于产科学通信集和教科书之中。正如我们所发现的,强调母亲情绪对胎儿的影响太容易在不知不觉中陷入将母亲建构为情绪动物的窠臼,认为她们因为怀孕而尤其容易受到情绪的影响。建构母亲和胎儿之间的关联,虽然可以用来保护怀孕妇女的权威性和自治性,但也同样可以用来证明这一观点:怀孕意味着理性的潜在丧失。阿德琳"发作的愤怒"和"突发的悲伤"支持了屈服于自身情绪和情感的怀孕妇女形象,她们显然无法成为自身情绪和情感的主人。从母性责任的角度来看,该小说似乎还表明,阿德琳的过错在于有着太多的敏感性,而她母亲的过错则在于太缺乏敏感性。在小说的结尾,当阿德琳再次得到她母亲关爱的凝视时,母性感情再次得到了强烈推崇:

> 那一刻莫布雷夫人急切而焦虑地奋力靠近她,想要听清她虚弱的声音,询问她的感觉。"我曾经看到过这种充满疼爱和焦虑的眼神,"她虚弱地说道,"但这次我感觉更加的幸福!它让我确信你依然还爱着我。"
>
> "我依然还爱着你!"莫布雷夫人充满热情和溺爱地答道:"你从未,从未像现在这样可爱!"(第268页)

在这层意义上,可以说《阿德琳·莫布雷》提供的是一种保守和倒退版本的母女关系情节,该时期的其他一些小说也特写过类似情节。阿德琳期望回归到母女关系的前俄狄浦斯时期,而不是继续和社会的不公平抗争,最后在想要回归自我中心的母性身体的渴望中去世。相反,在同时代的玛丽·海斯(Mary Hays)和夏洛特·史密斯(Charlotte Smith)的小说中,女儿们却从她们严于律己的母亲那里受到了言传身教的影响。[25] 夏洛特·史密斯的小说《年轻的哲学家》如同《阿德琳·莫布雷》一样,也部分地以戈德温和沃斯通克拉夫特的生活为创作原型:洛兰·弗莱彻(Loraine Fletcher)认为小说中阿米蒂奇(Armitage)角色是以戈德温为原型,而格伦莫里斯(Glenmorris)角色则是以汤姆·佩因(Tom Paine)为原型。[26] 在强调怀孕和财产之间的关系问题上,史密斯的小说与沃斯通克拉夫特的《玛丽亚》很类似。小说展现了劳拉·德·凡尔登(Laura de Verdun)和她的女儿梅多拉(Medora)的命运,母女俩在名字上就直接相互回应。在具体深入的叙事之中,我们了解到年轻的劳拉爱上了自由思想者格伦莫里斯,并且违背父母的意愿和他结了婚。结婚之后,靠着他微薄的家产幸福地生活在苏格兰。然而,在劳拉怀孕之后,格伦莫里斯被捕且严重受伤,以至于劳拉以为他已去世。当时她丈夫唯一活着的亲戚——比较适合称呼她为基尔伯罗蒂(Kilbrodie)太太——意识到如果格伦莫里斯的孩子死了,她自己的儿子将能继承到格伦莫里斯的遗产,于是她将劳拉接到自己家中一起居住,她这么做的唯一目的就是确保能让劳拉的孩子死掉。

基尔伯罗蒂太太很清楚劳拉怀孕的社会环境,认识到劳拉就是格伦莫里斯遗产的继承管道,她采取的攻击手段就是运用私人化、情

---

[25] 尤其可以参考玛丽·海斯:《偏见的牺牲品》(Mary Hays, *The Victim of Prejudice* (1799), ed. Eleanor Ty, Ontario, New York and Cardiff: Broadview Press, 1994);夏洛特·史密斯:《梦达乐拜》(Charlotte Smith, *Montalbert*, 1795)和《年轻的哲学家》(Charlotte Smith, *The Young Philosopher*, 1798)。在所有这些小说中,女儿们的故事(在某种程度上)都是她们母亲的故事的翻版,她们的名字也是一样或者紧密呼应。

[26] 洛兰·弗莱彻:《夏洛特·史密斯:一部批判性传记》(Loraine Fletcher, *Charlotte Smith: A Critical Biography*, Basingstoke: Palgrave, 1998),第279—280页。这些以沃斯通克拉夫特的一生为写作原型的小说,在一定程度上存在故意的交叉引用情况。因此,在《阿德琳·莫布雷》中,奥佩给戈德温所起的名字(格伦默里,Glenmurray),与夏洛特·史密斯在《年轻的哲学家》中为汤姆·佩因所起的名字格伦莫里斯(Glenmorris),十分相似。

感化的母性印记观念,试图向劳拉灌输恐惧和焦虑的情绪,希望借此造成劳拉的流产。劳拉描述了基尔伯罗蒂太太企图通过运用宗教讲道和迷信来恐吓自己的情形:

> 她……告诉我天堂审判的事,她说这些审判总是会追捕,或早或迟总会追捕到那些不肖子孙……在我即将临产之时,她又引发了乡村的迷信活动,用死亡的危险和恐怖思想向我提出警告。[27]

史密斯强调,在这一点上,劳拉实际是运用理性去抵抗基尔伯罗蒂太太的"伪善之言"。但是,当听到关于军事囚犯所受酷刑的令人毛骨悚然的详细描述时,她就再也无法经受住任何额外的压力了。在格伦莫里斯被海盗抓走后,劳拉的脆弱想象立即就产生了影响:

> 这个残暴卑鄙的人,一边观察我的脸色变化,看看我究竟能承受多少,一边继续更加淋漓尽致地描述着这些可怕的场景,它们是如此的反人性……他所使用的语言,他那狰狞扭曲的面孔、恐怖的想法,所有这一切都让我无法再继续听下去,想到格伦莫里斯可能已遭受过这些折磨,如此详细的描述最终击倒了我,我无法再承受。——一颗寒冷的汗珠罩住了我的脸——我感到房子在天旋地转,最后完全无知觉地瘫倒在地板上。(第 2 卷,第 117—118 页)

在这一段话中,尤其值得注意的是关于面部表情的突出描述。

---

[27] 夏洛特·史密斯:《年轻的哲学家:一部小说》(Charlotte Smith, *The Young Philosopher: A Novel*, 4 vols, London: T. Cadeli, Jun. and W. Davies, 1798, vol.1),第 106—107 页。随后对这一文献的参考将采用随文注。

劳拉的痛苦从"她脸色的变化"就可以看得一清二楚,而正是"他狰狞扭曲的面孔"让她感受到了痛苦和折磨;最后,在昏厥之前,劳拉的脸被"一颗寒冷的汗珠"所笼罩。面孔也许是最能直接反映内心悲痛的身体部位,也因此史密斯对其给予了突出强调。正是在这一点上,史密斯连接起"母性印记"的闭路圆环。劳拉"易怒的"怀孕身体使得她的情绪变得脆弱,这种脆弱的情绪反过来又会损害她的身体。她的痛苦最终导致了早产,她很有毅力地独自忍受了分娩的痛苦,没有依靠助产婆的帮助。但是,她七个月的早产儿"个头小而且虚弱",尽管劳拉希望"保住他,为他而活,满怀热情地做着各种盘算,以至于陷入极大的痛苦",她的孩子在出生后的第三天还是发生惊厥,死在她的怀里了。

  劳拉的故事在很多方面都和当时的产科叙事保持一致,而且紧跟其潮流。例如,就她在怀孕时的恐惧而言,她注意到"这些不祥的预感常常是引发不幸的原因,尤其对于身处我这样环境的人而言更是如此",这一想法几乎完全是响应威廉·巴肯(William Buchan)在最畅销的《家庭医学》一书中所说的话:"对未来可能发生的不幸事件的持续恐惧与担心,长期盘踞在大脑之中,常常成为不幸事件的诱因。例如,这种情况就常常发生在待产妇女当中。"[28]但是,史密斯的小说和医学叙事之间也存在分歧,通过华丽而充满戏剧性的纠葛情节,史密斯强调了怀孕的社会重叠性(social imbrication)。她和奥佩一样,都强调了这一事实:母性印记既是一种生理学建构,更是一

---

〔28〕 威廉·巴肯:《家庭医学:疾病预防、治疗的养生法则和简明医学》(William Buchan, *Domestic Medicine or, a Treatise on the Prevention and Cure of Diseases by Regimen and Simple Medicines*, second edition, London: W. Strachan, and T. Cadell; Edinburgh: A. Kincaid & W. Creech, and J. Balfour, 1772),第140页。随后对这一文献的参考将采用随文注。《家庭医学》最早出版于1769年,威廉·斯梅利是第一版的作者之一,他修订并在某种程度上改写了巴肯最初的手稿。直到1846年,新版、再版和盗版每隔几年就要出一批。关于巴肯著作获得成功的讨论,可参见 C. J. 劳伦斯:《威廉·巴肯:医学揭秘》(C. J. Lawrence, "William Buchan: Medicine Laid Open"),载《医学史》(*Medical History*), vol. 19 (1975),第20—35页。

种文化建构,在这个案例中,毫无防备的女性之所以会神经过敏,是那些利益受到她威胁的人故意操纵的结果。在劳拉的故事中,伤害是永久性的,不仅仅是因为她的儿子死了,也因为她再也没能找回当初那份心灵的坚定。结果在许多年以后,当她的女儿梅多拉被人诱拐时,劳拉陷入了一种极端的"狂怒"状态,失去了理智:"她大声尖叫着,口中不间断地呼喊着她女儿的名字,疯狂地绕着房间走来走去……她心灵经受的痛苦变得如此强烈,以至于表现出真实疯狂的全部症状。"[29]劳拉的母性印记导致了智力的永久性衰退,在这里,她成为19世纪小说中各种患有"妊娠期精神病"的女主人公的先驱。然而通过梅多拉的故事,史密斯主张女性能够也必须抵抗过度的敏感性及其全部的危害性后果。梅多拉了解母亲的故事,所以当她遭遇强奸的威胁时,她大声斥责攻击者,使用理性而非感性的语言来捍卫自己。劳拉是"太过敏锐的感受性和太过草率的放任行为"的牺牲品,而梅多拉的敏感性既不同于她母亲的,也不同于哥特式小说中的女主人公的,对此史密斯做了仔细的区分。她写道:"她的敏感性不是异域的产物,与那些强迫性的、非自然的敏感性描述不相符合,后者往往是通过女主人公的不现实的冒险故事来展现的;梅多拉的敏感性是权力和真实情感的产物。"(第3卷,第38页)

在某种程度上,我们可以横向比较史密斯小说中劳拉和梅多拉的区别,以及简·奥斯汀(Jane Austen)《理智与情感》(*Sense and Sensibility*)一书中玛丽安(Marianne)和埃莉诺(Elinor)*之间的区别。无论是在哪一个故事里,这种区别都不是绝对的或轮廓清晰的:劳拉和玛丽安都拥有敏锐的情感和优秀的理解力;但埃莉诺和梅多拉一样,还拥有根植于"权力和真实感情"的理智与情感。然而,这里还存

---

〔29〕 这一文本包含了个人经历的共鸣。史密斯特别喜爱的女儿奥古斯塔(Augusta)死于1795年,可能是因为怀孕加剧了肺结核的恶化,她在怀孕期间由登曼负责照料。参见弗莱彻:《夏洛特·史密斯》(Fletcher, *Charlotte Smith*),第227页。

* 在该小说中,埃莉诺是玛丽安的姐姐。——译注

在另一个关联:《理智与情感》是奥斯汀唯一不止一次提到了怀孕的小说。在当时关于怀孕与情感之间关系的观念背景中,怀孕主题的出现也许并不那么令人感到奇怪。《理智与情感》中设计了很多成对的女性角色,其中最为明显的就是玛丽安和帕默(Palmer)太太之间的并置,她们的故事在小说的某一点上形成了鲜明对比。帕默太太缺乏母性的敏感性,但她的怀孕过程却很顺利。在埃莉诺看来,她是个"非常愚蠢的女人",虽然并无恶意,但却拒绝思考和自我反省,她高兴、武断地将社会的窘境和丈夫对自己的轻蔑冷漠放到一边,漠视不理。当她第一次被介绍给达什伍德姐妹(Dashwoods)时,我们便得知她此时业已怀孕,后来则是从她母亲的汇报和询问中不断得知她的怀孕情况:例如,詹宁斯(Jennings)太太询问布兰登上校(Colonel Brandon)什么时候在帕默夫妇家吃的晚餐,"他们在家里一切都好吗?夏洛蒂*怎么样?我保证她现在的身形一定很可观了"[30]。帕默太太的怀孕过程没有遭遇任何麻烦,最终她生了个儿子,是合法的继承人,从所有方面来看这都是"非常令人满意的"结果。但是,随着夏洛蒂怀孕身体的不断变大,玛丽安的身体却越来越衰弱。在遭到威洛比(Willoughby)的拒绝之后,她就开始厌食,这被认为是"神经紧张过敏"的一种症状(第150页)。她的衰弱可以被解读为一种阴影或帕默太太怀孕的反面形象。如莫德·埃尔曼(Maud Ellmann)所言,很多的神经性厌食症患者认为食物和怀孕是一回事,二者都包含了对身体的入侵和对自我身份认同的侵害。拒绝其中一个,至少在幻觉上就意味着对另一个的拒绝。[31] 因此,玛丽安可以被解读成这样一种女性形象:至少是在幻想和隐喻的层面上,她在这一场合所做

---

* 这里的夏洛蒂就是帕默太太,詹宁斯太太是她的母亲。——译注

〔30〕 简·奥斯汀:《理智与情感》(Jane Austen, *Sense and Sensibility*, ed. Mary Lascelles, London: Dent, 1967),第135—136页。随后对这一文献的参考将采用随文注。

〔31〕 莫德·埃尔曼:《饥饿的艺术家:饥饿、写作与入狱》(Maud Ellmann, *The Hunger Artists: Starving, Writing and Imprisonment*, London: Virago, 1993),第44页。

的"兴奋过敏"行为是为了预防怀孕。

奥斯汀也描写了玛丽安通过身体和姿势表达出来的痛苦情绪。她写道:"没有什么意见能让她放松下来,心灵和身体上不得安宁的痛苦使得她不断地翻来覆去,直到变得越来越歇斯底里,她的姐姐已根本没有办法让她继续呆在床上,她感到害怕而不得不找人帮忙。"(第159页)"歇斯底里"这个词很重要。奥斯汀是在神经病新科学及相应地将身体视为神经和纤维网络的理解语境中来使用这一词汇的,它与印象和情感等概念相互回应。但在19世纪,"歇斯底里"很快被等同为尤其属于女性的"神经过敏"。我认为,母性印记和兴奋性/敏感性的观念,与这种关于精神不稳定性的性别化观念是紧密相关的,甚至支持了它的形成。因为如果认为怀孕妇女易于因为子宫的刺激而变得"狂躁易怒",她们的情绪也因此变得易受影响的话,一个必然的推论就是所有处于生育年龄的女性都会因为子宫的变化而受到类似的影响。尽管人们没有充分理解月经周期的问题,但是对于排卵和月经之间的关系还是有些认识的,对于子宫内壁的周期性变化也有所认识。因此是有可能发明一种特定的子宫"因果"模型来解释女性的情绪不稳定性的;与此类似,20世纪发明和应用了一种荷尔蒙因果解释模型。

评价怀孕

作为一种社会功能,人口生育负载着社会和经济的意义,在这种与境下,有些怀孕在经济上和意识形态上总是被认为比其他的怀孕要更加有价值。对这一时期一系列文献的考察表明,当时存在两种特殊且相关的话语,它们试图将怀孕区分为"好的"和"坏的"两种。第一种话语是关于差异培育(differential breeding)的,这种话语源于担心某些人口会比其他的人口更易成功繁衍,而这将会动摇社会秩序。在 18 世纪末 19 世纪初,社会上流行着一种普遍的信念,认为乡下的穷人比其他阶层的人更易成功繁衍,相反贵族的繁衍人数却远远不够。这一"事实"被威廉·巴肯当做既定事实来描述,在《家庭医学》一书中,他写道:

> 很显然,奢侈阔绰的生活会损害情绪,降低繁殖力。我们很少在劳作的穷苦人中间发现不育妇女,而在富有奢侈的人那里却没有什么比不育更平常的了……这些富人能和农民吃一样的食物,从事一样的体力劳动吗?他们很少有理由去羡慕这些穷苦的仆从和下人们,这些人总是期望能有众多健康的子孙,而他们却是痛苦地渴望为自己广阔土地的所有权寻找一个唯一的继承人。(第667页)

这些话在亚当·斯密(Adam Smith)1776 年的《国富论》一书中得到了多处回应,这本书提出:"一位半饥饿状态的山区妇女常常可以生育 20 多个孩子,而一位饮食奢侈精细的贵妇却常常不能生育,一般最多生 2 个或 3 个孩子就筋疲力尽了。不孕不育症在那些时髦女性中十分常见,而在地位低微的女性那里却很少发生。"[32] 然而,斯密并不担心这会造成社会秩序的变化,而是认为劳动阶级的高人口出生率会和婴儿的高死亡率相抵消,因此劳动阶层和阶级结构都将继续保持稳定。

最关心富人女性不孕不育问题的是那些**男助产士**,这并不违反常理,因为这些富人毕竟是他们赖以依靠的阶级。由于缺乏关于怀孕过程的精确知识,他们不得不再次退回到"自然"的观念上以作为

---

[32] 亚当·斯密:《国民财富的性质和原因的研究》(Adam Smith, *An Inquiry into the Nature and Causes of the Wealth of Nations*, ed. R. H. Campbell, A. S. Skinner and W. B. Todd, Oxford: Clarendon Press, 1976, vol. 1),第 96—97 页。

提高生育力的保障,这一点也并不令人感到奇怪。登曼遵循巴肯的观点,把户外活动和生育成功联系到了一起,而且还警告富人避免过分放纵和"奢侈阔绰的生活"。他提到:

> 处于社会底层的妇女为了生存需要,不得不在露天的环境中辛苦劳作,她们遭受着气候变化带来的所有痛苦,她们在怀孕过程中的抱怨比那些富裕女性的要少得多,而分娩却比她们要容易……卑微者往往带着妒忌的眼光去看待那些拥有社会地位和财富优势的人,为此他们应该更加谨慎适度地运用这些优势,否则将会因为任何一个过度放纵的行为而得到教训。(第250页)

然而,认为不孕不育症在富人当中更为普遍的这一信念,却缺乏证据的证实。在英格兰和威尔士,婴儿出生率的登记最早也只能追溯到1837年,苏格兰和爱尔兰也分别只能追溯到1855年和1864年,因此我们缺乏此前的婴儿出生率的精确记录,也缺乏关于婴儿出生率和社会阶层之间关系的精确记录。但是,关于上层和中等阶层某些特殊女性群体的研究,却揭示出婴儿出生率相对较高的事实。例如,刘易斯(Lewis)对1760年至1860年间的50名英国贵族阶层妇女做了群体分析。她发现这些妇女的平均生育年龄跨度达到18年,她们平均成功生育的孩子数目是8个。因此尽管人们对这些"饮食奢侈的贵妇"有着诸多的担忧,研究却表明这些妇女有着较高的生育能力。[33] 类似地,达维多夫(Davidoff)和霍尔(Hall)对各省中产阶层妇女的研究也表明,她们的平均生育年龄跨度是13年,平均成功生

---

[33] 参见朱迪思·施奈德·刘易斯:《家庭方式:英国贵族妇女的分娩(1760—1860)》(Judith Schneid Lewis, *In the Family Way: Childbearing in the British Aristocracy, 1760—1860*, New Brunswick: Rutgers University Press, 1986)。

育的孩子数目是 7 个。[34] 实际的生育率可能会更高,因为正如安格斯·麦克拉伦(Angus McLaren)所提出的,这一时期所有阶层的妇女都求助和采用了包括故意堕胎在内的生育控制策略。[35]

尽管不可能重新获得 1750 年到 1820 年期间的精确统计数字,但关于贵族易患不孕不育症和乡下穷人生育力充沛之间所谓的鲜明对比,显然只是虚构的故事而非客观现实。这一虚构故事之所以充斥于医学文本之中,可能是由一系列因素的推动所造成的。对于少数一些贵族家庭而言,因为牵涉到遗产继承而真的会担心不孕不育问题:这些担心在登曼之类的**男助产士**所写的教科书中都有所描述。然而,在戏剧里同样也充满了对奢侈的城市生活的焦虑,认为这样的生活不仅仅是不利于怀孕和安全分娩,它对健康的所有方面都会产生有害的影响。最后,这里还暗含着一种对乡下穷人旺盛生命力的恐惧,这种恐惧和 18 世纪 90 年代的革命岁月以及针对圈地法案(Enclosure Acts)的土地所有权抗议有关。后者导致在 1760 年到 1830 年期间,600 万英亩的公有土地被圈占,这些土地是许多农村工人用来喂养牲畜和采集燃料的。男人和女人们推倒栅栏和篱笆门以抗议这种威胁到他们生存的做法。一些医学文献也许正好反映出并强化了对这种抗议的担忧。然而,随着乡村人口百分比的下降,对乡村穷人旺盛生命力的恐惧逐渐转变为对城市穷困人口生存状况的关注。这些人的健康远远没有得到系统的详细检查,尤其是没有在新建立的医院和诊所里接受医生的检查。其中,奥古斯塔斯·博齐·格兰维尔(Augustus Bozzi Granville)在 1818 年出版了一部威斯敏斯特综合诊疗所(Westminster General Dispensary)的助产实践报

---

[34] 参见莉奥诺·达维多夫与凯瑟琳·霍尔:《隐形的投资:女人与事业》(Leonore Davidoff and Catherine Hall, "'The Hidden Investment': Women and the Enterprise")见《妇女工作:英国的经验(1650—1914)》(*Women's Work: The English Experience 1650—1914*, ed. Pamela Sharpe, London: Arnold, 1998)。

[35] 参见安格斯·麦克拉伦:《生育仪式》(Angus McLaren, *Reproductive Rituals*, London and New York: Methuen, 1984)。

告。他认为对于穷人而言,诊疗所比救济院("这个特定的名称会引发情感上的痛苦")或产科医院(也就是产妇医院)更可接受,"在那里(妇女)成为公共慈善惹人注意的对象"。[36] 而且,诊疗所的服务便宜,妇女就像是在家里接受护理一样,因此有更多的女性能得到帮助:以此计算,产科医院里一次分娩服务的费用是 3 英镑 12 先令 10 便士,这相当于威斯敏斯特综合诊疗所提供 16 次分娩服务的费用。

格兰维尔作为统计学家,对于认为过着"奢侈生活"的妇女和过着"自然生活"的妇女在健康方面存在差别的观点,提出了较为犀利的看法。他针对反复流产(那时和现在一样,都是尤为痛苦的事情)的判例案件,质疑并考察了"这些被认为拥有特权的人'生命等级较低'"的说法。他得出结论认为,对于流产而言,不存在任何特权阶级:"导致经常性流产的那些主要因素,同样作用于七晷区(Sevendails,伦敦一处因贫穷和废墟而声名狼藉的地方)的悲惨居民,如同作用于那些居住在宫殿中幸运得多的人一样。"(第 40 页)

认为过着"自然生活"的妇女拥有更强的生育能力的观念,一直是 19 世纪以前的医学文献的特征之一。例如,W. F. 蒙哥马利在 1837 年的文献中就抨击"那些上等社会的女士们,她们整天都懒洋洋地躺卧在沙发上,或者大半天的时间都在床上呆着,满足于这种好逸恶劳的坏习惯,她们还指望着因为自己的地位而被允许甚至被鼓励沉湎于这种习惯"。他认为这种消极状态,可能会造成身体整个系统的"普遍迟钝"(universal torpor)。他继续描绘了一幅农民生育健

---

[36] 奥古斯塔斯·博齐·格兰维尔:《1818 年威斯敏斯特综合诊疗所的助产实践报告,包括对分娩、堕胎、女性疾病的新分类等》(Granville, Augustus Bozzi, *A Report of the Practice of Midwifery at the Westminster General Dispensary, During 1818; including new classification of labours, abortions, female complaints, etc...*, London: Burgess and Hill, 1819),第 14 页。诊疗所是医院的早期形式,建立于 17 世纪晚期,主要是为穷人提供治疗建议和药品。英格兰的第一家产科医院是英国产科医院,成立于 1747 年。第二家产科医院于 1750 年成立于伦敦市,综合性产科医院于 1752 年在威斯敏斯特成立。正如威尔逊所揭示的,这些医院具有很高的姿态(一个重要的角色是传播知识和实践),但是只负责了极少数的分娩事务(大约 5%)。参见威尔逊:《男性助产术的制造》,第 146 页。

康的对照画面:"这和那些强壮的农民妇女的轻松快乐是多么的不同啊,她们整天都忙碌于艰苦的工作,几乎要到'自然的悲伤时刻'(the hour of nature's sorrow)才停歇,期间不会受到任何的打扰。"(第11页)这种对乡村妇女生育能力的强调,和对上层社会人口出生率下降的担忧,可以被解读成一种前优生学(proto-eugenics)思想,它为19世纪末期弗兰西斯·高尔顿(Francis Galton)优生学思想的发展铺平了道路。

第二种差异话语是关于非法/合法(il/legitimacy)的,它既是一种话语,更是一种规范结构,能产生实际的影响。在18世纪末和19世纪初,怀孕与法律之间的关系还不稳定,保持了一定程度的模糊性。1753年哈德威克(Lord Hardwicke)婚姻法案的效果尤其难以评估。在法案通过之前,下层社会中流行的订婚礼习俗许可了婚前性行为,而且实际上在英国的一些地区,妇女就被期望通过订婚期间的怀孕来"证明"她们的生育能力。[37] 社会压力,以及如果有必要的话,还包括求助于教会法庭(church courts),这都意味着这些妇女的婚姻是真正能得到保证的。但是,哈德威克法案规定,只有在宣布结婚预告或购买许可证之后,在一个神圣庄严的地方相互交换了誓约,这样的婚姻才算合法。依据新法案的规定,订婚礼不再具有强制性的或给予法律许可的权力。尽管如此,尼古拉斯·罗杰斯(Nicholas Rogers)提出,那些十分贫困的妇女依然利用性来拴住婚姻对象,故意怀孕并期望随之而来的婚姻。统计学的数字表明这一策略常常是成功的:到19世纪早期,大约有1/3的妇女在结婚时做了大肚子新娘。[38] 然

---

[37] 参见约翰·R.吉利斯:《更好还是更坏:1600年以来的英国婚姻》(John. R. Gillis, *For Better, For Worse: British Marriages 1600 to the Present*, New York and Oxford: Oxford University Press, 1985),第126—127页,讨论了这种"证明"。

[38] 尼古拉斯·罗杰斯:《肉欲知识:18世纪威斯敏斯特的非法私生问题》(Nicholas Rogers, "Carnal Knowledge: Illegitimacy in Eighteenth-Century Westminster")载《社会史杂志》(*Journal of Social History*), 23(1989),转引自罗伯特·B.休梅克:《英国的社会性别(1650—1850):独立领域的出现?》(Robert B. Shoemaker, *Gender in English Society 1650—1850: The Emergence of Separate Spheres?*, Harlow: Longman, 1998),第98页。

而,婚姻并非总是随着怀孕而来,非法私生的比率也同样在上升。在 18 世纪中叶的伦敦,大约有 16% 的头胎分娩属于非法私生,这一比率直到 19 世纪晚期一直在持续上升。[39]

非法私生比率的上升引发了各个阶层的关注,尽管因为每个阶层的视角和社会地位不同,他们对此关注的方式也有所不同。人们意识到对于非常贫穷的妇女而言,非法私生子女的出生将会给她们带来巨大的灾难,她们的处境为那些女作家和医生所同情。尤其是那些提供家庭服务的女佣,她们一旦被发现怀有身孕,很快就会被解雇,当孩子的父亲是房子的主人时,情况就更是如此。玛丽·沃斯通克拉夫特的《玛丽亚》通过女佣杰迈玛(Jemima)的遭遇,讨论的就是这种情况。杰迈玛出生于一个卑微贫穷的家庭,16 岁的时候就遭到了男主人的强暴。当她发现自己怀孕以后,她的心情十分复杂:她感到"一种混合着绝望和敏感的情绪",知道被贴上私生子标签的孩子一定会成为"人们怜悯的对象"(第 83 页)。她遭到了女主人的一顿臭骂并被赶出了门,杰迈玛最终不得不堕胎。因为她的故事是以第一人称叙述的,沃斯通克拉夫特十分难得地对孕妇体内胎动停止时的心理感受进行了描述。实际上,在当时关于堕胎的争论背景中,胎动变得尤为重要,堕胎直到 1803 年才被真正定为犯罪行为。在此之前,堕胎并不违法,在一般法律中它仅被视为一种"不端行为",只有发生在胎动之后才被认为有罪。正如安格斯·麦克拉伦所指出的,"只有妇女自己才是唯一知道是否发生胎动的人,而且她们很少在怀孕四个月之后才堕胎,所以法律实际上是形同虚设"[40]。然而,教会惯例依然坚持认为,发生胎动时胎儿就"被赋予了灵魂",从这个角度出发(作为虔诚的宗教信徒,沃斯通克拉夫特也许希望遵守这一立

---

[39] 参见罗杰斯,引自休梅克:《英国的社会性别》,第 99 页。

[40] 安格斯·麦克拉伦:《生育仪式:16 世纪至 19 世纪英格兰的生育认知》(Angus McLaren, *Reproductive Rituals: The Perception of Fertility in England from the Sixteenth Century to the Nineteenth Century*, London and New York: Methuen, 1984),第 122 页。

场),杰迈玛被认为实施了谋杀[41]:

> 我跑回自己的蜗居,愤怒让位于绝望,找到一剂可以堕胎的药,喝了下去,希望它能彻底毁灭了我,同时也能中止肚子里新生命的感觉,对这个小生命我有着难以言状的复杂感情。我的头开始眩晕,心脏开始感到倦怠,在接近魂飞魄散的恐惧之中,精神上的极度痛苦被淹没了。(第84页)

尽管也或许正是因为她的痛苦遭遇,当她找到了一个保护者时,杰迈玛却反过来促使另外一位怀着男主人孩子的女孩被驱逐出门。这个女孩随即就自杀了。杰迈玛表示自己在这一点上似乎被迫进入到一种野性的状态:"我非常饥饿:我变成了一只狼!"(第89页)

到目前为止,关于贫困阶层非法私生问题最为重要的讨论,来自于威廉·亨特有关杀婴的文章,该文在1794年就已发表,比《玛丽亚》的出版要早四年。该文是为了捍卫某些妇女的权益而写作的,在亨特看来,这些妇女常常被错误地指控犯有杀婴罪。不同于伍尔夫(Woolf)的《三几尼》(*Three Guineas**),文章被建构为一封详细的回信,回复一位乡村法官提出的请求,为一名姑娘的杀婴罪提供辩护建议。正如托马斯·拉克尔(Thomas Laqueur)所说的,亨特是以两种截然不同的方式来阐述自己的观点的。[42] 一方面,他搜集了很多详细的生理学和病理学信息以支持自己的主张,即认为很难确定孩子是否在出生之前就已胎死腹中。例如,他质疑了"浮肺测试"(floating

---

[41] 参见芭芭拉·泰勒:《玛丽·沃斯通克拉夫特与女权主义者的想象》(Barbara Taylor, *Mary Wollstonecraft and the Feminist Imagination*, Cambridge: Cambridge University Press, 2003),对沃斯通克拉夫特的宗教信仰给予了深入考察。

* guinea,几尼,英国的旧金币,值一镑一先令。——译注

[42] 托马斯·拉克尔:《身体、细节与人道主义叙事》(Thomas Laqueur, "Bodies, Details, and the Humanitarian Narrative"),见《新文化史》(*The New Cultural History*, ed. Lynn Hunt, Berkeley and London: University of California Press, 1989)。

lung test)的绝对可靠性,在这项测试中,死去婴儿的肺被放在水里。如果它漂浮起来了,孩子就被假定为有过呼吸。但亨特指出由于腐败物的原因,肺也可能会漂浮。另一方面,他还引用了一些源于实际的个体病例的故事情节。在文中,他虚构了一名未婚女孩的故事,她带着"难以克服的羞愧感",躲进某个隐蔽之处,否认自己已经怀孕。"或者希望其实并没有怀孕,或者希望借助于幸运的流产而从恐怖中得以解脱,当二者都破灭时,她只能每天眼睁睁地看着自己离危险越来越近,她的心灵完全被恐惧和绝望所笼罩。"[43]亨特指出,处于这种境况的妇女会在各种掩盖分娩的计划之间动摇,但却常常比预料的要更早就分娩,那时她们的痛苦使得她们丧失了"全部的判断"。那么,

> 她们自己分娩,没有人帮忙,无论什么情况下都将退缩于惊恐和混乱之中;有时会在分娩的痛苦中死去,有时是耗尽全部体力,衰弱不堪,对周遭发生的一切毫无知觉;当她们恢复了一点气力时,就发现孩子已完全没有了生气,无论它是不是死胎。在这种情况下,当答案的给出是无意识的时候,还能期望妇女必须泄露自己的秘密吗?(第10—11页)

如同拉克尔所认为的,亨特是基于人道主义者的立场来发出呼吁的,他从情感上引发了读者对这些可怜人的同情和怜悯。的确,在这些个体案例中亨特使用了不同于沃斯通克拉夫特的修辞策略。他的语言非常能引发情感共鸣:"羞愧"、"恐怖"、"恐惧和绝望"、"惊恐和混乱"、"极度痛苦"这些词汇成堆使用。在上文引用的那段话中,

---

[43] 威廉·亨特:《孕妇子宫解剖学:图解》(William Hunter, *Anatomia Uteri Humani Gravidi: Tabulis Illustrata*, Birmingham: John Baskerville, 1774),第9—10页。随后对这一文献的参考将采用随文注。

亨特还将在孤独中分娩的妇女类比于被捕猎的动物。

从表面上看,这一文本和亨特的《孕妇子宫解剖学》完全不同。在文章中,科学论证与人文情感有相互抵触的危险,但却被并置在一起,形成了一种富有创造性的张力。然而,同样一种张力也可以在产科图册中找到,其中"不带任何感情的"女尸解剖被特定的人文关怀所平衡,甚至受其鼓舞。亨特使出浑身解数为在自己的产科图册中使用新的雕刻方法的客观性做辩护:他宣称"雕刻的艺术在很多场合,都为我们提供了科学的热爱者们曾经最为**迫切需要的东西**,即一种通用语言"(序言)。但是,就像摄影术一样,虽然在开始的时候被认为是透明的媒介,雕刻的技艺同样也附带了特定的文化含义,而且在 18 世纪晚期它还与描绘和谐自然风景的山水画(山水画是一种新形式)以及肖像画法有一定的关联。雕刻家雷姆斯第克(Jan van Rymsdyk)在《解剖学》*中所使用的媒介,赋予亨特的解剖物以人性和完整性,因此亨特的解剖学图册和关于杀婴的文章一样,都见证了科学和人文两种话语之间富有创造性的张力。

当沃斯通克拉夫特与亨特将同情的目光聚焦于穷人阶层的非法私生问题上时,弗朗西丝·谢里丹(Frances Sheridan)则在《西德尼·比达尔弗小姐回忆录》一书中,探讨了上层社会非法私生问题的破坏性后果,这个阶层的非法私生现象尤其与利用怀孕来实现经济/遗产方面的目的有关。非法私生从两个方面打扰了西德尼·比达尔弗小姐的生活。首先,当发现伯切尔(Burchell)小姐已经怀上了奥兰多·福克兰(Orlando Faulkland)的孩子时,西德尼被迫解除与他的婚约。各种复杂化的情节确保西德尼无法知晓事实的全部真相:最终秘密泄露了,福克兰只和伯切尔小姐见过一次面,而且是她引诱了他。然而即使西德尼知道了全部的事实,她仍然会和福克兰断绝关

---

* 《解剖学》(*Anatomia*)是《孕妇子宫解剖学:图解》(*Anatomia Uteri Humani Gravidi: Tabulis Illustrata*)一书的缩写。——译注

44

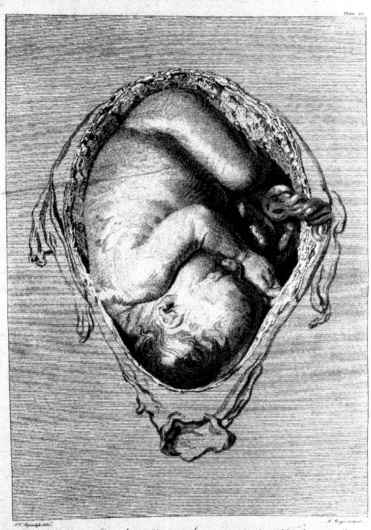

图 3 威廉·亨特:《孕妇子宫解剖学》,1774 年。图版 XX. 威尔康姆图书馆,伦敦。

系并力劝他和伯切尔小姐结婚,因为在她看来,对处于弱势地位的伯切尔小姐承担起法律责任,是他应尽的义务。她始终坚持这一观点,甚至在她丈夫去世并因此促使福克兰重新告诉她联系地址之后,依然如此。她在反思这件事时说:"现在没有什么能阻止我热心地为伯切尔干预此事了。迷人的年轻女人,她是多么地令人同情!她度过了那些始终没有结果的漫长岁月,坚守着几乎是无任何希望的爱情,她必须得到补偿;我的母亲告诉我,她的儿子非常可爱。"[44]然而,伯切尔小姐变成了一个"浪荡女人",她运用自己的怀孕设法说服福克纳(Faulkner)和西德尼·比达尔弗给予她经济酬劳。在和福克纳结婚之后,她重新过上了放荡的生活,最后"无人同情、无人惋惜"地死去。通过叙事角度的认可,这种不留遗憾的结局实际上和以下事实紧密相关:伯切尔小姐被表征成一位中产阶级的暴发户,她试图利用怀孕来牟利,并将其作为跻身上层社会的一种手段。

在西德尼和她的丈夫阿诺德(Arnold)先生的婚姻存续期间,非法私生问题再次在故事中出现。阿诺德希望继承无子长兄的遗产,但他哥哥的遗孀采取了某一策略,使得由她继承遗产具有了法律上的可能性。在丈夫去世的四个月后,这个女人发现自己怀孕了,并声称孩子是已故丈夫的。众所周知,她和丈夫一直分居,为此她虚构了一个可以解决问题的故事来,其中的见证人有可能就是孩子的真正父亲。随之就是一场旷日持久的诉讼,阿诺德先生自信能赢,判决结果却事与愿违,他和西德尼几乎陷入拮据之境。和伯切尔的情况一样,这位寡妇也被描绘成一位中产阶级闯入者,这反映了当时社会对日益扩张的中产阶级的担忧。这些故事造成了医生和律师之间频繁发生的管辖范围之争,其中医生处于劣势,因为他们不能确定怀孕可

---

[44] 弗朗西斯·谢里丹:《西德尼·比达尔弗小姐回忆录》(Frances Sheridan, *The Memoirs of Miss Sidney Bidulph*, Oxford: Oxford World's Classics, 1999),第291页。

能持续的时间,这常常是问题的关键。正如蒙哥马利所强调的,"德行的纯洁,家庭生活的荣誉与和平,遵纪守法,社会等级、头衔和财产的顺利承继,这些事情是无效还是得以确立,仅仅取决于这一问题的解决,这并不罕见"(第251页)。但是,他也承认医生们不能给出任何定论。法律本身也不严密,假定怀孕能持续9个历月或40周,这两个时间段并不一致。而且,像汉密尔顿和登曼这样的医学权威也认为,孕期有时能比正常时间拖延数个星期之久。在这种不确定的状况下,类似于寡妇所采取的那些策略具有很多的成功可能性,蒙哥马利就提供了类似的几桩"造假"事例。

不仅孕前和孕后的问题使得这一时期的合法概念变得不稳定:婚姻的合法性问题也被卷入讨论之中。有时候,一桩迟来的婚姻可能是用来赋予备受争议的事件以合法性。这样的情况就发生在《西德尼·比达尔弗小姐回忆录》中,当西德尼站在伯切尔小姐和福克纳的孩子的立场付出了全部的努力之后,孩子的非法私生性质还是被"证实"了,福克纳的家人宣布了对福克纳财产的所有权。如果婚姻双方持不同的宗教信仰,婚后也会发生很多复杂的情况。以女作家范妮·伯尼(Fanny Burney)和她的丈夫亚历山大·达布雷(Alexandre d'Arblay)为例,他们就同时举行了新教和天主教的婚礼仪式,以确保他们以后的所有孩子都能免去法律上的纠纷。夏洛特·史密斯的女儿奥古斯塔和伯尼的情况类似,她嫁给了一位法国的革命流犯,史密斯为此费了很大的劲以确保能同时举办新教和天主教的婚礼仪式(这么做需要一份主教特许状)。这一事件后来成为了她的小说《梦达乐拜》的题材,该小说的女主人公罗莎莉(Rosalie)陷入了一桩没有确定法律地位的婚姻。她被人说服秘密地举行一场天主教的而非新教的婚礼仪式,她永远也没搞清楚这场仪式是如何被捆绑进行的。[45]《梦达乐拜》探讨了跨越两代人的非法私生问题的影响:在她婚后不久,罗莎莉发现她名字的来源,一直被她视为母亲的朋友的女人,实际上却是她的母亲。老罗莎莉的故事表明,富人拥有更多的机会去隐瞒非法私生情况,以及避免耻辱。她知道自己的父亲永远也不可能同意她和**身份低微的**(*déclassé*)情人结婚:从这一意义上看,她的孩子还真是侵犯阶级界限的一个具体事例。但是,以她的特权地位,她能秘密地生下孩子,并将她交给另外的妇女做女儿:代价是一桩没有爱情的婚姻。

预成论、渐成论与《弗兰肯斯坦》*

上文已有述及,尽管这一时期的产科学有了较大发展,人们对怀孕的很多临床知识还是知之甚少。关于死胎、流产、畸形的原因方面的知识还非常缺乏。但是,对初期生命(胚胎)的理解却迅速发生了变化,成为激烈争论的话题。17世纪显微镜的发明使得近距离研究卵子和精子成为可能,科学家像荷兰博物学家简·斯瓦默丹(Jan Swammerdam)宣称在卵子里看见了完整的微型有机体,其他人则宣称在精子里发现了这些有机体。这两方面都认为,在受精过程中,新的生命个体已经发育完全或者说"预成",在妊娠期间它只是在大小上有所变化而已。最为极端的预成论教条认为,每一个人类个体早在第一个人类生物体上就已经形成了。然而,到了18世纪,渐成论作为另外一种理论被提了出来,它认为在受

---

〔45〕 夏洛特·史密斯:《梦达乐拜:一部小说》(Charlotte Smith, *Montalbert: A Novel*, 3 vols, London: E. Booker, 1795)。

* 《弗兰肯斯坦》(*Frankenstein*),又译为《弗朗肯斯坦》或《科学怪人》,是英国诗人雪莱的妻子玛丽·雪莱(上文中提到的玛丽·沃斯通克拉夫特的女儿)在1818年创作的小说,一般被认为是世界第一部真正意义上的科幻小说。《弗兰肯斯坦》的全名是《弗兰肯斯坦:现代的普罗米修斯》。——译注

精时身体的各种器官并非都已成形,它们是在胎儿的形成过程中逐渐演变出来的。预成论带有决定论的宗教暗示,对于那些性情保守的人具有一定吸引力,例如登曼就采用了一个独特的"伸展"("unfolding")概念,试图来调和预成论和当时关于早期胚胎发育的认识之间的矛盾:

> 人们认为**胎儿**身体的某些部分会比其他部分要先成形,而且做了很多的工作去探知各个部分的形成顺序。然而,即使是最小的**胚胎**,显微镜观察到它的表面皮肤都已发育完全,这可能表明胎儿身体各个部分的新增和结合,实际上只不过是已经成形的各个部分的扩张和伸展而已。(第204页)

登曼的观点引起了对该问题某个方面的特别关注,即我们今天所说的遗传决定论,当时的术语是神性决定论(divine determination)。在多大程度上,发育的设计蓝图从受精之时就规定了随后的发育?基因在多大程度上决定了发育?子宫内的环境和胎儿出生后的环境,它们的作用是什么?

亨特的著作似乎表达了与登曼相左的看法。最后一版《孕妇子宫解剖学》(第34版)描绘了怀孕三周、四周和五周的胚胎发育情况,亨特在第五周的胚胎发育图上写下了如下注释:"**胎儿**的头部比躯干要长:胳膊和腿微微伸长出来:腹部的**内脏**还没有被覆盖,这些暗色部分是红色的肝脏:还没有脐带,**胎儿**的**腹部**附着在**羊膜**和**绒毛膜**的内壁上,它们彼此相邻。"亨特对特定成形器官的描述(还有视觉图画),可能影响了伊拉斯谟·达尔文,他是渐成论观点的最为积极的拥护者。在《动物生理学》一书中,达尔文嘲笑那些认为人类的所有后代都已经预成在第一个出现的人类那里的"天才的哲学家们",因为

> 他们假定每一个胚胎都包含了动物身体各种复杂的组成部分：它们一定拥有很高程度的精微性，比引诱圣安东尼（St Anthony）的魔鬼还要小；2 万个这样的魔鬼能在最细的针尖上跳萨拉班舞而互不干扰。（第 2 卷，第 490 页）

他继续提出他的**子宫内**（*in utero*）发育理论，通过"不同部分的附着"（"apposition of parts"）实现生长，他认为孩子的发育并不是对已经存在的形式进行简单的扩张，而是要经历一个连生的过程，尤为关键的是，这个过程在一定程度上包含着与子宫环境之间的互动：

> 因此，伴随着器官形式的每一个新变化，或者器官每一部分的新增发育，我推测都会由此产生一种新的兴奋性或敏感性；类似的各种兴奋性或敏感性存在于我们成年人的腺体内；每种腺体都带有一种兴奋性，或一种味道，或一种欲望倾向，以及随之产生的独特行为模式。
>
> 由此我构想，颚部的脉管是用来产生牙齿的，而手指的脉管是用来产生指甲的，皮肤的脉管是用来产生头发的……我认为这些变化并非源于原始动力的延长或膨胀，而是通过各个部分的附着生长来实现的；当成年螃蟹被切除一节肢脚，它在一定的时间内又能再生出来。（第 2 卷，第 494—494 页）

达尔文强调了胎儿能从母亲提供的营养微粒中做出"选择"的事实，据此他认为胎儿是妊娠过程的一个积极参与者。但类似地，它的发育也可能因为不充分的母体环境而受到不良影响：它可能"因为母亲无法提供充足的营养，或因母亲供血不足而导致胎盘供氧不足，进而受到坏的影响"（第 2 卷，第 527 页）。

在强调子宫内环境对胎儿发育可能存在的潜在不利影响方面，达尔文的生育理论显得不同寻常，并且具有一定的预见性。他的工作为雪莱夫妇所知,玛丽·雪莱引用了达尔文的《植物园》(*The Botanic Garden*)这首诗,作为关于生命起源对话的参考。在给 1818 年版的《弗兰肯斯坦》所写的序言(仿照作者的身份来写的)中,雪莱也提到了他,玛丽·雪莱在 1831 年的修订版序言中同样提到了他。埃伦·莫尔斯(Ellen Moers)是最早提出《弗兰肯斯坦》应该被解读为"出生的秘密"(a birth myth)的人,此后社会上就出现了非常多关于弗兰肯斯坦创生怪物的文献,它们讨论了与真实怀孕或幻想怀孕有关的问题。莫尔斯将《弗兰肯斯坦》的文本主题和玛丽·雪莱传记中"失败的"怀孕背景联系了起来,而之后的批评家例如玛丽·雅各布斯(Mary Jacobus)和芭芭拉·约翰逊(Barbara Johnson)则集中关注文本中雪莱对女性身体的忽略问题。然而,艾伦·毕维尔(Alan Bewell)指出,《弗兰肯斯坦》提供了我们对畸形怪物、分娩和"罗曼蒂克式幻想话语中模糊的以女性为基础的创生理论"之间的某种文化关联的思考,这一文化关联的根基来源于认为怀孕女性的想象力富有创造性的观念。[46] 与此不同,我认为《弗兰肯斯坦》并没有探讨怀孕女性想象力的创生能力,而是考察了不完备的子宫环境的潜在破坏力。弗兰肯斯坦努力创造他的"孩子",他所使用的方法回应了达尔文关于妊娠过程通过"不同部分的附着生长"来完成发育的说法,而且弗兰肯斯坦的整个创造过程也类似于渐成论者对妊娠过程给出的以生理学为基础的描述,与此一致,孩子的发育也是通过"连续生长"

---

[46] 参见埃伦·莫尔斯:《文学女性》(Ellen Moers, *Literary Women*, New York: Doubleday, 1977);玛丽·雅各布斯:《这个文本中存在女性吗?》(Mary Jocobus, "Is There a Woman in This Text?")载《新文学史》(*New Literary History*),14(1982),第 117—141 页;芭芭拉·约翰逊:《差异的世界》(Barbara Johnson, *A World of Difference*, Baltimore and London: Johns Hopkins University Press, 1987);以及艾伦·毕维尔:《怪物欲望的问题:〈弗兰肯斯坦〉与产科学》(Alan Bewell, "An Issue of Monstrous Desire: *Frankenstein* and Obstetrics"),载《耶鲁批评月刊》(*Yale Journal of Criticism 2*),1(1988)。莫尔斯强调了雪莱对怀孕的焦虑。她的第一个孩子在出生后 1 个月内就夭折了,她的第二个孩子威廉在三岁的时候去世,而她的第三个孩子也仅仅活了几个月。只有一个孩子,她的儿子珀西(Percy),活到了成年。

来实现的。然而,正如达尔文所言,这一过程并非先天决定的,它依赖于各种因素之间的精巧平衡:母亲必须为胎儿提供适宜的发育环境。弗兰肯斯坦在一种"衰弱的"状态下显然没能做到这一点,当他创造了一个没有光的人造子宫时,他没有给予胚胎任何的营养:

> 我住在寓所的顶楼,穿过一条走廊,爬上楼梯,有一间孤零零的房间,或者不如说是牢房更为恰当,它与其他的所有房间都隔离开了,我把这当成是自己的工作室,在里面从事着污秽的创生实验:我因为全神贯注于那种精密的工作,连眼珠子都差不多要从眼眶里面弹出来了。解剖室和屠宰场为我提供了很多的创生材料……[47]

当怪物"出生"时,像个营养不良的病态孩子,面如蜡色,"目光枯黄呆滞"。小说在描绘弗兰肯斯坦第二次造人时——该人是为怪物而造的配偶,"分娩"过程也类似于第一次那样,充满黑暗和缺乏营养。这是一座荒芜的岛屿,在岛上"土地贫瘠,几乎不能为少数可怜的母牛提供牧草,也不能为它的居民提供燕麦,其中的五个人类居民纤细而瘦弱的肢体,已经象征了他们悲惨的命运"(第158页)。如果弗兰肯斯坦最终允许了女怪物的出生,我们可以推知,她那"瘦弱的肢体"也将预示着她"悲惨的命运"。

因此我们或许可以试图对雪莱的文本做出另外一种诠释,不再局限于在畸形怪物和男性欲望结构的表达和/或批评之间建立起的一般关联。玛丽·雅各布斯认为,小说的结构是围绕维克托*(Victor)对"俄狄浦斯冲突的强烈认同……以牺牲对母亲的身份认同为

---

〔47〕 玛丽·雪莱:《弗兰肯斯坦:现代的普罗米修斯》(Mary Shelley, *Frankenstein*: *or The Modern Prometheus*, 1818, ed. Maurice Hindle, Harmondsworth: Penguin, 1992),第53页。本文是以第三版(1831)为讨论基础的。

* 维克托指的是《弗兰肯斯坦》中怪物的创造者——科学家维克托·弗兰肯斯坦。——译注

代价"来展开的,伊丽莎白·布龙方(Elizabeth Bronfen)指出,弗兰肯斯坦的怪物"在完全取消了母亲作用的企图中,与自然展开了竞争并排斥它"[48]。这些观点假定雪莱主要关心的是男性欲望问题(因此也彻底改变了对文本的早期解读,当时认为该文本的主旨是批判男性理性主义)。但是,我们也可以颠倒过来,从女性欲望及作为其必然结果的女性恐惧的角度来解读这一文本。这将极大地改变我们对贯穿文本始终的恐惧的理解,这种恐惧在维克托著名的梦境中得到了最为生动的表达:

> 我想我在繁花丛中看到了伊丽莎白,她正漫步在英格斯塔德街头。我十分欣喜和惊讶地拥住了她,但是当我在她的唇上印下第一个吻时,它(嘴唇)忽然活了起来,带着一抹死亡之色;她的容貌开始发生变化,我忽然意识到我抱在怀中的是已去世的母亲的尸体;一块裹尸布包住了她的身体,我看见墓穴里的蠕虫正在法兰绒的褶皱里爬动。(第57页)

我们不从对母性的男性欲望/恐惧的角度来解读这段文字,而是从女性欲望/恐惧的角度来解读它。我们尤其可以从中看出对母性失败的恐惧,对在渴望创生之时却又成为死亡送信人的恐惧。裹尸布里的爬虫似乎象征着女性怀孕身体里的有害因素,它们因为要喂养生命所以比墓穴里的蠕虫更加可怕。和母亲的死亡拥抱可能并非表征想要排除母性的欲望,而是对继续停留在母亲身边的一种惧怕。因为呆在母亲那里是冒险的做法,不仅会危及自己的生命还可能因此危及孩子的生命。玛丽·沃斯通克拉夫特在写自己的怀孕经历时就

---

[48] 参见雅各布斯:《这个文本中存在女性吗?》以及伊丽莎白·布龙方:《跨过她死亡的身体:死亡、女性气质与审美》(Elizabeth Bronfen, *Over Her Dead Body: Death, Femininity and the Aesthetic*, Manchester: Manchester University Press, 1992),第131页。

强调了这一点。当时她害怕自己的情绪状态会"折磨或谋杀这个可怜的小生命,它日益让我感到焦虑和脆弱"[49]。尽管雪莱引用了渐成论的理论而非关于母性印记的早期观点,她同样在她的小说中探讨了对"折磨或者也许是谋杀"**子宫内**胎儿的惧怕。

---

〔49〕 玛丽·沃斯通克拉夫特是在处于恐怖统治下的巴黎写这封信的。与她的生死相关的许多方面一样,她在这里的处境太容易被神秘化。在巴黎萨伯特精神病院(Salpetrière asylum)工作的 J. E. D. 埃斯基罗尔对怀孕中的精神病有着特别的兴趣,他提出了一个有影响力的观点:母亲在革命时期怀上的孩子,到了晚年尤其容易患上精神病。他认为这是由于他们在**子宫内**的时候感受到了压力,这种压力是母亲传递给他们的。到了 19 世纪,产科教材中引用这一观点是十分常见的事;例如,可参考乔治·曼·伯罗斯:《关于精神病的原因、形态、症状、治疗的道德与医学评论》(George Man Burrows, *Commentaries on the Causes, Forms, Symptoms, and Treatment, Moral and Medical, of Insanity*, London: Thomas and George Underwood, 1828)。玛丽所担忧的孩子范妮·伊姆利陷入了一段绝望时期,最终在 1816 年当她发现自己是私生女时,她自杀了。她的"精神病"在很大程度上可归咎于继母的残忍和漠不关心:它依然是对当时关于怀孕的困惑(和惧怕)的一种痛苦回应。

2 道德生理学

女性的本质

在 19 世纪早期,社会上出现了一种新的文本类型,即医疗—社会文本,这些文本建立并探究了医学知识与社会问题之间的交叠关系。在人口生育领域,这类文本特别关注女性生理学与女性"本质"之间的关系,以及女性(身体上的)经济与更广泛的社会结构之间的关系。因此,这类文本所涉及的范围远远超出了助产术专论和一些产科指导手册,宣称除了能对医学问题提供专业性的权威解释之外,还能对社会的、哲学的问题提供专业意见和权威解释。尽管这些文本充满了各种各样的政治视角(这些视角通常集中出现,令现代读者感到惊讶),但为了方便讨论,还是可以将它们分成两大类,第一类是由受后革命时期激进政治思潮影响的进步主义改革家们所写的文本。这一时期英国的进步思想与卡莱尔主义和欧文主义之类的乌托邦运动有着密切的关联。反过来,这些运动也是建立在对社会组织结构进行全方位评论的基础上的,其中就包括婚姻和家庭的组织结构。例如,罗伯特·欧文(Robert Owen)曾夸张地提出:

现世所有的婚姻都处于一种道德不幸之中,在这种状态下,婚姻已经变质扭曲,这正是卖淫猥亵的唯一根源,正是无以计数的痛苦罪恶发生的原因,也正是社会上大多数最为卑鄙无耻的犯罪的根源。[1]

在一些激进人士的圈子里,对妇女权力的关注及有关争论不仅与公民问题、法律问题息息相关,同时也和家庭暴力问题,更为重要的,还与妇女对生育的控制问题密切相关。在生育控制方面,这些思想家开启了老一辈们(包括戈德温和沃斯通克拉夫特)不会或不愿在公众场合讨论的议题。这一直是个非常敏感的问题,因为限制家庭规模的信息一旦传播出去,人们可能会将它与马尔萨斯提出的控制劳动人口数量的议案联系起来。正是因为这一原因,那些倡导控制生育的学者们转而强调节育能增进穷人的身体健康和财富利益。这同时也表明,贵族阶层数代以来早就采取了生育控制措施,只不过他们故意对此有所隐瞒以保证自己相对于穷人的优势地位。理查德·卡莱尔(Richard Carlile)曾指出,避孕对于"那些失业的、病休的、低工资收入的、多子女的人们来说"是唯一有效的措施,贵族阶层对此心知肚明,但是"他们总是追求那些可以由他们独自掌控的利益,并且始终与下层劳动群体保持距离"。[2]

卡莱尔是名共和党人,在1819—1825年间他开始发表自己对于妇女政治和性别地位的激进观点,当时他因为出版了"亵渎神明的东西"(翻译了汤姆·佩因的著作)而被关押在伦敦钮盖特监狱(Newgate)。1828年他出版了一本关于避孕的小册子,名称是《妇女手册:或什么是爱》。该书的主要论点是认为,性欲的自由表达,对于男女

---

[1] 罗伯特·欧文:《罪恶旧社会中教士婚姻讲演录》(Robert Owen, Lectures on the Marriages of the Priesthood of the Old Immoral World, 1840), 引自《激进女性写作文选:(1800—1850)》(Radical Writing on Women, 1800-1850: An Anthology, Kathryn Gleadle, ed., Basingstoke: Palgrave Macmillan, 2002),第135页。

[2] 理查德·卡莱尔:《妇女手册:或什么是爱》(Richard Carlile, Every Woman's Book; or, What is Love, London: published by the author, 1828),第25—26页。随后对这一文献的参考将采用随文注。

两性的健康都是十分必要的。用他的话说:"爱必须被满足,否则就会饥渴而死。"尽管卡莱尔只不过利用以下一则小轶事作为论据,他还是尝试着把这一观点建立在当时的生理学知识基础之上:

> 伦敦的一位首席医生在对某女士进行身体检查时,就女性疾病问题提出了如此看法:**在年轻女性的病例中,10 例疾病中就有 9 例,6 例肺病死亡中就有 5 例是因为对性的需要而引起的**。他还补充道:虽然目前的社会状况还不会接受我公开发表这一观点,但这却的确是个事实,如果这一事实能更为普遍地得到了解,情况就会有所好转。(第 21 页,黑体部分为卡莱尔所强调的内容)

正如这段文字所表明的,《妇女手册》在强调性别平等的同时,也揭示了两性之间潜在的利益差异和冲突。这本书有时读起来像是一份自由恋爱的宣言,如同芭芭拉·泰勒(Barbara Taylor)所指出的,在 18 世纪 20 年代和在 19 世纪 60 年代一样,主张无拘无束地放纵于"爱之激情",也可能会对妇女的利益产生严重威胁。[3] 卡莱尔聚焦于激情和欲望方面的性别平等,这一点也很重要:他对生育控制的倡导大体上还是在强调性自由而非社会自由的话语背景中发出的。与弗朗西斯·普赖斯(Francis Place)1822 年出版的《人口原则的图解与论证》(*Illustration and Proofs of the Principle of Population*)一样,《妇女手册》提供了很多体外射精法和避孕套方面的信息,卡莱尔动用了全部的宣传技巧,竭力劝说妇女巧用海绵的方便之处,这是他最喜欢的一种避孕方法:

---

〔3〕 芭芭拉·泰勒:《夏娃与新耶路撒冷》(Barbara Taylor, *Eve and the New Jerusalem*, London: Virago, 1983),第 47—48 页。

这项重要的发现是,在性生活之前把一块适当大小的、能轻松放入女性阴道的海绵放入阴道中,当然绵球上还要提前栓上一根很细的带子或绳子以便随时可以将它拉出来。你会发现这样做对怀孕有一定的预防作用。

这种方法和欧洲大陆的高雅女性以及英格兰贵族妇女所采用的方法是一致的。作者举了一个英国女公爵的例子,如果不准备好海绵,她就决不会去宴会应酬。法国和意大利妇女把它们紧紧的系在腰部,以保证总是随手可得。(第38—39页)

两年后,罗伯特·戴尔·欧文(Robert Dale Owen)出版了《道德生理学:关于人口问题的简要论述》一书,这本书的侧重点和卡莱尔的完全不同。欧文将他的主题明确限定在"严格的生理学范畴,尽管和其他很多的生理学问题一样,人口生育也与政治经济、道德和社会科学密切关联"[4]。和卡莱尔一样,他也强调了性愉悦对于两性的价值。他认为性节制具有破坏性的影响,可能会导致"狂燥和忧郁",反之,对生育本能的实践则可以产生"道德的、人性的、有益的"影响(第11页)。然而有所不同的是,欧文是在婚姻的背景中谈论这种性愉悦的,他对生育控制的倡导是为了两性能在婚内获得更大的幸福与平等。而且,《道德生理学》还是第一部在女性受压迫的原因和她们必须持续履行母性职责的现实之间建立起关联的文本。欧文分析了男女两性在生育过程中的不对称关系,并且质问:

在多少的事例中,穷苦家庭里勤勉的父亲,尤其是母亲,终其一生都做着奴隶,他们没完没了的劳作,艰辛的生活直到

---

[4] 罗伯特·戴尔·欧文:《道德生理学:关于人口问题的简要论述》(Robert Dale Owen, *Moral Physiology; or, a Brief and Plain Treatise on The Population Question*, 1830, London: J. Watson, 1846),第1页。随后对这一文献的参考将采用随文注。尽管戴尔·欧文移民美国,但还是与英国的朋友和同事保持着密切的联系,他的著作在英国很有影响力。

> 死亡？……女人们差不多每年都要生孩子，如果不是双胞胎的话，那还算幸运，有多少日子她们是健康无恙的呢？甚至在自然状况要求她们必须停止干重活时，她们还是被迫去干活。所以，多少时候母亲们的舒适、健康甚至生命就这样牺牲了！（第 20 页）

他继续指出，反复生育对女性的危害不仅仅在于健康方面，还在于对其自由和自主的束缚。例如，他提出了这样的质问："一个受过教育的知识女性是否应该把一生都花在经营拥有 12 或 15 个孩子的家庭上呢？"（第 24 页）

虽然，像卡莱尔一样，欧文也倡导通过避孕来提高穷人的生活境况，但他最主要的兴趣还在于改革两性之间的性关系。1828 年到 1832 年期间，住在其父罗伯特·欧文新建的美国新和谐社区里，罗伯特·戴尔·欧文编辑发表了激进的女权主义论文《自由探索者》(*Free Enquirer*)，并且和他的妻子玛丽·鲁宾逊(Mary Robinson)一起在印第安纳州参与了改变女性地位的法律运动。在《道德生理学》一书中，他不仅分析了婚姻内部的不平等问题，还讨论了婚姻以外的不平等问题，直率地抨击了性问题上的双重标准，其中尤其提到了怀孕问题。他注意到，如果一名未婚妇女怀孕了，尽管她的过错"只是判断失误或者心脏脆弱"，其结果都是一样，似乎"她的轻率行为的确是一件最不光彩的罪行"。他继续写道：

> 让我来问问，引诱行为会给受害者带去怎样的痛苦与耻辱？为什么，男人犯了错误依然可以自由自在，可以再次进入社会，甚至得到礼貌的对待和欢迎的掌声，而女性却被烙上了行为不检点的烙印，成为人们指责和辱骂的对象呢？**还不是因为女性承担了所谓耻辱的标记吗？她成了母亲**；于是社会就有了可以诅咒的切实内容。引诱造成的不幸和伤害，至少有十分之九是

因为发生了怀孕的情况,甚至公众也是如此认为。(第27—28页,黑体部分是强调的内容)

虽然欧文坚定地关注未婚妇女的困境(她们和她们的孩子被描绘成社会"鹰爪里的鸽子"),他发现自己还是不能建议女性使用海绵或是避孕套(它的确非常昂贵)去避孕。他发现体外射精是唯一可接受的便利之法;正如他所承认的,这一方法的使用完全掌控在男人手里。因此他的激进计划之所以会失败,在一定程度上正是因为生育仍然控制在男人手上。

《道德生理学》中的激进主义观点具有某种精英优越论思想的色彩,或者说为其所调和。在欧文对"受过教育的知识女性"的关注方面,这种精英优越论的想法就表现得十分明显。这种思想趋势在某种前优生学的讨论中得到了更为完整的表达,这一讨论源自于他对遭受反复死胎折磨的妇女的关注。而且,他还提出,有些人永远也不应该成为父母,因为他们要是做了父母,就会把某些"痛苦的遗传疾病,也许是最为糟糕的疾病——精神病"遗传给他们的孩子。这样做就是"不道德"。相反,如果这些人有所节制,避免自己成为父母,其种族的健康也会因此而受益匪浅:"谁能估计到,这种道德的、理智的节制对我们种族整个未来时期身体素质的提高,能产生多大的积极影响!"(第21页)令人感到震惊的是,欧文使用"毒果实"(poisoned fruit)的隐喻去描述患有遗传病的小孩。这一隐喻在19世纪后期的优生学话语中频繁出现,但正如本书第一章所提出的,优生学思想的史前期比我们一般所意识到的要久远得多。

尽管卡莱尔和欧文都没有接受过医学培训,但却都利用了医学—科学话语来支持他们的"道德(伦理)生理学"主张。相反,艾玛·马丁(Emma Martin),一位欧文主义的改革者,她作为助产婆接受过助产术的培训,并且还利用所受的训练来宣传和支持自己的主张:妇女对她们自己的身体具有控制权。马丁同时还是一位功利主义者和理性主义者,她在该世纪中期出版了一系列抨击宗教的小册子。在众多抨击宗教的行为中,她针对圣经的意识形态,提出了一套精致的女权主义批评,抨击了其中混杂着的色欲和厌女思想,认为这些内容塑造了众多圣经文本中的妇女形象。她认为维多利亚文化中的基督教也会对女性产生危害,传播了关于女性性能力与性特征的错误观念。她在小册子《圣经无启示,或传达上帝旨意之语言的缺乏》中提出,女孩们应该了解关于自己身体的"科学信息":

> 我从来不认为无知是贞操的安全护卫,我愿为所有的女性提供科学信息。特别是对于我们种族未来的母亲们,我自问是否具有"她们的知识",是否了解她们自己本质的规律,她们自己的意外事件和需求以及她们可能的子孙,并传授……
>
> 我宁愿给我的女儿一套生理学和产科学的书,供她去精读,而不是让她去读圣经中利未族的法律(Levitical law),或者两位他玛(Tamars)、所罗门王(Bathsheba)、罗德(Lot)以及其他人的故事。我知道前者会为我们提供有用的信息,而且不会催生幼稚的激情,后者则是打算混乱我们的是非判断。[5]

除了呼吁加强性教育之外,马丁还对利用宗教来支持关于女性生育功能的某种观点的做法提出了挑战,该观点认为女性的生育功能是不宜说出口和/或不洁的东西。上面那段引文中提到的利未族,就倡导对怀孕或分娩后的妇女进行净化,这尤其体现了上述观念。(《利未记》*,12)

那些对妇女和生育持更加保守态度的评论者都身处重要的医

---

〔5〕 艾玛·马丁:《圣经无启示,或传达上帝旨意之语言的缺乏》(Emma Martin, *The Bible No Revelation, or the Inadequacy of Language to convey A Message from God to Man*, second edition, London: published by the author, c.1850), n. p。

* 《旧约全书》中的一卷。——译注

疗机构,尽管这并不意味着他们的观点代表了整个专业领域的看法。[6] 在这个世纪中期,像威廉·阿克顿(William Acton)和威廉·卡彭特(William Carpenter)这样的作家变得十分闻名,他们认为妇女智力低下、在性方面处于被动地位的观点,为新兴的心理学和社会科学专业领域的其他评论家们所吸收。然而,正如历史学家所强调的,这些观点得到广泛传播的事实绝不表示女性的觉悟意识和行为举止就深受其影响。相反,阿克顿、卡彭特和其他人的作品反映的是,男性对当时妇女越来越多地参与和讨论公共事务的状况感到担心和焦虑。在19世纪早中期,通过涉足激进政治以及广泛的社团活动和慈善事业,妇女能够而且确实参与了社会的公共事务。同一时期,类似于欧文和艾玛·马丁这样的作家,出版了一些关于女性智力**和**性本质方面的富有煽动性的读物。我们应该在这样一种与境下,来考察约翰·鲍尔(John Power)的重要著作《女性经济论集》,该书出版于1821年。就"女性经济"而言,鲍尔意指女性生理学,以此来看,这本书最重要的贡献在于它论述了排卵和月经之间的联系(之前没有被认识到)。然而,更为重要的是他将月经视为一个"自然"过程。他认为,如果妇女以"一种自然的状态"*生活,人们就不会了解月经,因为从15岁到45岁之间,"女人要怀孕9个月,接下来的9个月便是哺育孩子,然后又是怀孕,如此不停地循环,以致于月经都没有时间出现"[7]。莫斯库奇(Moscucci)从鼓吹妇女连续的(自然的)生育角度解释了这一现象,但这并不是鲍尔的立场。[8] 相反地,他

---

〔6〕 正如围绕女性性被动的争论所表明的,没有什么观点能逃离医学共同体的讨论和论争,尤其是随着《爱丁堡医学杂志》(*Edinburgh Medical Journal*)和《柳叶刀》(*Lancet*)等期刊的影响逐渐扩大以后,情况更是如此。

* 根据上下文,应是指不采取任何避孕措施的自然状态。——译注

〔7〕 约翰·鲍尔:《女性经济论集》(John Power, *Essays on the Female Economy*, London: Burgess and Hill, 1821),第11页。随后对这一文献的参考将采用随文注。

〔8〕 欧·莫斯库奇:《妇女科学:英格兰的妇科医学与社会性别(1800—1929)》(O. Moscucci, *The Science of Woman: Gynaecology and Gender in England, 1800—1929*, Cambridge: Cambridge University Press, 1990),第25页。

提出了一个似是而非的概念——"第二本质"(second nature),并且认为它妨碍了妇女释放生育的自然能力。他提出,女性所独有的处女膜——

> 毫无疑问地与女性的道德状况存在关联,它可以被认为是智慧的上帝想要约束和控制人类色欲及其结果的明证,它同时也很好地表明,人类与其仁慈的创造者之间的关系不同于那些低等动物与其创造者之间的关系。我们的道德和宗教义务经常与自然的指令不相符合,今天出现的矛盾困境便可以从这种不一致中找到依据。(第28—29页)

正是人类女性在实践着"自然的"约束,她们在性方面的被动抑制了人类的强烈情欲。然而,尽管妇女被认为是消极被动的,她们仍然必须将自己的身体保持成有效率的生育机器,而其结果则是不被允许参与过多的智力劳动。在这里,鲍尔将妇女的教育问题和小孩的差异培育问题(19世纪末期的作家就是这么做的)联系在一起进行考虑。他警示现代教育对"年轻女士"身体健康的危害,尤其是使得她们"被限制在久坐的、单调的职业中"。年轻女性需要有锻炼身体的自由,因为"要想在知识界有所作为,或者取得个人事业上的成功……常常需要以牺牲健康为代价,她们的身体不断走向衰弱,人为绝经在上层社会女性那里非常普遍"(第61页)。

诸如亚历山大·沃克(Alexander Walker)这样的批评者,依然从两个方面(它们在一定程度上是相互矛盾的)来分析问题,一方面坚持和维护妇女的性被动,另一方面又肯定了她们独有的生育功能。在《关于妇女思想、道德、婚姻、婚姻奴隶、不忠和离婚的生理学考察》一书中,他提出妇女的思维活动是基于直觉而非理性,这是因为她们特殊的生理本能:"这很明显甚至都不需要再提及,从恋爱、受孕、妊娠、分娩、哺乳、到孩子的护理,所有这些都很少或根本与理性没有什

么关联,它们几乎完全是出于本能。"他继续提出,女性的道德源自于她的生育角色,这一生育角色同时也塑造了她的智力:

> 可以看出……(女性)与她周围每件事情的关系,以及她的道德……要么完全是由她先天的生命系统创造出来的,要么就是受到了这一系统的有力塑造……而且,由于发育不足的影响,女性的智力系统和动力系统的本质特征就是,它们根本不可能超出其先天生命系统的本能的影响。[9]

为此他粗暴地得出结论:"所以当沃斯通克拉夫特夫人说'也许我可以得出这样的推论,即理性对于想要完成任何适当职责的女性而言,都是必不可少的'时,她完全是在胡说八道。"(第24—25页)在沃克看来,理性活动对于妇女发挥其"功能"不仅不是必须的,而且是有害的。

沃克的文本还论证了母性印记观念和妊娠期精神病观念之间的关联。他注意到了女性敏感的想象,并把这归结于"子宫的特殊影响",认为这就是生育本能的力量,即使是"那些最具理性和心智力量的女性,也常常会屈服于特定的身体状况,例如当月经临近,或刚刚怀孕1个月时,她们也会变得精神错乱,心情暴躁"(第30页)。通过将女性描绘成智力和道德能力皆屈从于其生育系统的造物,他排除了妇女参与任何的政府和立法活动的**实践**基础。对于沃克来说,怀孕代表了一个无法解决的问题:如果允许妇女进入议会,她们将会受到妊娠反应与妊娠疾病的影响,甚至还可能早产。如果这种情况在"女参议员中间得到快速传播的话,就像有时发生在低等雌性动物中

---

[9] 亚历山大·沃克:《关于妇女思想、道德、婚姻、婚姻奴隶、不忠和离婚的生理学考察》(Alexander Walker, *Woman, Physiologically Considered as to Mind, Morals, Marriage, Matrimonial Slavery, Infidelity and Divorce*, 1839, London: A. H. Baily & Co., 1840),第23—24页。随后对这一文献的参考将采用随文注。

间的情况那样,那么随之而来的将会是怎样的场面! 可以肯定的是,在政府官员中必须增添几位助产婆。男人也因此不仅可以获得死在参议院的那般荣耀,像查塔姆伯爵(Lord Chatham)那样,也可能会获得出生在参议院的那种光荣!"(第69页)

在有关女性本质、生理学或经济学的文本中,经常会借助于在妇女和动物之间所做的上述类比。正如吉尔·马图斯所指出的,尽管很多的生理学知识直到现在也仅能从针对非人类的实验工作中获得,认识到这一事实很重要,但对这种类比形式及其功能的关注却"强调了动植物生育行为解释模式的意识形态维度,它是相比于人类的生育行为来进行解释的"[10]。当然,这种类比的应用情况可以多种多样——沃克以此将女性和"低等动物"捆绑在一起,而鲍尔却以此确立了具有道德责任感的人类(妇女是性道德的优秀实践者)和"低等动物"之间的根本区别。其他的评论者像威廉·阿克顿,则以相对中立的态度运用了这种类比。阿克顿著名的小册子《生殖器官的功能与疾病》,被译成许多版本,其中主要讨论了男性的性健康和"已婚"男性的生育手段问题。基于此,阿克顿强调女性在性方面的被动地位也就不足为奇了。他认为"大多数妇女不会被任何种类的性感觉所困扰(对社会来说这是幸运的)",并提到"如果已婚女性每两年怀一次孕,我们常常就会注意到在这9个月的怀孕期间,她没有性兴奋状态。其结果是男性的性欲在一定程度上也会随之减弱,性行为也相应较少发生"[11]。阿克顿继续表示,在这方面,妇女与"低

---

〔10〕 参见吉尔·L.马图斯:《不稳定的身体:关于性欲与母性的维多利亚式表述》(Jill L. Matus, *Unstable Bodies: Victorian Representations of Sexuality and Maternity*, Manchester: Manchester University Press, 1995),第31页。

〔11〕 威廉·阿克顿:《在生理的、社会的与道德的关系中考察童年、青年、成年与老年生殖器官的功能和疾病》(William Acton, *The Functions and Disorders of the Reproductive Organs in Childhood, Youth, Adult Age, and Advanced Life, Considered in their Physiological, Social, and Moral Relations*, 1857, London: J. and A. Churchill, 1875),第212、183页。随后对这一文献的参考将采用随文注。

等雌性动物"别无二致,他写道:"当然,这在妊娠期间是件好事。我了解到不少妇女在怀孕期间对任何的婚内性生活都表示出厌恶。确实,在一些例外的情况下,女性不得不因为要履行妻子的职责而牺牲自己的感觉,她们承受着比死还难受的痛苦,一直在做自我牺牲。"(第213页)阿克顿将女性描写成消极的角色,特别是在她们怀孕期间更是如此,因为在这种情形中,她必须至少是向那些焦虑的男性展现出自己的纯洁。就像当时的作家们所建议的,妇女如果还打算健康顺利地生育,除了必须保持身体卫生之外,还必须保有健全的道德情操。正如托马斯·莱科克(Thomas Laycoak)所言:

> 女性一旦失去了谦逊庄重的道德品质,她也就不再可能生育出具有高尚道德的子孙后代。当然,她也不再是丈夫的理想伴侣或贤内助,也不再是孩子的合格老师和培育人。所以,对于道德高尚的男性来说,举止轻浮的女性无论她们如何的性感和妩媚,也会让他十分反感。[12]

这种医疗—社会文本的意识形态目的,就是要把女性建构成毫无激情的生育机器,她们不被允许过多地参与智力活动,否则就会危及她们成功地生育。执着追求理性知识的女性,被吊诡地认为是既极其普通**又**不自然的,需要被施加严格的外部控制和内部控制。有一些评论家反对女性没有激情的观点:例如,W.泰勒·史密斯(W. Tyler Smith)在他的《产科手册:理论与实践》一书中写道:

---

〔12〕 托马斯·莱科克:《心智与大脑:或意识与器官组织的相关性:系统调查及其哲学、精神科学和实践应用》(Thomas Laycoak, *Mind and Brain: or, The Correlations of Consciousness and Organisation: Systematically Investigated and Applied to Philosophy, Mental Science and Practice*, London: Simpkin, Marshall and Co., 1869),引自艾伦·伍德:《伊斯特林传》(Ellen Wood, *East Lynne*, 1861, ed. Andrew Maunder, Peterborough, Ontario: Broadview Literary Texts, 2000),第734页。

穆勒(Muller)教授和卡彭特博士认为女性在性生活中是被动的、消极的,这明显是错误的观念,约翰·亨特已充分认识到女性性欲的"迸发"和男性的一样明显。它通常开始于阴蒂,并在一种极度兴奋和情感迸发的状态中结束……但是,我们必须认识到这种极度兴奋根本不是怀孕所必需的。[13]

然而,对女性性欲的上述探讨,并没有促使她们成为积极的性主体,反而认为它屈从于女性的生育本能。

妊娠期精神病

然而,尽管评论者们希望妇女在怀孕期间能避免释放精神和情感方面的能量,这些东西还是以"妊娠期精神病"的形式出现了。令人惊讶的是,这一现象几乎没有引起医学史家和文化史家的关注。为了理解它,我们必须解构关于疾病分类的一些基本假设。在过去,跟随着米歇尔·福柯(Michel Foucault)的学术路径,许多历史学家强调了医疗机构与医学分类学在调节和规范两性行为方面的权力问题。女性主义历史学家也指出,疾病分类尤其是与精神方面相关的疾病分类,反映并强化了男医生对于什么是正常的、神经质的或患有精神病的女性行为的偏见。[14] 这些研究进路的长处在于它们对疾病的文化成分具有敏感性,并且对医学界定疾病分类尤其是精神疾病分类的权力具有批判意识;而它们的不足则在于忽略了病人的观

---

〔13〕 W. 泰勒·史密斯:《产科手册:理论与实践》(W. Tyler Smith, *Manual of Obstetrics: Theoretical and Practical*, London: John Churchill, 1858),第 28 页。

〔14〕 例如,可参考伊莱恩·肖沃特:《女性疾病:妇女、疯癫与英国文化(1830—1980)》(Elaine Showalter, *The Female Malady: Women, Madness and English Culture, 1830—1980*, London: Virago, 1987)。

点。其他的一些历史学家则集中关注了病人在疾病建构过程中所扮演的角色,并将一些疾病(比如厌食)解释为某种文化抗争的形式。[15] 这一研究角度的长处在于,它将疾病置于特定的社会和文化与境中进行考察;而这样做的风险则在于,过分强调把疾病看做一种英雄式的文化抗争。就妊娠期精神病而言,疾病是由医学专家和女性病人共同建构的产物,但受到这两个群体的影响却不相同,如果能认识到这一点将更为准确。在这一方面,南希·塞里奥特(Nancy Theriot)对病症(illness)和疾病(disease)*所做的区分将十分有用。[16] 塞里奥特认为,病症可以被定义为一种具有精神和身体症状的行为模式,而疾病则是医生对病症所下的医学定义。在考察医学文本中有关妊娠期精神病的讨论时,有必要在症状报道(常常以个体病历的形式出现)和疾病分类之间做出区分,这常常是十分有益的做法。

认为怀孕可能导致极度的精神绝望甚至精神错乱的观念,最早是在19世纪20—30年代的产科学文本中开始得到详细讨论的。道格拉斯·福克斯(Douglas Fox)在《怀孕的征兆、疾病和管理……特意为女性而写》一书中提出,在怀孕的过程中,"整个身体系统发生了不计其数的交感反应,不仅包括强烈的身体感觉,例如头部、牙齿、手足和其他身体部位的疼痛;而且还包括精神上的狂躁,例如情绪焦虑和

---

〔15〕 例如,可参考琼·雅各布斯·布伦伯格:《绝食的女孩:神经性厌食症作为一种现代疾病的出现》(Joan Jocobs Brumberg, *Fasting Girls: The Emergence of Anorexia Nervosa as a Modern Disease*, Cambridge, Mass. and London: Harvard University Press, 1988)。

* 关于 disease 与 illness 的区别,常见的说法是:具体的某种疾病较多使用 disease,例如 heart disease,它暗含了对某种疾病的医学界定,而 illness 则较多用来形容身体处于病痛状态或因病(disease)导致的不健康状态。因此为了表现出这一区别,本书将 disease 译为"疾病",而将"illness"译为"病症"。——译注

〔16〕 南希·塞里奥特:"反常母职之诊断:19世纪的医生与'产后精神病'"(Nancy Theriot, Diagnosing Unnatural Motherhood: Nineteenth-century Physicians and "Puerperal Insanity"),见《分娩:1600年以来英美相关思想与实践的变迁》(*Childbirth: Changing Ideas and Practices in Britain and America 1600 to the Present*, ed. Philip K. Wilson, New York and London: Garland Publishing, 1996, vol.5),第133—152页。

失望"[17]。他所使用的这些词汇("交感"、"狂躁")实际上指明了母性印记和妊娠期精神病之间的关联。但是,母性印记的观念通常是和更为宽泛意义上的情绪敏感性联系在一起的,而妊娠期精神病则是从对孕期忧郁症的特殊描述中发展而来的。例如,福克斯认为,女性"即使拥有最活泼的禀性,在怀孕期间有时也会变得特别忧郁和焦虑,总是带着阴郁的眼光去看待每个事物……原本十分享受的生活,如今也变成了不堪承受的负担"(第58页)。W. F. 蒙哥马利也持类似的看法,他认为怀孕期间"神经系统的兴奋易怒,在道德性情的变化中反映最为明显,它致使个体处于一种压抑和忧郁的状态"。在一些极端的事例中,"妇女始终受到一种悲观情绪的影响,总是有着不幸的预期,有时甚至还表现出一种冷漠和麻木不仁,对那些原本能自然引发她们情感和兴趣的事物都毫不关心"。[18]

同一时期,伴随着医学职业的日益专业化,精神病方面的书籍也越来越多,主要由那些对治疗疯癫有特殊兴趣的医生们出版。1820到1860年期间,对精神病的治疗还是相对人道的,这是一个救济所(asylum,特意用这个词来表示对病人的关心而非残酷)时代,是教条要求对某些精神病进行"道德治疗"(moral management)的时代。虽然人们普遍相信精神病有其生理学基础(许多人也试图证明这一点),但社会的和心理的因素能引发精神病的观点也能为大众所接受。这些病例一般被归类在"道德精神病"("moral insanity")的标题之下,这一概念首先由詹姆斯·普里查德(James Pritchard)在1835

---

　　[17] 道格拉斯·福克斯:《怀孕的征兆、疾病和管理:怀孕过程中及产后使用的良方,及小儿病的治疗……特意为女性而写》(Douglas Fox, The Signs, *Disorders and Management of Pregnancy; the Treatment to be Adopted During and After Confinement; and the Management and Disorders of Children. Written Expressly for the Use of Females*, Derby: Henry Mozley & Sons, 1834),第2页。随后对这一文献的参考将采用随文注。

　　[18] W. F. 蒙哥马利:《关于怀孕迹象与症状、怀孕阶段与分娩征兆的说明》(W. F. Montgomery, *An Exposition of the Signs and Symptoms of Pregnancy, the Period of Human Gestation, and the Signs of Delivery*, London: Sherwood, Gilbert, & Piper, 1837),第18—20页。

年提出,并被定义为"一种自然的感觉、情绪、倾向、脾气、习惯、道德性情和自然冲动的病态扭曲,但智力却并没有出现明显的混乱或缺陷"。J. E. D. 埃斯基罗尔(J. E. D. Esquirol)是在萨伯特精神病院完成其精神病著作的,1895 年弗洛伊德还在该地"发现"了歇斯底里症。跟随埃斯基罗尔的研究,普里查德也把妊娠期精神病归入这一大类,他写道:

> 精神病的症状偶尔会在怀孕期间自动表现出来,这似乎表明怀孕的环境与精神病症的发作之间存在一定的因果关系……M. 埃斯基罗尔举了一个非常敏感的年轻妇女的例子,她曾两度精神错乱,每次都持续 15 天之久,而且两次都是在怀孕以后立即发作的。[19]

另一方面,乔治·曼·伯罗斯(George Man Burrows)则在他的《关于精神病原因、形式、症状与治疗的道德和医学评论》一书中,将妊娠期精神病归入"真实的精神病"(genuine insanity)的类别,并尤为强调造成这类精神病的遗传(因此是身体器官方面的)因素:

> 对大多数妇女来说,妊娠本身就能导致精神兴奋,有时也会引发精神错乱,尤其是对于那些有遗传倾向的妇女而言更是如此。精神错乱可能开始于受精,结束于胎动;也可能在怀孕期间的任何时候开始,一直延续到分娩才停止;也有可能持续整个怀孕期间乃至分娩之后。有些孕妇在每次怀孕或分娩期间都患上该病,有些孕妇则只是偶尔如此。

---

〔19〕 詹姆斯:《论精神病及其他影响心智的疾病》(James Cowles Pritchard, *A Treatise on Insanity and Other Disorders Affecting the Mind*, London: Sherwood, Gilbert, and Piper, 1835),第 306 页。

怀孕期间的精神错乱不管具体发生在什么时候,较之于分娩以后出现的精神错乱,它更具有突发性的特点,无论它是以躁狂*的形式出现,还是以精神忧郁症(melancholia)的形式出现。[20]

这种分类上的差异对于治疗具有重要的影响。在一些病例中,如果医生认为怀孕期间的精神错乱主要是由于器官或遗传原因造成的,常常就会将病症诊断为躁狂,相应的治疗方法中就可能会涉及到一些强制性的控制措施。罗伯特·李(Robert Lee)在《助产术三百问》一书中,就描述了其诊治某位病人的情形,该病人在怀孕期间陷入了"一种疯狂的状态",而她的近亲也一度陷入躁狂。在分娩过程中,病人变得"无法控制"。当确定孩子已经死于母体之后,不得不采取穿颅术以结束分娩和躁狂。如在序言中所提到的,这是一个痛苦而忙乱的过程。在另外一个病例中,李描述了对一位怀孕6个月陷入激烈躁狂的病人的治疗情况:

在这一病例中,问题是是否应该引导病人早产。如果必须这么做的话,病人的情况是如此的激烈狂躁,根本不可能安全地把器械伸入子宫并且刺穿胎膜。所以我建议必须对病人采取适当的镇静措施,剃去她的头发,在她的头皮上涂抹冰凉的润肤剂,再将水蛭放在她的前额处吸血,最后再使用泻药促其通便。这样一来,病人的症状开始减轻,我相信她已安全分娩,最后恢复得也很好。[21]

---

* 躁狂(mania):在精神病学上指一种烦躁抑郁病的表现,特点是有过多变化极快的观念,过分的狂喜以及剧烈的身体活动。——译注

〔20〕 乔治·曼·伯罗斯:《关于精神病原因、形式、症状与治疗的道德和医学评论》(George Man Burrows, *Commentaries on the Causes, Forms, Symptoms, and Treatment, Moral and Medical, of Insanity*, London: Thomas and George Underwood, 1828),第363—364页。

〔21〕 罗伯特·李:《助产术三百问》(Robert Lee, *Three Hundred Consultations in Midwifery*, London: John Churchill and Sons, 1864),第21—22页。

这种治疗方法有效干预了孕妇的身体,与遗传精神病的理论一致,该方法的目的既是一种医疗介入,更是一种社会控制。

另一方面,如果这种妊娠期精神错乱被归为道德精神病(经常与精神忧郁症有关)的范畴,那么相应的治疗方法将变成"道德治疗"。之所以采用道德治疗的方法是基于这样的假定:如果能友善地对待病人,为其创造一个平静的、充满鼓励和支持的环境,让她们找回自信和自尊,其病症自然就会有所缓解。尽管这一治疗方法没能囊括(在双层意义上)对精神病的更为广泛的理解,但和通过器械强制介入病人的治疗方法相比,它还是有了明显的进步,而且对精神病的社会与境有了一定的敏感性。就妊娠期精神病而言,这是最常采用的方法,并且它还引导人们对怀孕妇女痛苦的原因进行分析。图克(J. B. Tuke)医生(他的家族在19世纪早期创立了堪称典范的约克精神病院[York Retreat]),在1815年发表了一篇关键性的论文。他研究了多种妊娠期精神病类型(发生在产前、产后及分娩过程中),并且令人惊讶地通过强调相关病例中自杀的危险,来展开对妊娠期精神病问题的讨论:

> 妊娠期精神病的症状主要表现为一种忧郁症的类型……没有什么精神病能引发如此触目惊心的自杀倾向:有13位病人,或近乎于一半的病人企图自杀,对于一些意图最为坚决的自杀者来说,对生活的厌倦以及想要摆脱这些烦恼的强烈渴望,是其自杀的主要动机……其中,有一位病人在试图自杀失败以后承认了这一点,她恢复得很快,但在下一次怀孕后又再次发病,她的朋友希望能在家中照看她,结果是这一次她成功地毒死了自己。[22]

---

[22] J. B. 图克:《产后精神病的统计研究:基于爱丁堡皇家茂宁赛德精神病院的观察结果》(J. B. Tuke, "On the Statistics of Puerperal Insanity as observed in the Royal Edinburgh Asylum, Morningside"),载《爱丁堡医学杂志》(Edinburgh Medical Journal, vol. X, July 1864—June 1865; Edinburgh: Oliver and Boyd, 1865),第1015—1016页。随后对这一文献的参考将采用随文注。

在这里,图克将之前人们关于怀孕妇女常常发现生活是"难以承受的重担"的含混说法清楚明白地表述出来了,而且他在对茂宁赛德精神病院(Morningside Asylum)采用的治疗方法进行说明时,道出了精神病和/或自杀冲动的一些原因:

保证他们可以得到保护、作息规律、娱乐消遣和工作,这些只有我们精神病院可以做到,最为重要的是,可以让他们远离家庭内的焦虑气氛和亲戚们泛滥的同情心,这对于大多数的病例,都能获得最好的治疗效果。我们绝大多数病人所处的社会阶层,决定了他们在其他地方根本不可能享受到这些好处。(第1016页)

各种社会阶层的孕妇都会受到来自家庭的持续监视和控制(以"同情"为借口),更为贫困的妇女常常会在一种极度压抑的家庭环境中怀孕。

图克和对精神病进行启蒙改革与道德治疗的传统相互结盟,后者直到19世纪60年代一直占据主导地位。但自此以后,精神病院系统开始受到抨击,这部分是因为一些实际的原因,几乎所有的病人都承认自己得不到精神病院创建者们所倡导的那种私人照料。然而,对精神病的护理产生更重要影响的却是达尔文的思想,在这方面,初期进化精神病学的重要支持者、莫兹利医院的创建人亨利·莫兹利(Henery Maudsley)的生活和工作,成为最能说明问题的典型事例。像莫兹利这样的精神病学达尔文主义者提出,进化是通过身体特征和精神特征的优化选择来实现的。精神病是由某种易陷入疯癫的遗传特性所导致的,它代表了一种先天的低劣,并且会遗传给下一代。据此,精神病患者需要的不是关心和照料,而是控制以及不允许他们生育下一代。这种观点不可避免地被移植到关于妊娠期精神病的讨论中。图克本人在他的论文中就提出,这种精神病常常是与"道德精神病……耽酒症*是最常见的症状"有关系,但是莫兹利则将其解释为一种遗传的道德扭曲。在第一部极具影响的著作《精神生理学与病理学》中,他写道:"妊娠期精神病的症状主要表现为一种忧郁症的类型,它比任何其他的疾病(即忧郁症)类型都更容易导致自杀。它常常伴随大量的道德上的扭曲现象,因此病人一旦恢复健康,一定会对自己当时的行为感到羞愧。"[23] 这种认识在 19 世纪 70 年代的产科书籍中被反复提及。威廉·利什曼(Willianm Leishman)就提到,妊娠期精神病"通常具有忧郁症或者道德扭曲的特征",W. S. 普莱费尔(W. S. Playfair)则认为它一般与耽酒症甚至盗窃癖**有关:

> 莱科克把"盗窃癖"倾向视为这类疾病的显著特征。卡斯珀(Casper)讲述了一个奇异的案例,故事发生在一位贵族孕妇身上,她因为一次小的偷窃行为而被卷入了一场犯罪审讯,当时她为自己辩护的理由就是:因为受到怀孕的影响,产生了一种无法克制的盗窃欲望。[24]

尽管忧郁症一直被视为妊娠期精神病最常见的症状,但"道德扭曲"被接受为妊娠期精神病的众多症状之一,却与精神病学达尔文主义的兴盛有着明显的关联,并且因此还产生了一个特殊的问题。怀孕期间的"道德精神病"可以解释成和社会背景(尤其是贫穷和非法私生)有关;相比之下,遗传性的精神病则被认为是先天和不可避免

---

* 耽酒症(dipsomania),又称饮酒狂,一种难以控制、往往呈周期性的对酒精饮料的渴望。——译注

[23] 亨利·莫兹利:《精神生理学与病理学》(Henery Maudsley, *The Physiology and Pathology of Mind*, second edition, London: Macmillan and Co., 1868),第 399 页。

** 盗窃癖(kleptomania),又称偷窃狂,一种不考虑经济需要的、持续的要去偷窃的神经冲动,通常由与被偷窃的物品相关的无意识的象征性价值引起。——译注

[24] W. S. 普莱费尔:《论助产术的科学与实践》(W. S. Playfair, *A Treatise on the Science and Pratice of Midwifery*, third edition, London: Smith, Elder, & Co., 1880),第 312—313 页。

的,因此它在怀孕中的种种表现就可能被认为是孕妇"不适合"生育的证据。

关于妊娠期精神病最有力的描述,以及对妊娠期精神病的症状和原因最富探究性的讨论,来自于维多利亚式文学中的一部重要著作,即《呼啸山庄》。艾米莉·勃朗特(Emily Brontë)*可能是从勃朗特家族的医疗手册中了解到这一疾病的,这本手册包含了威廉·巴肯的《家庭医学》和托马斯·格雷厄姆(Thomas Graham)的《现代家庭医学》的内容。其中,格雷厄姆提出了一种特别的富有启发性的病症模型,他综合了间接作用于"生育器官"的"道德和身体的原因",正是这些因素使人陷入疯癫或忧郁症。他灵活地援引了两类不同精神病的全部症状:疯癫的症状包括"眼神变得怪异,眼球突出,目光狂热,面部特征持续发生迅速变化,全身肌肉奇怪地抽搐着,对极度的冷热都不敏感";相反,忧郁症的症状则是"对待事物极其冷漠,只执着于某些悲伤的事情而难以自拔,失眠,固执沉默,以及其他思想上发生的强烈的病态症状"。格雷厄姆也认为"疯癫常常结束在另一种完全相反的病症中,即忧郁症"。[25]

在《呼啸山庄》中,凯瑟琳·林顿(Catherine Linton)的怀孕在真实意义和象征意义上都是小说的核心情节,表征了自她首次造访画眉山庄(Threshcross Grange)以后所受全部"伤害"的结束。在对该小

---

* 艾米莉·勃朗特(1818—1848):英国女作家。安妮·勃朗特之姐,夏洛蒂·勃朗特之妹。《呼啸山庄》是她唯一的一部小说,发表于1847年12月。她们三姐妹的三部小说——夏洛蒂的《简爱》、艾米莉的《呼啸山庄》和安妮的《艾格尼斯·格雷》同一年问世。除《呼啸山庄》外,艾米莉还创作了193首诗,被认为是英国一位天才的女作家。——译注

[25] 托马斯·约翰·格雷厄姆:《现代家庭医学》(Thomas John Graham, *Modern Domestic Medicine*, second edition, London: Simpkin & Marshall, 1827),第397—399页。正如萨莉·沙特尔沃思(Sally Shuttleworth)所言,格雷厄姆的书就是勃朗特父亲帕特里克·勃朗特神父(Reverend Patrick Brontë)的一部"世俗版圣经"。他对医学事物有着浓厚的兴趣,仔细阅读了该书,并在每一页上都写有评注,他质疑了其中的一些处方,并记录了可替代的治疗方案。可参考萨莉·沙特尔沃思:《夏洛蒂·勃朗特与维多利亚时代的心理学》(Sally Shuttleworth, *Charlotte Brontë and Victorian Psychology*, Cambridge: Cambridge University Press, 1996),第27页。

说的经典解读中,桑德拉·吉尔伯特(Sandra Gilbert)和苏珊·古巴里(Susan Gubar)提出,当凯西(Cathy)*在画眉山庄被林顿的狗斯卡克尔(SkulKer)用它那状如阴茎的"紫色大舌头"咬伤时,她就"卷入了成年女性的性欲世界"。[26] 更准确的说,这只是整个过程的一个开始,自此凯西的身体(和她的身体—自我)开始变得不是自己的了,她被吸引到中产阶级的财富与礼节的结构中去了。当她回到呼啸山庄时,她已不再是"一个不带帽子的小野人",而是变成了"非常端庄的人,棕色的发卷从一支插着羽毛的海狸皮帽子里垂下来,穿一件长长的布质的骑马服,她必须用双手提着衣裙,才能雍容华贵地走进来"[27]。她把自己塑造成能配得上埃德加·林顿(Edgar Linton)财富的形象并且嫁给了他,尽管她爱的是希刺克厉夫(Heathcliff),而这个人用她的话说"就是我自己"。她第一次生病是在结婚之前,当时希刺克厉夫冲入了夜幕,但这只是身体上的疾病,因为整个晚上都穿着湿透的衣服而引起了感冒发烧。她第二次生病是与埃德加和希刺克厉夫吵架之后,当时她已怀孕四个半月。在希刺克厉夫回到呼啸山庄以后,他会定期与她见面而不顾及她已经结婚的事实,但最后埃德加发现自己无法忍受他们之间的这些约会,于是要求凯西在自己和希刺克厉夫之间做出选择,因为"你不可能同时既是**我的**朋友又是**他的**朋友"(第156页)。面对这个选择难题,凯西"愤怒地"回答说:"我需要你们都给我走开!"换句话说,她拒绝做出选择。她确实不能或觉得她不能没有林顿提供的文化的(和经济的)支持,也不能没有希刺克厉夫,因为他就是另一个"自己"。林顿的最后通牒让她徘徊

---

* 凯瑟琳·林顿的昵称。——译注

〔26〕 桑德拉·吉尔伯特、苏珊·古巴里:《阁楼上的疯女人:女性作家与19世纪的文学想象》(Sandra M. Gilbert and Susan Gubar, *The Madwoman in the Attic: The Woman Writer and the Nineteenth-Century Literary Imagination*, second edition, New Haven and London: Yale University Press, 2000),第272页。

〔27〕 艾米莉·勃朗特:《呼啸山庄》(Emily Brontë, *Wuthering Heights*, Harmondsworth: Penguin, 1988),第93页。随后对这一文献的参考将采用随文注。

于愤怒和绝望之中,用头直撞沙发扶手,然后像死了一般直挺挺地躺着,摆出了疯女人的典型姿势:"她突然站了起来——头发披散在肩上,两眼冒火,脖子和胳膊上的青筋都反常地突了出来"(第157页)。她把自己锁在房间里,处于一种"狂热迷乱"的状态。她的病症明显是精神上的,而不是身体上的,这也可能与怀孕的兴奋性有些关系:"几句话就能让"凯西的血液"激动得沸腾",她被伤害逼得"发疯"(第163页)。

在这场"精神错乱"中,还包含了一种复杂的身份危机。当她走出房间,凯西不能认出镜子里的自己,她看到的是一个陌生的、鬼魅一样的东西:

"你瞧见那张脸吗?"她追问着,认真地盯着镜子。

不管怎么说,我还是不能使她明白这就是她自己的脸。因此我站起来,用一条围巾盖住它。

"还是在那后面!"她纠缠不休。"它动啦,那是谁?我希望你走了以后它可不要出来!啊!耐莉(Nelly),这屋子闹鬼啦!我害怕一个人待着!"(第161页)

20世纪的精神分析学者认为怀孕能引发一种身份危机,涉及到对自我的内在和外在认知。身体自我(body-ego)遭遇挫折,似乎身体已不再能感知它拥有"自己"的空间,镜子里的形象表征着一种自我理想(ego-ideal),它也受到了威胁。正如勒莫因-卢乔尼(Lemoine-Luccioni)在她富有启发性的独特著作《女人的划分或命运》中所指出的:

怀孕是一种以虚假的幻觉和绝望而告终的自恋危机……因为自我理想,作为一种特别的形象,在怀孕期间发生了巨大的改变,而女人却想一直保持这种理想化的自我形象,期望它不会随着时间的流失而发生任何改变,或者期望它存在于时间之外(甚至还迷失于想要"停止"时间的可能性中)。[28]

怀孕以后,女性在"镜像阶段"(mirror stage)创造的自我形象开始遭遇压力,因为她的身体参与了实际的生育过程,并提醒她自己根本无法"停止"时间的流失,而只能屈服于身体所发生的改变,这会一直持续到她死去。在这层意义上可以说怀孕也表征着走向母亲位置的某种活动,这是一个外在于身份,或者说优先于身份的隐蔽世界。勒莫因-卢乔尼这样描述了这一过程:"在那里,特殊的形象发出双重的明亮光芒,一个影子走了进来,这是母亲模糊的双重幽灵。它使得镜子开始变得阴暗和沉重起来。"(第33页)也许,凯西在镜子里看到的鬼魂,既是她母亲的幽灵,也是她自己的幽灵,当她陷入一种前语言的空间状态时,正如她自己所言,就陷入了一种"完全的黑暗",并且"舌头和大脑都已失控"(第162页)。

当然,怀孕使得凯西最终也无法摆脱女性必须从事人口繁衍的社会角色安排,(耐莉·迪安告诉我们,埃德加一直希望有位继承人,以确保他的土地不被"陌生人掌控")。她是"林顿夫人,画眉山庄的女主人、一个陌生人的妻子",尽管她希望重新做回那个"野蛮、强悍、自由的"女孩——不被驯服,不会脆弱、无拘无束。凯西的这种被束缚的感觉,再次在奥菲莉娅(Ophelia)的疯狂场面中得到了最为强烈的表达,如同肖沃尔特(Showalter)和其他人所指出的那样,它们本身就成为女性疯癫的表征。[29] 把头发披散下来(象征淫荡和失去自我

---

[28] 勒莫因-卢乔尼:《女人的划分或命运》(Lemoine-Luccioni, *The Dividing of Women or Woman's Lot*〔*Partage des Femmes*〕, trans. Marie-Laure Davenport and Marie-Christine Reguis, London: Free Association Books, 1987),第33页。随后对这一文献的参考将采用随文注。

[29] 关于这方面的讨论参见:伊莱恩·肖沃尔特:《女性疾病:妇女、疯癫与英国文化(1830—1980)》(Elaine Showalter, *The Female Malady: Women, Madness and English Culture, 1830-1980*, London: Virago, 1987),第10页。

控制），凯西撕破了自己的枕头，并且掏出里面的羽毛，将它们洒在房间里，像雪片一样，并一一说出这些羽毛的种类，就像奥菲莉娅讲述药草的特性一样（"这里有你要的茴香，还有楼斗菜……"）：

> "那是火鸡的，"她自己咕噜着，"这是野鸭的，这是鸽子的……这是公松鸡的，这个——就是夹杂在一千种别的羽毛里我也认得出来——是田凫的。漂亮的鸟儿，在荒野地里，在我们头顶上回翔。我要提醒它回到窝里去，因为乌云正在扩散，天要下雨啦。这根羽毛是从石楠丛生的荒地里拾来的，这只鸟儿没打中……我叫他答应从那以后再不要打死一只田凫了，他真的没再打过……"（第 160 页；可与《哈姆雷特》IV. v 做比较）

奥菲莉娅的花和香草表明她执着于性耻辱（被蹂躏）之事，而凯西的羽毛则表明她失去的自由，"在被林顿击落之前，她和希刺克厉夫在荒野上自由地飞翔，用安杰拉·卡特（Angela Carter）在《马戏团之夜》中的歌词来形容，现在的她就是'金丝笼中唯一的鸟儿'，这是捆住成年女性气质的金丝笼"[30]。

凯西发病之后，医生担心可能会造成"智力的永久性损伤"，她已因"脑膜炎"而卧床 2 个月之久，勃朗特谨慎地选择使用这个词，强调了对该术语的松散性的认识。[31] 虽然凯西的身体已经恢复了，但据耐莉的判断，她已"失去了人性"。凯西的症状属于典型的道德精神病，也就是忧郁症和病态的思想扭曲。当林顿努力想让她快乐时，她的眼泪"不知不觉地顺着脸颊流淌"，她总是在担忧自己会死。在最

---

[30] 安杰拉·卡特：《马戏团之夜》（Angela Carter, *Nights at the Circus*, London: Vintage, [1984]1994），第 190 页。

[31] 19 世纪的精神病学常常认为，精神失调可以从器官所患生理疾病方面找到根源，其中脑膜炎或热病常常被视为引发这类疾病的原因。参见罗伊·波特：《人类的巨大财富：自古至今的人类医疗史》（Roy Porter, *The Greatest Benefit to Mankind: A Medical History of Humanity from Antiquity to the Present*, London: Fontana Press, 1999），第 508—509 页。

后的场景中,她静静地坐着,像一个被治好/或被驯服的疯女人,雕塑一般,穿着白衣服,披着围巾,她的头发松散而简单地梳理着,她的表情空缈但很迷人:

> 她的眼睛蒙上了梦幻般忧郁的柔和表情:它们不再关注周遭的一切……她的脸色苍白——当她苏醒之后,那憔悴的样子就立即消失了——这是她内心精神状态的一种特殊表达,虽然带着痛苦,但却增添了她的动人气质。(第193页)

凯西的灵魂已不在,留给林顿的只不过是一具残骸,一个只孕育了7个月孩子的躯壳。凯西眼睛里的"特殊神情"象征着让孕妇的身体变得温顺所付出的代价。

凯西的病经历了托马斯·格雷厄姆所勾勒的精神病的两个阶段,第一个阶段是精神错乱和失衡,第二个阶段则以消极的忧郁为特征。勃朗特对凯西经历的这两个阶段的生动描述,表明关于"妊娠期精神病"的分类在19世纪具有很强的解释力。从传统的母性印记的教条出发,结合对孕妇精神错乱行为模式的观察(由埃斯基罗尔、普里查德和其他人完成),这一疾病如同它实际做到的那样,提供了描述怀孕疾病症状所需的全部内容。在试图对妇女生育生活施加史无前例的控制的社会里,一旦疾病被命名,其症状被确认,它就为抵制和/或放弃怀孕提供了一种文化上可被接受的表达形式。

艾伦·伍德(Ellen Wood)在她的情感小说《伊斯特林传》(*East Lynne*, 1861)中也探讨了妊娠期精神病的问题。尽管用安德鲁·蒙德(Andrew Maunder)的话来说,这本书现在"是英语著作中不令人熟悉的作品",但在当时却是世界范围内的畅销书,吸引了威尔士王子(Prince of Wales)、戈登将军(General Gordon)、约瑟夫·康拉德(Joseph Conrad)以及众多的工人阶层的书迷。[32] 通过伊泽贝尔·文恩(Isobel Vane)这个人物,小说也将妊娠期精神病编进了故事情节。伊泽贝儿是律师罗伯特·卡莱尔(Robert Carlyle)的妻子,敏感而生育力旺盛。第一次怀孕时她就变得"爱幻想"和焦虑不安,难产之后又患上了某种产后疾病,这一切使得她开始对丈夫产生了强烈的猜忌心理。她的妊娠期精神病在她"堕落"的那段时间表现得更为淋漓尽致,当时她离开了自己的丈夫在外面生了一个私生子。在这个孩子出生之前,她知道引诱她的那个男人打算离开她,便变得呆滞和绝望,之后开始发烧焦躁,呼吸急促,甚至失去知觉。作为她稍显严厉的道德计划的一部分,伍德强调导致伊泽贝儿陷入上述状态的一些"诱因"(triggers):伊泽贝尔对自己的私奔行为感到万分懊悔(依正常观点来看,确实应该如此),而且担心自己尚未出生的孩子会因为非法私生而受到不好的影响。然而,伍德也更加带有强制性地强调了导致伊泽贝儿精神失常的遗传因素,并且暗示了伊泽贝儿不适合做母亲。伊泽贝儿的故事也包含了托马斯·莱科克的观点,即"女性一旦失去了谦逊庄重的道德品质,她也就不再可能生育出具有高尚道德的子孙后代"。她的精神不稳定首先来自于一定程度上的道德缺陷,她那"不幸的"私生子因车祸而丧生这件事对她的打击也非常大。她原初的情感是"一种深深的感激,然而这种感激昙花一现,不幸便伴随而至"。[33] 在猜想她也丧生于这一车祸之后,人们关心的是她仅有的一个女儿可能会遗传她那种离经叛道的道德倾向。然而伊泽贝儿并没有死而是重新回到了夫家,并且伪装成家庭教师。具有讽刺意味的是,卡莱尔的第二任妻子还很信任地让伊泽贝儿对这个女儿进行道德教导:"我相信你能灌输一些道德原则给这个小女

---

[32] 关于艾伦·伍德的介绍,见《伊斯特林传》(Ellen Wood, *East Lynne*, ed. Andrew Maunder),第17、9页。

[33] 同上书,第374页。随后对这一文献的参考将采用随文注。

孩,以免她陷入同样的命运"(第463页)。事实是这个女儿并没有因为与伊泽贝儿的亲近而受到坏的影响,这一点表明了伍德在对待伊泽贝儿问题上的态度举棋不定:一方面她让我们了解到伊泽贝儿是个道德败坏的女人,另一方面她又让伊泽贝儿成为整部小说中最富有同情心的人物,虽然她具有很危险的敏感性。

相比于伍德的举棋不定,伊丽莎白·巴雷特·勃朗宁*(Elizabeth Barrett Browning)在《奥罗拉·莉》(Aurora Leigh, 1857)中,对堕落女性及其怀孕事件的描写基调,则是一种坦率的同情。在这首诗中,巴雷特·勃朗宁很清楚地写明玛丽亚·厄尔(Marian Erle)是在被下了药之后遭遇强奸的,因此在她的怀孕中没有包含任何自愿的成分,也因此这首诗解决了对堕落女性的故事进行写作/阅读时所给予的同情态度的问题。[34] 巴雷特·勃朗宁算不上是一个完全的女性主义者(她认为"从总体上看,男性和女性在智力上是有**差异**的"),但是她又的确想为众多的"姐妹们"说点什么。因此毫不奇怪,她一方面生动而感人地刻画了玛丽亚的"妊娠期精神病",与此同时却又严格地从不公正的社会偏见背景中去分析玛丽亚的悲惨遭遇。玛丽亚的疯狂也经历了两个阶段。第一次发生在她被强奸之后,当时她处于一种"语无伦次、胡言乱语"的状态,并"疯狂"了好几个星期,在乡间小道上游荡着,脸色"极其难看"。接下来她做了女仆,度过了一段平静的时光,但是很快就被女主人扫地出门,原因是她怀孕了,而对此她是完全无知以至于根本就没有料想到会发生。这件事导致玛丽亚的歇斯底里,她甚至想到自杀:

---

* 伊丽莎白·巴雷特·勃朗宁(1806—1861),英国诗人。她克服了疾病和她暴虐父亲的专横反对,与罗伯特·勃朗宁私奔到意大利,并于1846年与他结婚。其杰作《葡萄牙人十四行诗集》(1850年),是一部写给她丈夫的爱情组诗。——译注

[34] 以前人们一般认为,女性的性愉悦或者说"热量"对于怀孕而言是必不可少的,这一观念在通俗想象中一直存在。就像W. F.蒙哥马利提到的,这一观念在过去意味着对因遭遇强奸而怀孕的情况会持一种相应的看法,即认为"怀孕了就意味着同意(被强奸或受孕)"(《征兆与症状》[Signs and Symptoms],第199页)。

>我被撵了出来，
>衣衫单薄，就这样走上了不归路
>我的泪水洗刷着污点，头颅胀痛、双脚战栗
>心中涌动着茫然而歇斯底里的愤怒，蹒跚地跨过
>那些门。"很显然
>她不会关心我打算睡在哪里；
>我将安然长眠于浩淼的塞纳河底，
>像我的那些同类们一样。[35]

依据巴雷特·勃朗宁对她的状况的解读，可以看出玛丽亚在精神上和身体上遭受的不幸，与造成这一切的社会结构有着密不可分的联系。这些社会结构性因素，尤其是其中最突出的性的双重标准问题，也成为19世纪其他讨论非法怀孕问题的文本的主要焦点。

"接住你的儿子吧，先生！"

在18世纪末19世纪初，非法私生问题发生在很多社会阶层并被提出来讨论，例如，贵族妇女因为和她们的下人发生私情而怀孕；或者中产阶级妇女将和富裕男子怀孕作为提升她们社会地位的手段。然而，在维多利亚时代，有关非法私生的话语特别倾向于一些非常特殊的方面。其中，研究的焦点主要集中在工人阶层的女孩被富人和/或贵族男士引诱而怀孕的情况上。之所以特别关注这一种情况，实际上有其特定的社会背景。1834年，《新贫民救济法》(the New Poor Law)为穷人建立了性别隔离的工作场所，并且剥夺了未婚母亲

---

[35] 伊丽莎白·巴雷特·勃朗宁：《奥罗拉·莉》(Elizabeth Barrett-Browning, *Aurora Leigh*, 1857, ed. Cora Kaplan, London: The Women's Press, 1978)，第280页。

要求从孩子父亲那里获得经济援助的权利。而在此之前,通过一份宣誓书来申诉这些男人就可以实现这一要求:他可以选择和这位姑娘结婚,或者给她一定的补贴以养育孩子。新贫民救济法颁布之后遭到了很多方面的反对,1844年,所谓的私生条款被修订进《小贫民救济法》(the Little Poor Law)中。然而,对于未婚女性和妇女来说,想要获得生活上的支持仍然比过去要难得多。人们之所以会反对这些私生条款,部分是因为它们对妇女不公平,部分是因为对此形成了一种普遍看法,即它们为贵族男性强奸贫穷女性提供了法律许可证。如同芭芭拉·泰勒所提出的,这种贵族男性对贫穷妇女的性强奸,在隐喻意义上可以被看成是富人对穷人的经济强奸。[36]

这类非法私生事件通常也被认为是,英国贫困人口从乡村地区迁移到实现机器化生产的城镇的必然结果。它部分反映了英国工业革命时期人口向城镇大规模迁移的社会现实。然而,从符码表征的角度来看,这也意味着堕落妇女进一步被纳入了与国家和城市相关的多极文化体系之中。堕落之前她们被认为是纯洁而又健康的,堕落之后则变成了道德沦丧、精神失常和疾病缠身的代名词。而且,人们还将这些堕落妇女与特定的社会职业挂上了钩,其中最突出的就是女杂货商和女裁缝。这些职业被认为与女性的爱慕虚荣有关系,尽管它们满足的并非是工人女性的虚荣心,而是那些上层社会富裕女性的虚荣心,一些维多利亚时代的作品还是声称"对奢华服饰的热爱"是导致堕落卖淫的一个主要原因。

伊丽莎白·盖斯凯尔(Elizabeth Gaskell)的小说《露丝》(Ruth,1853)是一部描述未婚母亲的极有影响力的代表作。小说松散地以盖斯凯尔在慈善工作中遇到的一个女孩的故事为创作题材,这个女孩被妈妈抛弃并送进了孤儿院,后来成为一个裁缝的学徒。她经历

---

[36] 参见芭芭拉·泰勒:《夏娃与新耶路撒冷》(Barbara Taylor, *Eve and the New Jerusalem*, London: Virago, 1983),第201页。

了一系列令人难以置信的不幸,被医生诱奸并且在被捕入狱之后,再次遇见了此人,这时他的身份是位狱医。[37] 同和盖斯凯尔一起工作的那个女孩一样,小说中的露丝本来出生于一个体面的家庭,她的"堕落"同样是因为恰巧遭遇了一系列的不幸。小说中的主要难点就是露丝的罪责问题,在这个问题上盖斯凯尔坚持认为尽管露丝有罪,她仍然是位特别文雅和善良的女性。从针对该书的那些热烈的评论来看,维多利亚时代的公众似乎也支持小说中暗含的论点:类似小说中那种被引诱的年轻女孩,几乎完全是清白无辜的,她们不应该被责备。然而,或许是盖斯凯尔真的相信露丝的堕落代表了一种绝对的罪过,也或许是她太担心读者和公众会这样认为。其结果是,她对露丝这个人物的塑造仍然充满了矛盾。正如 W. R. 格雷格(W. R. Greg)在《国民评论》(*National Review*)上发表的某篇文章所指出的,盖斯凯尔一方面将这种贞操的丧失描述得"尽可能地无可指责,另一方面却又带着一种有害的、不诚实的矛盾心态,屈从于当时社会对类似事情的评价"[38]。

盖斯凯尔遵循当时社会对堕落女性的典型描述,为露丝提供了一段乡村的童年时光,那时她充满了堕落前的天真无邪和幼稚无知。[39]

---

[37] 如果想要进一步了解这方面的情况,可参见:《盖斯凯尔夫人通信集》(J. A. V. Chapple and Arthur Pollard, eds, *The Letters of Mrs Gaskell*, Manchester: Manchester University Press, 1966),第 98—100 页。

[38] W. R. 格雷格:《女性小说家的虚伪道德》(W. R. Greg, "The False Morality of Lady Novelists"),载《国民评论》(*National Review*),January 1859。引自关于伊丽莎白·盖斯凯尔的介绍,见《露丝》(*Ruth*, ed, Alan Shelson, Oxford: World's Classics, 1998),第 xiv 页。格雷格是盖斯凯尔的私交,一位持一神论的知识分子。他因为 1850 年发表在《威斯敏斯特评论》(*Westminster Review*)上的一篇关于卖淫的重要论文而著名。在这篇文章中,他表现出支持性的态度,认为大多数的妓女和姘妇"成为女性情感最好品质受到夸张和扭曲的首要事例,她们屈从于自己并不享受的欲望,脆弱慷慨以致无法拒绝所爱之人任何的热烈要求"。引自珍妮特·霍罗威茨·默里编:《意志坚强的女人们》(Janet Horowitz Murray, ed, *Strong-Minded Women*, Harmondsworth: Penguin, 1984),第 410 页。

[39] 例如,可参见卡罗琳·诺顿(Caroline Norton)关于诱奸主题的诗,《罗莎丽的悲哀》("The Sorrows of Rosalie"),再版于《19 世纪女诗人:牛津诗选》(Isobel Armstong, Joseph Bristow and Cath Sharrock, eds, *Nineteenth-Century Women Poets: An Oxford Anthology*, Oxford: Clarendon Press, 1996),第 327—329 页。

她在一个农家长大,过着一种理想的、有归属感的家庭生活:那栋房子"给了她一个完满的'家'的概念。房子的山形墙上以及院子的其他角落都爬满了蔷薇和攀援植物,笼罩在一片翠绿之中"[40]。然而,随着露丝父母的相继去世,冷酷的监护人谋划着带她到当地的小镇上做裁缝,在那里她过着贫穷、寒冷和饥饿的悲惨生活。在此,盖斯凯尔所描写的露丝与当时社会对女裁缝的认知十分一致,她们通常都会被塑造成面色苍白、过度劳累、生活拮据的形象,恶劣的生存条件常常让她们疾病缠身甚至英年早逝,或者促使她们去卖淫,并且生下"体弱多病、悲惨不幸的下一代"。如同黛博拉·彻里(Deborah Cherry)所揭示的,女裁缝的形象表征了当时公众对工人女性形象的想象,这引发了充满矛盾的反响。[41] 一方面,这些妇女的贫穷和过度劳累令人同情,但同时它也引发了人们的焦虑,担心这种"非自然"的工作(她们常常晚上做工,与人体生物钟的规律相悖)会产生"紊乱失调"的女性身体。

因此,盖斯凯尔实际上是把露丝定位在一个我们已经非常熟悉的背景中,但却首先强调了她的特殊性。露丝是敏感的、有识别力的、美丽动人的,同时她也是极其"无知的",——换句话说,她对惯常的性道德或自己身体的功能一无所知。直到被诱奸她的人抛弃,因为极度沮丧导致高烧而接受了医生的检查,这时她才知道自己怀孕了。她对怀孕消息的反应,直接关乎整部小说所承载的意识形态重任:她感谢上帝,仿佛期望和发誓要让自己变得"完美"。在此,露丝

---

〔40〕 盖斯凯尔:《露丝》,第45页。随后对这一文献的参考将采用随文注。盖斯凯尔的小说在一定程度上可能受到了霍桑(Nathaniel Hawthorne)的《红字》(*The Scarlet Letter*, 1850)的影响,她可能读过这本书。

〔41〕 参见德博拉·彻丽:《绘画女人:维多利亚时代的女艺术家》(Deborah Cherry, *Painting Women: Victorian Women Artists*, London: Routledge, 1993),第154—157页。彻里讨论了男女画家所绘的女裁缝的视觉形象。托马斯·胡德的诗"衬衫之歌"(Thomas Hood, "The Song of Shirt")描写了缝纫女工的悲惨遭遇,1843年首次发表在《笨拙》(*Punch*)上。

认可并重申了当时社会的母性意识形态,这些意识形态在萨拉·刘易斯(Sarah Lewis)的《妇女的使命》(*Woman's Mission*,1839)和萨拉·埃利斯(Sarah Stickney Ellis)的《英格兰的母亲:她们的影响和责任》(*The Mother of England: Their Influence and Responsibility*,1843)中得到了充分表达。刘易斯在有代表性的一段话中提到:"最强有力的道德影响来自于母性的力量。母亲的人格决定了整个国家的思维取向、偏见和美德;换句话就是决定了人类的新一代。"[42] 与此相应地,盖斯凯尔把露丝塑造成这样一种罪人:她不仅被赋予了自我救赎的悔改手段,而且还被赋予了通过崇高的母性而把另一颗"灵魂"带向仁慈的机会。露丝一生都在为实现这一双重目标而努力,甚至在孩子出生以前,她就开始了这种努力,她使用"粗糙的亚麻布、朴素的蓝黑织物"为自己做衣服,而把情人送给自己的细腻的亚麻布裁剪成"小衣服,并采用最讲究的缝法,准备给即将出生的小生命,对于这个小生命来说,没有什么比它那纯洁的灵魂更珍贵的了"(第158—159页)。这一隐喻形象内含了一系列的转换逻辑。原本是罪恶的报应,这些精细布料如今却转变为纯洁和(重)生的象征;原本是堕落的手段,露丝所从事的职业如今却转变为自我救赎的方法,她起先是为她的孩子缝制衣服,后来是为了生计而缝制衣服。她给自己缝制粗布衣服而给小孩缝制精细的布料,这一行为也表征了母亲的牺牲精神。露丝所付出的这些牺牲既是物质上的也是情感上的,也许甚至在怀孕过程中还是生理上的。在这里,盖斯凯尔似乎暗示了怀孕的"寄生"模型的观念,该模型认为母亲牺牲了自己的健康,将她全部的身体资源都贡献给"小生命"的发育。

虽然盖斯凯尔的小说反映并迎合了当时社会意识形态的诸多方面,尤其是在那些与母性有关的观念上,它同时也质疑了一些普遍性

---

[42] 萨拉·刘易斯:《妇女的使命》(Sarah Lewis, *Woman's Mission*, London: J. W. Parker, 1839),第21页。

的观念。例如,盖斯凯尔挑战了女性"本质的"纯洁性,表明天真无邪和纯洁并不足以保护女性。相反,正是露丝的无知才导致了她的堕落,她显然缺乏让自己脱离危险处境的女性"第二本质"。由于身处中产阶级的改革阵营,盖斯凯尔还激烈批判了当时社会对"堕落妇女"的态度,这些人因为担心那些妇女会腐化社会道德风气而将她们排斥在道德社会之外。类似于身体疾病的传播,相关的词汇也常常在如下的语境中得到应用,盖斯凯尔小说中固执和残暴的商人布拉德肖(Bradshaw)就希望他的孩子并没有因为和露丝的接触而被"玷污"(第340页)。盖斯凯尔实际上在小说中削弱了人们的这种想法,因为事实表明情况正好相反:露丝纯洁的友爱在布拉德肖的家庭里产生了良好的影响,而恰恰是布拉德肖狭隘的功利主义思想使得他的儿子犯了经济错误。然而,盖斯凯尔的主要目标是要挑战性问题上的双重标准,她通过安排一场曲折的情节来突出了这一点。她描述了诱奸露丝的人贝林汉姆(Bellingham)重新回到露丝生活中的情形。两人的会面,戏剧性地展现了引诱行为对男人和女人所产生的不同影响,尤其是在这样情况下更是如此:像露丝那样,那些妇女在孩子的成长过程中被打上了"耻辱的标志"。而贝林汉姆却继续过着放荡不羁的生活,从来都没有因为此事而落下什么不好的名声,相反他完全保持着体面正派的形象——的确,当再次遇到露丝时,他正在进行着一场成功的议会选举。对比而言,露丝的生活却发生了无可挽回的改变,虽然(根据小说来看)她一直致力于悔过赎罪,却始终要背负所遭不幸的恶名。她告诉贝林汉姆:

> 我们的遭遇是多么的不同啊。那段日子给我的生活打上了深深的烙印,造成了我永久的伤痛,而它对你却什么也不是。你提起它时,声音里没有一丝的痛苦——在你灿烂的脸上没有留下任何的阴影;你的良心里没有一点点罪恶感,而它却一直纠缠着我,折磨着我;我或许要祈求宽恕我只是一个无知的孩子——

只有我才不会祈求别的什么东西,因为上帝知道这一切。(第302—303页)

虽然盖斯凯尔强烈批判了性的双重标准,小说却依然保持了矛盾的态度。例如,小说贯穿着潜藏于文本之下的一种性耻辱观念,似乎正是它推动了小说的结局,露丝在照料小贝林汉姆之后高烧而死。这样一种赎罪式的结局甚至遭到了像夏洛蒂·勃朗特那样(相对)保守的评论者的质疑,她质问盖斯凯尔:"为什么她应该死?为什么要让我们掩卷而泣?"

《亚当·比德》(Adam Bede, 1859)是这一时期有关非法私生问题的另一部重要小说,它和《露丝》现成了鲜明的对比。从一开始,露丝就满心期待着"即将为人母的那种陌生的、新奇的、美好的愿景"(第26页),并且正如我们所看到的,盖斯凯尔的小说强力聚焦在母爱的赎罪力量上。乔治·艾略特(George Eliot)的小说被认为是对《露丝》的反驳和改写,她对母性情感问题采取了完全不同的态度。在盖斯凯尔看来,母爱是一种天性,即便她承认这份爱在艰难的状况下可能会枯萎或被摧毁。同时代的大多数评论家,甚至像约瑟芬·巴特勒(Josephine Butler)这样激进的运动家都一致认为,"母性的特征""深深地植根"于几乎所有的妇女身上:"她们总是出于本能地去养育、怜爱和照顾弱者。"[43]然而,《亚当·比德》的目的则是要表明母性情感是一种社会建构,并且缺乏这一认识将会对男女两性都同样有害。艾略特通过对赫蒂·索雷尔(Hetty Sorrel)的描写,打破了生物学意义上的女性气质和母爱的建构二者之间的上述关联,从生理特征上看,赫蒂·索雷尔是一个拥有完美女性气质的年轻女

---

[43] 约瑟芬·巴特勒:《妇女的教育与就业》(Josephine Butler, "The Education and Employment of Women")首次发表于1868年,并在《意志坚强的女人们》(Strong-Minded Women)一书中再次发表,第219页。

性的样本,是位"春天般的美人"。然而,尽管她拥有如此突出的生物学意义上的女性气质,赫蒂却缺乏母性的本能。她不愿意替姑姑照看小孩,认为他们是"嗡嗡作响的小虫子",是送来折磨她的,"如果听到她不用再照看小孩的消息的话,她会感到万分高兴;这些孩子比牧羊人带来的那些肮脏的小羊羔还要令人厌恶"。[44] 小说用很大的篇幅来探究这种"非天生的"品性的形成原因,艾略特将此定位在对身份形成的深刻文化理解的与境之中。赫蒂缺乏母性情感,是因为她还不具备对他者存在感的体认。而她之所以不能达到这种理解程度,是因为她的姑父姑母从来没有进入过她的内心生活。波伊泽(Poyser)夫人曾教导赫蒂"任何事物都有它自己的归属",并告诉她"自己职责已尽",但她却并不关心和询问赫蒂的内心情感或需求(第153页)。赫蒂孩子般天真烂漫的外貌也促使其他人不把她当成是一个成年人,至少不是一个真正的成年人。实际上,她被幼儿化了,人们把她当成漂亮的花瓶来对待:因此她的天真幼稚和肤浅是不足为奇的。

　　赫蒂缺乏母性本能(从其悲惨性的影响来看有些矛盾)与人类较之于其他动物所能达到的更高的发育阶段有关联。1859年,正值达尔文的《物种起源》(*Origin of Species*)面世,艾略特在《亚当·比德》中通过反复展现巴特尔·马西(Bartle Massey)的狗的形象讨论了进化问题。[45] 可以说,乡村学校校长巴特尔表征了文化,而他的狗维克森(Vixen)则是女性本质的表征。巴特尔总是把维克森看成是一

---

〔44〕 乔治·艾略特:《亚当·比德》(George Eliot, *Adam Bede*, 1859, New York: Random House, 2002),第152页。随后对这一文献的参考将采用随文注。值得注意的是,就杀婴罪的问题而言,沃尔特·斯科特(Walter Scott)的小说《米德洛锡安监狱》(*Heart of Midlothian*)称得上是《亚当·比德》的一个重要的预文本(pre-text)。

〔45〕 艾略特对《物种起源》之前各种版本的进化论思想很熟悉。当她第一次遇到自己未来的丈夫乔治·亨利·刘易斯(George Henry Lewes)时,他正在写作《发展进化的假设》("the Development Hypothesis")一文,其与赖尔(Lyell)和欧文的思想有关系。斯宾塞也发表了《发展进化的假设》("Development Hypothesis"),并在《心理学原则》(*Principles of Psychology*, 1855)一书中将进化理论应用到人类心智领域。

个女人,并将他对女性不友善的看法投射到维克森身上。因此当他喂食给它的时候,他说道:"'她吃这些,除了用来养育那些多余的狗崽之外,没有任何其他的用处。这正是那些女人的生活方式——她们不需要发展智力,因此她们吃的东西全都是用来增加脂肪或者养儿育女了。'"当然,这只是反映了当时一部分人的观点,例如斯宾塞(艾略特和他有一段罗曼史)认为,女性主要就是用来繁衍后代的。然而在另一个重要的补充性评论中,巴特尔还问维克森:"'跟一个怀着孩子的妇女说话哪里会有什么用处?……她没有道德心——没有道德心——这些全都变成奶水了!'"(第243页)虽然巴特尔在这里混淆了妇女和动物,文本本身却并没有。赫蒂并不只是盲目地随着自己的本能走:她是被文化建构的理想抱负、罪责感和羞耻心所左右才遗弃了自己的孩子。因此,她始终被悬置在完全的动物生活和小说所展示的那种精致的情感意识生活之间,摇摆不定,尤其是受到了她的堂姐黛娜(Dinah)的影响,此人是一名卫理公会教派的布道者。

艾略特对赫蒂怀孕经历的描述,既深入透彻又饱含了宽厚的同情心。[46] 赫蒂的瞬时反应,和威廉·亨特在有关杀婴罪的论文里所描述的女孩很相似,那是一种混乱和抗拒的状态,艾略特可能也知道这篇论文。当赫蒂最初意识到自己可能会怀孕时,她只是"在盲目而渺茫的希望中"期待"能发生什么使她免遭不幸",并且预料着"一定

---

[46] 艾略特受到了一些批评,因为她太过详细地描述了赫蒂的怀孕经历。《星期六评论》(*Saturday Review*)认为赫蒂怀孕的描述"读起来像一名男助产士与某位新娘对话的粗糙笔记",并且要求回到先前的写作传统:"让我们学习老一辈的作家吧,如果他们要给我们一个孩子,就会让我们立即得到全部。"但是,艾略特小说的魅力就在于它将怀孕描绘成一种持续的经历和过程。爱丁堡的助产术教授詹姆斯·辛普森(James Simpson)在收到艾略特出版人的赠书时,强烈肯定了小说的同情力量,当时该出版人正四处寻求安慰,确认该小说并未有失体统。但辛普森也指出,像赫蒂的孩子那样的早产儿一般都很虚弱,不可能像小说里描写的那样哭闹。参见戈登·海特:《乔治·艾略特传记》(Gordon Haight, *George Eliot: A Biography*, Oxford: Clarendon Press, 1968)以及戴维·卡罗尔编:《乔治·艾略特:批判传统》(David Carroll, ed, *George Eliot: The Critical Heritage*, London: Routledge and Kegan Paul, 1971)。

会发生些什么"以让她摆脱这份惧怕和担心(第366页)。于是,她所做的全部努力就是去掩饰自己。结果她真的成功地掩饰了已经五或六个月的身孕,骗过了家人的眼睛,对此作者解释为:"熟悉的、信任的眼睛,往往会忽略"陌生的眼睛所能探测到的"东西(第378页)。然而,正如利·萨默斯(Leigh Summers)所指出的,19世纪的紧身胸衣为女性提供了"一种几乎无法觉察的掩饰怀孕的方法",特别是如果胎儿小的话就更是如此。[47] 的确,作者反复强调是赫蒂的穿着遮盖了她的身体迹象,实际上却在暗指紧身衣的使用问题。从历史的精确性来看,我们不可能确定艾略特考虑得多远(《亚当·比德》的故事发生时间设定在六十年前),但是在世纪之交以及维多利亚时代的中期,像赫蒂这个阶层的女性可能就已穿上了自制的紧身胸衣。妇女指导手册通常都反对怀孕妇女穿着紧身胸衣,在广为流传的《给妻子们的建议:关于健康管理及怀孕、分娩、哺育相关疾病的治疗》一书中,亨利·查维斯(Henry Chavasse)声称(可能是正确的)穿着紧身胸衣,将会导致子宫下垂。[48] 像其他人一样,他也强调紧身胸衣对胎儿造成的危害,其中就包括早产:艾略特也可能将这一点作为导致赫蒂早产的原因之一。

---

〔47〕 利·萨默斯:《捆绑的愉悦:维多利亚式紧身胸衣的历史》(Leigh Summers, *Bound to Please: A History of the Victorian Corset*, Oxford: Berg, 2001),第50页。萨默斯认为,故意穿着紧身胸衣不仅是为了掩饰怀孕,而且有可能是为了在胎儿身上施加压力从而达到中止妊娠的目的。但是,J. W. 巴兰坦在1904年讨论到这一问题时认为,"那些作者过于谴责紧身胸衣为'时代的恶魔',是盆骨充血、胆汁分泌不良、消化不良及类似症状的主要原因;但却几乎甚至完全没有提到它在造成未出生胎儿畸形方面的影响。照此,人们可能得出结论认为,这种坏的影响之所以较少也许是因为有羊水作为胎儿的安全护卫。"《胚胎病理学与卫生学手册》(*Manual of Antenatal Pathology and Hygiene: The Embryo*, Edinburgh: William Green & Sons, 1904),第139—140页。

〔48〕 亨利·派伊·查维斯:《给妻子们的建议:关于健康管理及怀孕、分娩、哺育相关疾病的治疗,其中有一章专门为年轻的妻子们而写》(Henry Pye Chavasse, *Advice to a Wife on the Management of her Own Health and on the Treatment of Some of the Complaints Incidental to Pregnancy, Labour, and Suckling, with an Introductory Chapter Especially Addressed to a Young Wife*, twelfth edition, London: J. and A. Churchill, 1877),第125页。这本手册非常流行,从1847年首次出版到1914年一共有16个版本。

当她再也不能继续掩盖怀孕这一事实时，赫蒂便着手寻找那位诱骗她的年轻乡绅——亚瑟·唐尼索恩（Arthur Donnithorne）。虽然她知道这个人是不会娶她的，但却还是自欺欺人地认为他会"温柔地接纳她"。此时她已经进入亨特所描述的那种状态："她期望自己可能是被误诊怀孕，但这一希望破灭了；于是她又盼望着能幸运地流产以让自己走出恐惧，这同样也没能成为现实，她眼看着危险一天天逼近，心中完全充满了恐惧和绝望。"[49] 怀孕使得赫蒂走上了一条与朝圣之旅完全背道而驰的人生之路，为此她失去了"所有的爱和对爱的信念"，想要走上自杀的不归途。作者一方面唤起了我们对她的悲惨处境的同情，同时却也强调了这一事实，即她的遭遇因为她的道德堕落而更为悲惨。与露丝形成鲜明对比，怀孕的赫蒂没有为腹中尚未出生的孩子着想过，更没有想到过自己对他所负的责任："可怜而茫然的赫蒂，拥有一张孩子般稚嫩的圆脸，一颗僵硬而绝望的、没有爱的灵魂，——狭窄的心胸、狭隘的思想，她的心里只装得下她自己的苦难，这使得她更加心酸地咀嚼着自己的痛苦。"（第391页）她对堂姐黛娜的坦诚相告让我们了解到，孩子的出生也没能改变她的这种痛苦。当她想到可以抛下孩子不管再回到自己的家时，生下孩子对于赫蒂来说意味着可能重获自由："我想我应该摆脱所有的苦难，回到自己的家，并且永远也不让他们知道我为什么会离家出走。"（第457页）这个退缩的幻想完全符合我们对她的性格的了解。然而，艾略特通过赋予赫蒂一点点的母性情感，弱化了对杀婴罪的描写。在她把孩子埋在杂草和碎木块中以后，作者描述了她被孩子的哭声折磨着的场景，同时还强调她精神陷入混乱，身体也是筋疲力尽。参与当时关于杀婴罪的争论时，《亚当·比德》显然站在了同情那些被遗

---

[49] 威廉·亨特："私生小孩谋杀迹象的不确定性"（"On the Uncertainty of the Signs of Murder in the Case of Bastard Children", London: J. Callow, 1812），第9—10页。

弃的母亲的一边,这些女人遭遇社会的谴责,失去了生存的机会。[50]

《亚当·比德》还有一个地方与《露丝》形成了鲜明对比,那就是它没有对性问题上的双重标准给予明确的评论。由于艾略特将其现实主义的审美取向建立在对特定人物关系和复杂环境进行细致梳理的基础之上,这可能部分构成了她不愿对上述问题做出明确评论的原因之一:她反对对社会问题做普遍主义的评论。而且因为小说是以一个男性讲述者的口吻来展开叙述的,所以对性双重标准问题的忽略,也可以说是与小说的叙事视角保持了一致。然而,对赫蒂和亚瑟所遭受痛苦和惩罚的明显的不对称,艾略特也没有给予任何的评论,这还是相当令人惊讶的。如果说有什么评论的话,艾略特似乎也是愿意把他们各自的命运归因于性格上的差异。亚瑟是个社会人,他拥有"爱的本性":他的仁慈仅仅被简洁地描述成"他软弱却也有好的品质,他自私自利同时却又富有同情心"(第 313 页)。正是贯穿于艾略特作品始终的这种同情心,成为了一种补偿性的美德,但它却恰恰是赫蒂所完全不具备的品质。但是,亚瑟和赫蒂命运的不同,很显然是由更大范围内的社会因素所造成的,而与人物的性格关系甚微。正是这些社会压力驱使赫蒂犯了杀婴罪,它们始终伴随着赫蒂接受公开审判和被流放的日子,直到她回到了英格兰的家中最终死去时才得以终结。相比之下,亚瑟虽然身体健康略受影响,但却为他的社会共同体所接纳,重新回到那里并继续扮演着乡绅的角色。

艾略特在这个问题上的沉默,最主要可能是不愿意因为她的性

---

〔50〕 19 世纪 50 年代对此事有过很多的关注。艾略特小说的一部分创作基础源于她姑姑讲述的一个故事,故事中的年轻妇女在该世纪初期因为杀婴罪而接受了审判。但是,艾略特也可能对类似于玛丽亚·克拉克(Maria Clarke)的故事十分熟悉,此人因谋杀自己的私生子而在 1851 年被判有罪:像赫蒂一样,她活埋了自己的孩子,但后来获得了内政大臣的减刑。相关书籍自 19 世纪 60 年代开始出版,包括威廉·B. 赖安(William B. Ryan)的《杀婴罪:法规、流行、预防与历史》(*Infanticide*:*Its Law*,*Prevalence*,*Prevention and History*,London:Churchill,1862),想要获得关于这一主题的有帮助的信息,可参考马图斯:《不稳定的身体》(*Unstable Bodies*)。

别而影响读者对作品本身的评判。因此,她在个人的第一部小说中使用了一个男性笔名,以一个男性的口吻展开故事的叙述。她避免代表妇女发出任何特殊的呼吁和请求,而是指出杀婴罪不只是和女性有关,也同样与男性有关。在首次将赫蒂引介给读者的那个特别段落中,艾略特不露痕迹地将直指女性**和**孩子的那种虐待狂式的男性幻想,融入了叙事声音当中:

> 有这样一种美,它不仅会让男人转头侧目,也令所有聪明的哺乳动物甚至妇女转头侧目。这种美就像小猫的美丽,就像小小的绒毛鸭用它们柔软的小嘴发出轻轻的声音,就像孩子刚刚开始蹒跚学步,并且有意识地做些恶作剧——你绝不会对这些生气,但是却可能因为无法驾驭它们在你心里引发的那种莫可名状的情绪,而打算去制服(crush)它们。(第81页)

一个人可能会因为无法控制的情绪而迫使自己去"制服"孩子,艾略特对这一事实的承认不仅预示了赫蒂的犯罪,同时也将这一行为纳入到比妇女杀婴罪更宽泛的背景中去考察。艾略特因此将注意力从杀婴罪转移到社会性别问题上。虽然《亚当·比德》拷问了关于母爱的社会意识形态,但却没能对支持和强化两性在生育方面的不对称关系的社会编码与结构进行批判。

虽然维多利亚时代的画家,尤其是那些拉斐尔前派画家*也对"堕落女性"的题材感兴趣,但这一时期依然鲜有描绘怀孕形象的画作。一个例外是福特·马多克斯·布朗(Ford Madox Brown)的油画"接住你的儿子吧,先生!"("Take Your Son, Sir!"),它可以和盖斯凯

---

* 拉斐尔前派画家或作家(Pre-Raphaelite):属于拉斐尔前派兄弟会(建于1848年的英国团体),提倡拉斐尔之前的意大利油画的风格和精神的,或受其影响的画家、作家。——译注

尔的《露丝》相提并论,激烈地挑战了性的双重标准。油画上的人物是布朗的第二任妻子艾玛(Emma)和他们的3个月大的儿子。这幅画自1851年开始创作,其间经历了几个阶段,直到1856—1857年左右才留下了一幅未完成的画稿。油画的标题直接反映了布朗的意图,旨在刻画一个女仆被她身后镜子里那个道貌岸然的男主人诱奸的情形。画中妇人的姿势以及她那双想与观众交流的眼睛,都暗含着祈求,但她手中的孩子却似乎是直接从子宫里拉出来的,这一特殊的艺术表达有着非同寻常的效果。布朗在这里直接参考了产科教材和医学文献中的解剖图。油画中母亲衣服的褶皱反映了雷姆斯第克为亨特和斯梅利所做线刻上的胎盘和子宫里侧,左边下方以及右边悬垂着的帷帐的褶皱,则拟似输卵管和子宫静脉。而且,母亲的手指抓住孩子的腿紧靠在自己的肚脐上,这象征着脐带,孩子左手捏着的那根条状织物再次表现了它。通过将穿着得体、令人尊敬的女性形象和产科图册中的解剖图形结合到一起,布朗强调了表面上的正派得体和痛苦的诱奸现实之间的强烈对比,以及生与死之间的鲜明比照,因而对维多利亚社会的道貌岸然与口是心非提出了挑战。产科解剖图具有强大的掌控力,因为它能表现怀孕和分娩的潜在病理学,同时还暗示了与疾病解剖学有关的死亡率问题。

这一时期之所以缺乏与怀孕有关的视觉图像,在很大程度上是因为中产阶级圈内盛行着极其严格的相关禁忌。朱迪思·刘易斯(Judith Lewis)认为,整个19世纪贵族妇女在怀孕期间仍然过着积极的社交生活。[51] 维多利亚女王*的信件就可以证实这一点。例如,在1870年3月,她写道:

---

[51] 参见朱迪思·施奈德·刘易斯:《家庭方式:英国贵族妇女的分娩(1760—1860)》(Judith Schneid Lewis, *In the Family Way: Childbearing in the British Aristocracy, 1760-1860*, New Brunswick: Rutgers University Press, 1986),第124页。

* 维多利亚女王:英国、爱尔兰(1837—1901)和印度女王(1876—1901)。她的职责感和严厉的道德水平对19世纪英国社会产生了深远影响。——译注在我们这个非常体面的社会里,正流行着一种新时尚,那就是穿着漂亮的亮色衣服——非常紧——不戴披肩或围巾⋯在她们分娩后不到两个星期就外出跳舞,甚至在怀孕7个月的时候都悄悄溜出去跳舞!!!情感的微妙和优雅都跑到哪里去了?[52]

图4 福特·马多克斯·布朗(Ford Madox Brown),"接住你的儿子吧,先生!",c.1857(细节)。伦敦塔特美术馆(Courtesy of Tate London)。

---

[52] 引自琼·珀金:《维多利亚时代的女人》(Joan Perkin, *Victorian Women*, London: John Murray, 1993),第66页。

与此形成对比的是，怀孕在中产阶级的圈子里却是非常微妙敏感的话题，因而不会在混杂的朋友中间提及此事。孕妇常常穿着宽大的衣服，戴着维多利亚女王推荐的那种披肩和围巾，当然还有穿紧身胸衣，以隐藏她们日益增大的形体。到了怀孕后期，她们的社交生活也会被限制，这表面上是基于健康的考虑，但更可能是因为她们身形已太过明显。这一禁忌/羞耻感的来源十分复杂，如果说宝座上的维多利亚女王自己在1839年和1857年之间就生了9个孩子，那么这种禁忌和羞耻感的力量就有些令人惊讶了。然而，这却是事实，而且它本身可能就是主要的促成因素。历史学家常常注意到维多利亚女王对中产阶级价值观念的强烈认同，她对怀孕的态度不仅反映而且更重要地是影响了中产阶级对此事的态度。她给女儿的信揭示了她的怀孕感觉：它既是一种身体上的负担，更是一种心理上的受约束状态。在一封信中她写道：

> 你发现已婚妇女比未婚女孩有更多的自由；这在某种意义上是对的，——但我的意思是——就身体而言——如果你结了婚就会有（正如我的婚姻生活前两年一直持续的）——疼痛——苦楚、痛苦和麻烦——你必须努力挣脱这一切——放弃享受等等——持续地保持谨慎，你就会感受到已婚妇女的枷锁！……我曾在八个月内九次忍受上面提到的那些痛苦和真实的不幸（除了我的诸多义务之外），我承认这令我非常困扰，整个人感觉完全被枷锁锁住了——翅膀仿佛被折断。[53]

折断的翅膀和笼中之鸟的比喻，与《呼啸山庄》里用在凯瑟

---

[53] 罗杰·富尔福德：《最亲爱的孩子：维多利亚女王与公主的通信集》（Roger Fulford, ed. *Dearest Child: Letters between Queen Victoria and the Princess Royal, 1858-1861*, London: Evans Brothers, 1964），第77—78页，1858年3月15日的信。

琳·林顿身上的那些隐喻形成了呼应:像凯瑟琳一样,维多利亚不仅经历了身体上的不适,而且精神上也很沮丧("不幸……真正的不幸"),有一种被诱捕的感觉。更重要的是,怀孕让她感到羞愧和困窘,因为她虽然可以独立于自己的丈夫以及首相(他在理论上臣服于她),同时却不得不屈服于怀孕这一类"动物"过程,这让她感到强烈的对比。在给她女儿的信中,她写道:"亲爱的,你说赋予生命以不朽的灵魂是非常美好和荣耀的事,但我承认我做不到;我觉得在那个时候我们人更像是一条母牛或一条母狗;那时我们可怜的天性变得如此的像个动物那般,没有任何乐趣。"在同一封信中,她强调了"优雅"的重要性,并继续描述自己遭遇的困窘,初次怀孕时很不喜欢被别人盯着的感觉:"想想我第一次怀孕时,常常很不理智,一旦发现自己被别人盯着就控制不住地十分愤怒,必须有休息室让我坐下来——被人看护着,采取各种预防措施。"[54] 在另一封信中她写道:"我敢肯定那些总是怀孕的妇女一定非常令人厌恶,它使得她们看起来更像一只兔子或几内亚猪而不是别的什么,怀孕真的不是那么美好。"[55]

维多利亚的这些说法反映并强化了将女性怀孕身体动物化、异形化的那套文化框架。玛丽·拉索(Mary Russo)认为这种异形的身体是"敞开的、突起的、异常的、隐秘的、复合的和变化着的",并且和社会变革存在关联。[56] 在遮蔽怀孕妇女的身体时,中产阶级的维多利亚社会试图否认的也许不仅仅是女性的性欲望,还包括与此相关联的社会变革的可能性。

---

〔54〕 罗杰·富尔福德:《最亲爱的孩子:维多利亚女王与公主的通信集》(Roger Fulford, ed. Dearest Child: Letters between Queen Victoria and the Princess Royal, 1858-1861, London: Evans Brothers, 1964),第 115 页,1858 年 6 月 15 日的信。

〔55〕 同上书,第 195 页,1859 年 6 月 15 日的信。

〔56〕 参见玛丽·拉索:《女性异形:风险、无节制与现代性》(Mary Russo, The Female Grotesque: Risk, Excess and Modernity, London: Routledge, 1994),第 8 页。

3 生育种族

身体劣化与优生学女权主义

在19世纪的最后20年里,随着与帝国权益日趋紧密地缠绕在一起,人口生育成为高度政治化的议题。几个世纪以来人口出生率第一次出现了下降:在1876年到1880年期间,15—44岁的妇女平均每1000人生育153.5个孩子,而从1906年到1910年期间,这个数字下降到105.3个。与此同时,婴儿的死亡率却依然保持相对较高的水平,如果说和之前有所区别的话,这一水平甚至还呈上升趋势。自1890年到1900年的10年间,婴儿的平均死亡率大约是每1000个婴儿中有154个孩子死亡,而在19世纪80年代的时候,1000个婴儿中死亡者的人数只有142个。[1] 这一时期的评论者们提出"人口就是力量"("Population was power")的说法,其背景是单一民族国家(nation-state)与其他国家争夺帝国控制权,甚至切实考虑到如果"白种人没在总人口中保持一定的比例,且帝国本土和殖民统治的广袤疆域缺乏生机和内聚力"的话,大英帝国将不能继续延续下去。[2] 此

---

[1] 这些数据引自安·奥克利:《被捕获的子宫:孕妇医疗史》(Ann Oakley, *The Captured Womb: A History of the Medical Care of Pregnant Women*, Oxford: Blackwell, 1984),第37、296页。

[2] 来自加里(J. L. Garvin)的一篇文章,转引自安娜·达文:《帝国主义与母职》(Anna Davin, "Imperialism and Motherhood"),载《历史工作坊》(*History Workshop*), Vol. 5 (Spring 1978),第10页。

时，国家不仅没能守住自己的血统(stock)，人们甚至担心这一血统的品质也在下降。布尔战争(Boer War，1899—1902)使得第二个问题成为尖锐的焦点。1899年，有1/3的入伍新兵因身体不合格而遭淘汰。一战以后，约翰·弗雷德里克·莫瑞斯(John Frederick Maurice)将军写了一篇富有影响力的文章，标题为"上哪里去找男人"("Where to Get Men")，描述了国家年轻男性身体健康的危险状态，并鼓励建立一个跨部门的委员会以督察"人口的身体劣化"问题。[3]该委员会的调查报告(1904)驳倒了莫瑞斯的很多观点，认为他的统计数字不可信，但却也提出了一些提高民族健康*的建议。这其中就包括建议提供关于怀孕和分娩健康方面的更加可靠的统计资料汇编。

对民族血统质量与数量的关注，不仅和帝国基业的维持有关，还和帝国统治计划引起的复杂的种族焦虑有关。这一时期"种族"(race，或常常以大写形式出现的Race)一词的精确含义很难得到清楚的界定。有时它的含义就等同于国家、民族，有时却又意指更大的类集，例如"盎格鲁-撒克逊人种"**。[4]当时的讨论中暗含了一种受优生学思想支持的假设，即认为白种欧洲人是所有种族中发育程度

---

[3] 参见奥克利：《被捕获的子宫》，第35—36页，对此有所讨论。

* 民族健康(nation's health)：虽然这里的nation既指国家、民族，也可指全体国民，译成"国民健康"似乎更合中文语法，但因为本文所说的身体健康是和国家、民族政治紧密相联的，身体问题就是政治问题和民族问题，若译为"国民健康"恐无法体现出这层内涵，故直译为"民族健康"，下同此处理。——译注

** "盎格鲁-撒克逊人种"(Anglo-Saxon race)：指公元5世纪时，迁居大不列颠岛的以盎格鲁部落和撒克逊部落为主的日耳曼人。——译注

[4] 例如，在威廉·卡彭特(William Carpenter)的《思维的生理学原则》(Principles of Mental Physiology)一书中的"种族"，指的是所有的盎格鲁-撒克逊人种。参见《思维的生理学原则》(Principles of Mental Physiology, third edition, London: J. and A. Churchill, 1875)，第368页。相比之下，伊丽莎白·布莱克威尔(Elizabeth Blackwell，一位生活在英国的美国人)则将"种族"的概念和具体的民族国家联系在一起，见《人类性元素：基督教道德中性生理学关系的医学探寻》(The Human Element in Sex: Being a Medical Enquiry into the Relation of Sexual Physiology to Christian Morality, London: London: J. and A. Churchill, 1894)，第28页。

最高的人种。

优生学的思想源头来自于弗朗西斯·高尔顿的著作,此人在阅读了表兄达尔文的《物种起源》以后,发展了关于优等智力品质遗传问题的思想。高尔顿认为,一个种族的质量可以通过它产生具有"高等天生才能"的男性的频率来判断:在他看来,白种欧洲人在这方面占据优势,因而注定会逐渐清除其他鲜有天才的种族。但是,这一自然的进化过程可能被人为地加速,而且作为帝国计划的一部分,高尔顿建议采取一种控制性选择过程,鼓励生育优等人种而阻止劣等人种的生育。他这样来描述自己"仁慈的"种族优生学方法:

> 无论何时只要一个低等种族在高效率水平上得到存续,它一定会遭受严格的自然选择。在这一种族中,只有最好的极少数物种才能为人父母,而且他们的子孙后代中也只有一部分人能存活下来。另一方面,如果让一个更高等的种族取代这个低等种族,所有这些可怕的灾难就能全部幸免。我所提出的最仁慈的"优生学"形式将包括注意那些优等种族的征兆,并且宠爱于他们,这样他们的后裔人数就会增多,进而逐渐取代原先的劣等种族。[5]

尽管高尔顿对欧洲人种取得最后的统治地位这一点十分乐观,很多人却担心这会导致"种族退化"(race deterioration)。马克斯·诺尔道(Max Nordau)在《退化》一书中引入了一种能催生衰退的"亚种"(sub-species)的"有害影响"(noxious influences)概念,充满了对种族退化的担心。这一亚种会"连续不断并且日益增加地将自己

---

[5] 摘录于弗朗西斯·高尔顿:《人类才能及其发展的探究》(*Inquiries into Human Faculty and Its Development*),见劳拉·奥迪斯:《19世纪的文学与科学》(Laura Otis, ed, *Literature and Science in the Nineteenth Century*, Oxford: Oxford World's Classics, 2002),第479页。

的特性传递给下一代,这些都是背离于正常形式的病态特性——发育中断、畸形和衰弱"。在诺尔道看来,退化的原因包括沉溺于麻醉剂和兴奋剂,摄取了腐烂食物,以及梅毒和肺结核之类的"器官恶化"(organic poisons)疾病的盛行。尽管诺尔道认为退化最后必然会导致亚种本身的灭绝,他的书还是引起了社会的焦虑,激发了一场公共大讨论,因为他在书中所强调的那些"原因"在近代社会中清晰可见。[6] 它们可以被划分为环境因素(低质量的、工业化生产的食物,鸦片与烟草消费)和遗传因素(梅毒、肺结核和酒精中毒都被认为是遗传性疾病)两种。在所有这些原因当中,梅毒引起的关注最多,以至于温和谦逊的评论者J. W. 巴兰坦在讨论梅毒对尚未出生胎儿的影响时,都被激励着使用了浮夸的修辞手段。他在《孕妇》一书中提到,梅毒给母亲造成了长期持续的病痛,是尚未出生胎儿的一纸"死亡证明":"即使感染了梅毒的胎儿能活着出世,它也已经被感染了,终其一生或长或短都将笼罩在这一疾病的黑色阴影中,这个病会侵蚀其身体的每一个组织,会削弱其身体和大脑的每一项机能。"[7]

优生学的影响不仅延伸到种族问题上,还扩展到阶级的问题上。对阶级的强调是英国特色,它源于高尔顿的这一观点:贫困是遗传性的,它由遗传性的缺陷所致,而不是社会和环境条件影响的结果。在1891年的一篇文章中,高尔顿提出可以通过差异培育的办法来改善"人种",这一主张得到了1907年成立的优生学教育学会(Eugenics Education Society)的狂热追捧。该学会资助所谓的"贫民血统研究"

---

〔6〕 参见马克斯·诺尔道:《退化》(Max Nordau, *Degeneration*, trans, from the second edititon of the German, London: William Heinemann, 1895),第16、34页。诺尔道认为在生存竞争中退化的物种是不可能适应环境或继续保存下去的:"退化和新物种的形成(动植物进化史)之间的区分,就在于病态的变异物种不能继续生存和繁殖下去,就像是一个健康的物种,如果很快发生了不育现象,那么在少数几代之后,器官退化尚未达到最低层次之前,就常常已经走向灭绝。"(第16页)

〔7〕 J. W. 巴兰坦:《孕妇:监护与卫生保健》(J. W. Ballantyne, *Expectant Motherhood: Its Supervision and Hygiene*, London, New York, Toronto and Melbourne: Cassell & Co., 1914),第98页。随后对这一文献的参考将采用随文注。

(pauper pedigree studies),以论证这些人的劣质特性的传播情况。其中的两项研究使得该学会部分上为 1910 年贫民救济法改革委员会(Committee on Poor Law Reform)服务。他们得到了一种在贫民家庭中发现的"遗传性缺陷"的言论支持:

> 委员会十分清楚,他们逐个考察和检查的那些贫民常常有一些明显的恶习或缺陷,例如酗酒、偷窃、顽固怠惰、结核病、心理缺陷、故意违背道德或性格的普遍软弱等,这些都可以通过考察其动机、需求或精力、毅力而得到证明。[8]

上述"缺陷"清单和诺尔道列举的种族"退化"的迹象近乎于重合,这一事实表明贫穷阶级对整个社会构成了威胁或拖累的这种观念是多么的深入人心。

对差异培育的强调,同时也构成了"优生学女权运动"的社会背景。女权运动和优生学之间的关系因为一场冲突而变得十分复杂。19 世纪晚期,妇女要求获得更多的教育机会,这和早先时期的学者如斯宾塞等人提出的观点发生了冲突,斯宾塞等人认为妇女所要求获得的教育和她们的健康生育不能相容,这一观点日益频繁地得到了当时的医学评论者的支持。例如,1874 年,亨利·莫兹利在《双周评论》(Fortnightly Review)上的一篇文章中就举例反对妇女接受教育,他提出:"我们必须考虑,妇女是否真的不屑于过轻松快乐的生活,转而投身于智力训练和创作的艰苦岁月;并且这样做是否真的不会对她们作为孩子的孕育者、母亲和护士的角色有任何的损害。"[9] 对此,在随后一个月发表的一篇文章中,伊丽莎白·加勒特·安德森

---

[8] 保利娜·马宗达:《优生学、遗传学与人类缺陷》(Pauline Mazumdar, *Eugenics, Human Genetics and Human Failings*, London: Routledge, 1992),第 85 页。

[9] 引自珍妮特·霍罗威茨·默里:《意志坚强的女人们》(Janet Horowitz Murray, ed., *Strong-Minded Women*, Harmondsworth: Penguin, 1984),第 221 页。

(Elizabeth Garrett Anderson)立即做出了尖锐的回应。她提出:"我们被告诉说妇女在劳苦的生命中不能忽视自己特殊的生理功能,否则健康就会有危险;而考虑到在成年人的生活中,健康女性就意味着必须按照那些几乎完全忽视她们的规则来办事时,我们就很难理解他们这么说到底是什么意思"。[10]

在美国,认为智力工作会危及妇女生育健康的观点最为摇摆不定。它在美国是由 S. 韦尔·米切尔(S. Weir Mitchell)提出的,此人是一名很有影响力的医生,他曾诊断了小说家夏洛特·珀金斯·吉尔曼(Charlotte Perkins Gilman)的产后忧郁症。米切尔认为女性在青春期过多地投入智力探索将会危及她们"未来的女性功能",而且在成年人的生活中,"在从事完整的脑力劳动方面,成熟男性的持续能量和能力都远远超过了女性,于是如果她还拿自己和他较量的话,除了少数例外,绝大多数女性都将付出更为惨痛的代价"。[11]

优生学家的立场就是,妇女不应该被鼓励去发展某些特质,例如智力和运动能力,因为它们都和母性特质不相容。她们还应该优先考虑择偶问题,而不是试图在社会或公共生活中扮演一定的角色。尽管我们预期女权主义者会反对这些观念,但在实践当中,许多的优生学思想却能以多种方式支持或至少是补充着女权主义者的需求。母亲和孩子的福利问题是这一时期很多女权主义者关注的核心,而在这一方面女权主义者和优生学家就有着共同的目标,即使他们的出发点存在差异。而且,像加莱布·威廉斯·萨勒比(Caleb Williams Saleeby)那样的优生学家还试图通过提出一种让"最好的妇女"为种族的利益而生育的谄媚主张,去调和女权主义和优生学之间的冲突。

---

[10] 引自珍妮特·霍罗威茨· 默里:《意志坚强的女人们》,第 223 页。

[11] S. 韦尔·米切尔:《穿着与眼泪:过度劳累的迹象》(S. Weir. Mitchell, *Wear and Tear, or Hints for the Overworked*, fifth edition, Philadelphia: J. B. Lippincott Company, 1887),第 43—44 页。值得注意的是,这一时期英美医学界的思想交流正快速增加。专业杂志常常被大西洋两岸的学者们同时订阅,医学教材也常常在两个国家同时出版。

在《女性与女性气质原理探究》一书中,他打造了"优生学女权主义"的术语,来表达一种狂热的信念"**最好的妇女必须成为未来的母亲**"(原文给予了斜体强调)。他继续提出:

> 今天,在那些通盘考虑这些主题的人的大脑中,两性个体之间的天然差异,以及他们为传递特性给下代而做出的正确选择的重要性已十分明朗。在多种场合,我都提出了女权主义和优生学之间的问题,并且也已表明有多种多样的女权主义为妇女提出多种不同的需求,但这些需求最后都会被谴责,因为它们不仅忽略了优生学,而且还反对优生学,如果它们得以实现的话,将对我们的种族产生毁灭性的影响。[12]

这些言论为许多的女权主义者所接受,包括玛丽·斯托普斯在内,此人因在1921年创办了英国第一家计划生育诊所而闻名。斯托普斯和优生学教育学会有一定的联系,在1918年出版的两部著作《婚姻之爱》(Married Love)和《明智的父母》中,她提出健康而拥有天赋的女性有义务为了种族的利益而生育小孩,这和萨勒比的立场十分一致:

> 无论科学家最后会采纳哪种特性传递理论,在那些理智的人看来,遗传**确实**表明健康而智慧的父母所生的后代较之于那些不健全的血统的后代,都将能更好地面对以后在他们生活中出现的任何困难。正如詹姆斯·巴尔(James Barr)爵士在1918年的《英国医学杂志》(British Medical Journal)中所言:"在孩子

---

[12] 加莱布·威廉斯·萨勒比:《女性与女性气质原理探究》(Caleb Williams Saleeby, *Woman and Womanhood: A Search for Principles*, London: William Heinemann, 1912),第7页。

之间和在成人之间,都不存在本质上的平等,如果某个人种急需得到改善,我们就必须从身体、道德和智力方面进行培养。"[13]

然而,和许多女权主义者一样,斯托普斯也与优生学思想的某些方面保持了距离。在她看来,妇女不应该被要求必须去生育下代,无论她多么健康和充满天赋。在《发光的母职》(*Radiant Motherhood*)一书中,她提出最完美的女性"在其漫长、健康和活跃的一生之中,仅被号召用相对很小的一部分时间去履行一份**独特的**母职义务"。如果妇女将其一生完全奉献给生育下代,这将只能产生"一条无止境的没有丰硕成果的生命之链,她们将全部的希望都放在一些永远不可能实现的、至上的最终目的上"。[14]

萨拉·格兰德(Sarah Grand)的《神圣的孪生子》[15]是一部反映种族退化焦虑并提出优生学议程的早期"新女性"小说。小说对这些问题的关注是通过达尔文的引语来表达的:在其中一条引语中,达尔文对高尔顿的"我们绝大多数的品性是天生的"观点表示同意;而在另一条引语中,达尔文又注意到"不同人种之间的斗争""完全取决于其智力和**道德**品性"。格兰德通过塑造一个放荡的年轻官员群体的成员莫斯利·门提斯(Sir Mosley Mentieth)爵士的形象,探寻了梅毒和种族退化的问题。当他首次在小说中出现时,作者将他比喻成一只类人猿,因而笼罩了种族退化或返祖的阴影。他同时还被刻画成某些古老家族的一种表征,"那些古老的英国家族曾孕育了体格庞大、精力充沛(**原文如此**)的人,如今却被认为只生产怪异的幸存者,

---

[13] 玛丽·斯托普斯:《明智的父母》(Marie Stopes, *Wise Parenthood*, *1918*, twelfth edition, London: G. P. Putnam's Sons, 1926),第 1—2 页。

[14] 引自罗伯特·A.皮尔:《优生学历史论文集》(Robert A. Peel, ed., *Essays in the History of Eugenics*, London: The Galton Institute, 1998),第 39 页。

[15] 正是格兰德和欧迪雅(Ouida)一起创造了"新女性"这个术语,意指这一时期有知识的、独立的妇女,她们的愿望和要求与妇女争取选举权的运动密切相关。

它们最终会像大象一样走向灭绝"。[16] 然而,门提斯因感染梅毒而走向"衰竭的趋势"自然地影响到了其他人。他娶了一位清白无知的年轻姑娘,并传染了梅毒给她,而她又将该病传染给了他们结婚那年就生下来的孩子。作者在描写伊迪丝(Edith)与孩子的关系时,将这种疾病与精疲力竭和衰竭联系在了一起:

她没有对他露出过笑容,也没有对他说过那些哄小孩子的话——他也同样没有对她露出过笑脸。他老了,已经老了,因为遭遇的苦难而精疲力竭,他的眼神在不同的人身上扫视着,这很容易让人觉得他正在默默地追问每一个人,为什么要生下他?(第289页)

《神圣的孪生子》不仅讨论了梅毒退化的问题,同时还讨论过与此疾病相关的性的双重标准问题。这部小说是在废除《传染病法案》(Contagious Diseases Acts)7年之后出版的,该法案试图通过对从事卖淫的女嫌疑人进行拘留,并对其性病症状进行医学检查,来实现对性疾病传播的控制。相比之下,男性被排除在法案的考虑范围之外,这反映了一种普遍的观念,即淋病和梅毒只能是女性传播给男性。通过将伊迪丝是从门提斯那里传染了梅毒这一事实交代清楚,小说挑战了性疾病传播问题上的性别迷思,同时还消除了女性对这一疾病及其他性问题的无知。

小说的优生学女权主义内容在文中的某一段落得到了表达,其中提出:"所有这些动荡和对女性旧有陋习的颠覆,都仅仅是为改善人种而付出的一种自然的努力。今天的男性如果想阻止这一前进的推动作用,他们将会过得很不愉快;但无论如何,未来的男性都将很

---

[16] 萨拉·格兰德:《神圣的孪生子》(Sarah Grand, *The Heavenly Twins*, 1893, London: William Heinemann, 1895),第185页。随后对这一文献的参考将采用随文注。

有理由去为他们的母亲争取尊严。"(第219页)换句话说,受过教育的独立女性,她们享有和男性一样的个人发展机遇,将会成为最优秀的"种族母亲",并且会做出最智慧的生育选择。具有这一潜力的女性是埃瓦德妮·弗莱林(Evadne Frayling),她是伊迪斯的朋友,也是小说的女主角。她拥有"特别纯洁、特别充满力量"的头脑,在青春期的那段时光,不仅阅读了大量的小说,还阅读了政治科学、解剖学、生理学和病理学领域的文献。埃瓦德妮和伊迪斯的差别在于,她对政治问题或性问题并不无知。因此,当她在婚后不久就发现自己的丈夫科洪(Colquhoun)有一段可疑的性史后,她立即采取措施来保护自己,拒绝以妻子的身份和他一起生活。他们像朋友那样共同生活,但作者指出这一做法显然使得他们双方都付出了一定的代价。不仅科洪渴望得到埃瓦德妮,她也同样渴望得到他,在脆弱的时候她感觉自己"渴望得到紧紧的拥抱,渴望亲吻到她不能再思考,渴望过着只有感官快乐的醉人生活"(第344页)。她克制住了这些感觉欲望,但在一次与压制性欲望有着隐秘关联的搬家事件之后,她也停止了阅读。进而,思想开始变成了她的麻烦,她陷入了一种精神麻木的状态。正如作者所言,她因此陷入一种"非自然的禁欲状态,精神力量也得不到发挥"(第350页)。从这一点上看,埃瓦德妮的故事经过了精神病医生加尔布雷思(Galbraith)的过滤,此人的叙述构成了小说的结局。实际上这是一份病历,它凸显了男医生与女患者之间关系的诸多模糊之处。[17] 在见到埃瓦德妮之后不久,加尔布雷思就将她的病诊断为歇斯底里症。这一诊断符合当时的医学思想,因为莫兹利和其他人都认为,歇斯底里症与性压抑以及对妇女生活的限制都有关联。在莫兹利看来,性压抑的不利影响与妇女及年轻女孩缺乏活力的问题是搅合在一起的:"相比于男性在当下社会体制中所拥有的资源,

---

[17] 格兰德的小说于1893年发表,比弗洛伊德和布罗伊尔在《癔病研究》(*Studien über Hysterie*, 1895)中涉及的首个病例要早两年。

女性活动的范围是如此地受到限制,提供给她们的谋生手段也少得可怜,以至于她们不像男性那样可以在多样的健康目标和追求中,找到替代性的情感宣泄途径。"[18]但是,格兰德将智力活动纳入到莫兹利所提出的女性必须具有的"活动范围"内,从而提出了一种女权主义主张。并且,她强调了歇斯底里症**治疗**中所隐含的性成分,指出性的投入和转移不仅来自病人,也来自医生:在治疗她的过程中,加尔布雷思爱上了"我的年轻女士"。

在埃瓦德妮的丈夫去世之后,他就和自己的这位病人结婚了,尽管一位杰出的神经科专家曾警告他"只要唤醒她的身体力量,就会让她的道德疾病复发",他还是自信她已走上了康复之路。但当埃瓦德妮怀孕以后,这种道德疾病就以妊娠期精神病的形式得到了证实。在 20 世纪之前,这一疾病分类依然构成了产科学和助产术教材的特色。例如,在戴金(W. F. Dakin)1897 年出版的《助产术手册》中,曾这样描写道:

> 众所周知,生育小孩在引发妇女精神错乱方面具有显著的影响,这些妇女常常携带了疯狂或其他神经症的遗传特性……对即将到来的考验的畏惧,或是对非具体事情的隐约担忧,有时就会转变成顽固性的恐惧心理,甚至发展(**原文如此**)成精神忧郁症,尤其是那些具有遗传倾向或之前受过影响的那些妇女,就可能如此……她通常十分冷漠,对自己平常的兴趣也毫不关心,对任何事情都感到绝望。[19]

---

[18] 亨利·莫兹利:《精神病理学》(Henry Maudsley, *The Pathology of Mind*),引自《女性疾病:妇女、疯癫与英国文化(1830—1980)》(Elaine Showalter, *The Female Malady: Women, Madness and English Culture, 1830-1980*, London: Virago, 1987),第 130 页。

[19] 戴金:《助产术手册》(W. F. Dakin, *A Handbook of Midwifery*, London, New York and Bombay: Longmans, Green and Co., 1897),第 556—557 页。

他补充提到,在少数病例中还出现了道德失常和自杀倾向。埃瓦德妮的病症就经历了这一过程。在怀孕期间,她充满了对遗传疾病的担忧和害怕,并在读完他丈夫的相关藏书之后试图进行自杀,当时她留下了一张便条,这样写道:"我的心中萦绕着一种可怕的恐惧……我一次又一次地想要告诉你,但却一直没能做到……假如我们终究会死——没有什么能帮助我的女儿摆脱伊迪斯的命运——那还不如立刻就死了更好。"(第665页)所幸加尔布雷思及时发现了她,不过尽管她和女儿的命算是保住了,在他看来她的大脑还是受到了永久性的损伤。他写道:"她的道德意识暂时被中止了",并且用大脑遭遇了"残酷的错乱"(cruel obliquity)来形容这一损伤。

小说以他的结论作为结尾,他认为埃瓦德妮"对同类人的信心——这是所有的精神健康的源泉,遭到了永久性的破坏,与此同时**她对生命的价值和她自己的义务**的体认,在一定程度上也受到了损害或扭曲,不得不说这已经很危险了"(第678页,强调为作者所加)。之所以说这是一种"道德危险",原因在于埃瓦德妮并不认为自杀是一种过错;矛盾的是,正是因为她对**性**道德败坏的憎恨导致她陷入这种境况。《神圣的孪生子》因此广泛讨论了那些想要成为"种族母亲"的妇女们可能遭遇的各种困难,这些困难是性双重标准的必然结果,同时还探讨了妊娠期精神病的社会根源。文本暗示,与歇斯底里症一样,这一疾病也是对中产阶级妇女生活被窄化和束缚的一个必然反应。埃瓦德妮在她的第一次婚姻中遭受了"令人焦躁的限制",因而"丧失了生活的目标和施展才能的理想"。这是加尔布雷思自己的观察结果,但他依然没能认识到,对于像埃瓦德妮那样拥有潜力的妇女来说,为深爱着的第二任丈夫生儿育女,同样不是她想要实现的"目标"——相反,这在双重意义上进一步将她束缚在已有的空间里。因此加尔布雷思在怀疑埃瓦德妮的病症具有遗传成分的同时,也指出了环境方面的原因。

《神圣的孪生子》在首次出版时就引起了轰动,也许正是由于这个原因,它获得了巨大的成功,很快便销售出 2 万册,并在第一年内就重版了 6 次。

第二位新女性作家在 1893 年将目标对准了名人,此人就是"乔治·艾格顿"("George Egerton",即玛丽·查维莉塔·邓恩[Mary Chavelita Dunne])。像格兰德一样,艾格顿是一位女权主义者,她并不害怕面对那些容易引发诽谤的议题,并因坦率地表达了女性的性欲而著名。她同样探讨了优生学女权主义问题。在她最著名的短篇小说"交界线"("A Cross Line")中,开篇就描写了主角坐在一条斜坡上的情形,这让人回想起达尔文在《物种起源》中用来描述自然选择的"纠缠的河岸"(tangled bank)。艾格顿这样写道:

> 她正坐在荒郊野外、草木丛生的一条斜坡上,树木有些被风吹倒了,有些被伐倒了,散落的枝条点缀其间,苔藓、欧洲蕨和遍地蔓延的荆棘,枞树球果、野蔷薇花丛和斑斑点点的红色"彩帽",竞相生存于荒野之中。[20]

主角"吉普赛"(Gypsy)正在这里沉思着遗传与种族的问题,询问"这些东西为什么形成了属于它们的独特本质",并且还热情地表达了这样的观点:妇女比男人更强大,因为她们拥有突出的本能,而且更少多愁善感。她认为,男人们编造了一个简化版本的"女人",掩盖了她们的力量和目无法纪(lawlessness)的真相:"这些精心设计、理由充分的道德或人类法规并不能帮助我们抵制冲动——一种本能"(第 28 页)。当她正对试图引诱自己发生婚外情的年轻男人说这些的时候,读者可能会预期"这种冲动"将促使吉普赛卷入一场风流韵事,但她做出的选择却是继续呆在丈夫的身边。这部分是因为她已经发现

---

[20] 乔治·艾格顿:《基调与不和谐音》(George Egerton, *Keynotes and Discords*, 1893, London: Virago, 1983),第 2 页。随后对这一文献的参考将采用随文注。

自己怀孕了。但是,艾格顿很清楚地表明,怀孕只是令她愉快地证实了早先做出的明智的生育选择。正如吉普赛这样告诉那位想成为她情人的小伙子:正是女人身上"原始的"元素,解释了"为什么一名优雅的、体质娇弱的女人会和只有原始激情的、粗野的雄性动物成为夫妇——并且爱上他……为什么力量和美貌总是比大脑和心灵所蕴含的更微妙的那些美好品质,更容易吸引人"(第22页)。

艾格顿在这里提供的优生学版本具有两个方面的特点。第一,她强调妇女在性选择过程中占据首要位置。达尔文在《人类起源》一书中提到,在人类历史的最早阶段,妇女具有非常大的择偶权力,而在更加组织化的社会里,"最强悍、最精力旺盛的男性"总是能够选择"更富有吸引力的女人"。[21] 这本书自始至终都贯穿着这样一条假定,即男性(不同于其他物种的雄性)在性选择过程中是首要的行动者。艾格顿对这一观点提出了女权主义的挑战,并且还辩驳了达尔文的这一主张:如果妇女确实能做自由选择的话,"她们的选择在很大程度上是受男性社会地位与财富的影响"(第609页)。吉普赛的丈夫并不如她的情人那么富有或"机智",但他却拥有她所需要的"力量和俊貌"。在艾格顿看来,女权主义和优生学完全是相互兼容的:在推动性选择和生育的过程中,妇女已经是"种族的母亲"了。

妇女权利与产前环境

尽管优生学运动强调了创造"健康人种"中遗传因素的重要性,这一时期也出现了另外一种完全不同的、关乎胎儿健康的环境论思

---

〔21〕 查尔斯·达尔文:《人类起源及性的选择》(Charles Darwin, *The Descent of Man and Selection in Relation to Sex*, 1871, New York: Hurst and Company, 1875),第618页。随后对这一文献的参考将采用随文注。

想。在这方面,最为重要的代表人物是 J. W. 巴兰坦,他是一名接受过爱丁堡医学训练的医生,主要研究兴趣在于源自他关于胎儿畸形的博士学位论文研究的产前健康问题。在 1902 年和 1904 年,他分别出版了关于胎儿期病理学和治疗学方面的两项研究成果,并且终其一生都在坚持强调这方面研究的重要性,认为产科学医师尚缺乏对胎儿生理学和病理学的理解。但是,他也希望能实际介入产前护理领域。1901 年,他在《英国医学杂志》上发表了一篇富有影响力的论文,题为"关于建立产前医院的呼吁",他在文章中指出,当前的医院普遍没有为临产前的孕妇护理提供任何的准备。他建议每个产科机构都必须设有单独部门或附属的房屋建筑,用以对这类妇女进行治疗。这些机构将用来接待下列病人:

> 一些在过去的怀孕中遭遇过一种或多种妊娠疾病的孕妇,或者那些现在被诊断出反常迹象的孕妇;劳动妇女在怀孕的最后一周也应该休息,尽管出于经济考虑她们不能这么做,但保持正常的走动或多或少还是对身体有益的,还有那些吵着要我们接收,但却是在她们"开始阵痛"时才被叫回医院的那些人。[22]

巴兰坦此处的立场构成了他的产前护理方法的特点,即强调临床诊断**和**怀孕的社会/环境背景的重要性。他主张产前医疗机构必须对诸如惊厥等疾病的病理环境加以研究,与此同时还应有助于解决一些环境方面的问题,例如过度劳累和食物缺乏,众所周知,这些

---

[22] J. W. 巴兰坦:《关于建立产前医院的呼吁》(J. W. Ballantyne, "A Plea for a Pro-Maternity Hospital"),载《英国医学杂志》(*British Medical Journal*), (6 April 1901),第 813 页。

会对孕妇产生不利的影响。[23]

在巴兰坦的这篇论文发表的3个月后,爱丁堡皇家产科医院捐助设立了首个用以治疗怀孕妇女的医务床,并以该医院的创立者亚历山大·汉密尔顿的名字命名为汉密尔顿床。随后,医院还为预订过分娩服务的孕妇组织了家访,到1915年那里已经开始为门诊病人提供产前咨询服务。即使现实中的产前护理没有完全按照巴兰坦所设想的形式来做(始终没有大规模提供专为孕妇服务的住院病床),产前护理这一概念却已经为社会所接受,并且也已运用到实践当中。巴兰坦要求必须在饮食和身体锻炼方面为怀孕妇女提供基本的建议,并且还要为她们检测尿蛋白(存在于尿液中的清蛋白或白蛋白,它与高血压相关,在19世纪末期还被认为与惊厥有关联)。这些目标开始是在一般医院的治疗背景下实现的,自1918年《母婴福利法案》(Maternity and Child Welfare Act, 1918)颁布之后,便是在政府资助设立的产前诊所里实现的。无论如何,巴兰坦的重要性与其说体现在这些具体的医学建议上,还不如说在于他引起了医学界对产前护理这个现代医疗实践的"灰姑娘"的关注。除此之外,巴兰坦还是反对优生学的一个重要人物。其1914年的著作《孕妇:监护与卫生保健》是为准妈妈而写的,目的是向她们提供从一般指导书籍中找不到的"更全面的产科知识"。在该书中,他将优生学视为一种"时髦但却极其虚假的科学",并且指出:

---

〔23〕 正如安·奥克利所解释的,巴兰坦在文章标题中使用了前缀"pro",这是希腊语中"before"(在……之前)的意思,而不是拉丁文中的"in favour of"(为……而征战,支持……)之意,但他的术语还是容易引起混淆,所以在随后的文本里他又重新使用"pre"(在……之前)这个前缀。也如同奥克利所注意到的,巴兰坦有些像博学家,他是"国际学术共同体"的成员,能用拉丁文给国际学生做演讲。他对医学史也很感兴趣,并对瑞纳德(Reynalde)的《人类的诞生》(*The Byrth of Mankynde*)的诸多版本进行了研究——后者是英国现存最早的助产术文献。可参看从《大英帝国妇产科学杂志》(*Journal of Obstetrics and Gynaecology of the British Empire*)中拷贝下来的小册子"'人类的诞生(它的作者与版本)'"(*The Byrth of Mankynde*, London and Manchester: Sherratt and Hughes, 1906)。

> 一旦考虑了影响孕妇的全部外在因素,并通过她为尚未出生的婴儿提供了一个健康的环境;一旦考虑了输送给胎儿的物质对其器官组织产生的可能结果,并通过母亲的血液为其提供了适量的有益物质;一旦在胎儿出生前就了解到促进其体内毒素排除的影响因素,并拥有了这些……那么,提出依据进化论的规则来限制婚姻,并鼓励对那些当时被认为不适合生育的人进行种族隔离的做法,就非常的愚蠢可笑了。(第 xii 页)

正如上段引文所表明的,巴兰坦的兴趣是在那些能影响胎儿健康的环境因素上。在一句富有启示性的转折短语中,他提出正是母亲构成了胎儿的"环境":"尽管他隐藏在母亲的子宫里,我们无法看见他,但(尚未出生的婴儿)并不能摆脱来自母亲的环境影响,不仅如此,**她的身体就是他最直接的环境**,无论好坏,无论健康或疾病,他都会深深受到她的影响;因此通过她的身体,在 9 月怀胎的过程中,都能为尚未出生的小生命做出或幸福或不幸的改变。"(第 xiv 页,黑体为强调内容)

正是他对母体环境的兴趣,促使他挑战了强调遗传的重要性的优生学运动,正如他写道:"孩子在胎儿期所受的直接影响,可能比那些先天的遗传因素具有更大的影响力"(第 xv 页)。他认为,在决定怀孕的健康结果方面,母体环境也许和遗传因素一样重要甚至更为重要,在论证这一点时,巴兰坦有预见性地参与了当时关于遗传信息和子宫内环境在决定胎儿健康方面究竟何者更为重要的争论。[24]

《孕妇》以"普通读者"(这里借用了约翰逊[Johnson]医生和维吉尼亚·伍尔夫[Virginia Woolf]的术语)为目标,深入浅出而富有思

---

[24] 也有一些人是从竞争而非共生的角度理解母亲与胎儿之间的关系,本书的第五章将对此做一些讨论。也可参见戴维·巴克尔:《生命的良好开端:妇女的饮食如何能为孩子预防疾病》(David Barker, *The Best Start in Life: How a Woman's Diet Can Protect her Child from Disease in Later Life*, London: Century Books, 2003),第 92—94 页。

想性地向他们描述了怀孕期间的母子关系。巴兰坦讨论了理解怀孕的两种方式。一方面,怀孕被理解为一种"损害性的寄生行为,在此过程中母亲至少在一定程度上会因妊娠而受到损伤",因为胎儿从她那里吸取了营养,并且还影响着她体内的化学过程。另一方面,怀孕可以被理解为一种"和谐的共生关系",在此过程中母亲不断满足胎儿的需求,但却没有因此而对自身的健康造成负面的影响(第63—64页)。巴兰坦从宽泛意义上支持和谐共生观念,但是他也指出这一观念"过于强调母亲从她与胎儿的共生关系中获得益处,而没有充分认识到她在某些状况中面临的风险和所付出的代价"。他的结论是:"在绝大多数的事例中,怀孕可以被理解为一种健康而非疾病的状态,它属于生理学而非病理学的范畴。说它是一种紧张压力下的健康状态,这是正确的……在相当多的事例中,怀孕的生理学过程是在非常大的压力下进行的,以至于十分危险地接近了病理学的范畴;而少数一些事例确实已经逾越了二者之间的界限"。(第67页)

在巴兰坦看来,母亲和胎儿之间的关系首先是一种生理学关系,在他提到母体血液和胎儿组织之间的交互关系时,就可以看出这一点。他在书中向一般读者阐释了这一模型,这表明医学的"科学"模型在20世纪早期已被社会广泛接受,与此相关联的是一种医学文化,它强调对肺结核等疾病的原因进行实验室研究。此时,临床诊断与治疗开始被理解为确认疾病的生物学或生理学的原因和影响。就怀孕而言,这些变化也形成了对母亲和胎儿之间关系的新理解,它与18—19世纪产科学中盛行的观念有着重要的区别。人们不再首先从情感的相互感应或"本能的"生命系统的角度来看待母亲和胎儿之间的关系,而是从生理学和病理学的关系与影响的角度来看待它。这一转变给产前护理带来了实质性的积极影响,因为它直接关注了怀孕时的身体环境,进而考虑到了社会不平等状况对此造成的影响。巴兰坦认为,怀孕因此不仅仅是医生、护士和病人的事情,也是社会工人、立法者和政治经济学家的事情:对孕妇及其胎儿产生不利影响的最为常见的"疾病"就是贫穷。在他自己的医疗机构里,他接待了那些"病得不重"但却缺乏充足食物和家庭慰藉的妇女:呆在产科病房里,能改善她们及其胎儿的健康状况(第 245 页)。

巴兰坦的思想方法在很多方面都类似于另外一位重要活动家,即赛克斯(J. W. Sykes)医生的思想方法,此人和成立于 1907 年的圣班克洛斯母亲学校(St Pancras School for Mother)有一定关联,并因此而广为人知。圣班克洛斯学校的影响远远超出了它的面积,成为急救婴儿福利运动的模范机构。它的影响力一部分应归功于赛克斯的雄辩和热情,他当时是圣班克洛斯的健康医疗官员;另一部分应归功于学校的杰出支持者像汉弗莱·沃德夫人(Mrs Humphry Ward)、亨利·萨默塞特女士(Lady Henry Somerset)和艾丽斯·拉塞尔(Alys Russell)等人所做的舆论宣传。它的定期目标是通过向工人阶级母亲提供营养、卫生、家庭健康方面的知识培训,从而降低婴儿的死亡率:其隐含的假设是,这些母亲缺少的是知识而不是资源。然而,学校开学后的第一个实际举措却是为孕妇和产妇提供食物,正是这一营养扶助措施使得它立即获得了成功。很自然地,1907 年出版的一部详细介绍学校办学理念和实践的书籍,就着重强调了它在营养方面所制定开展的计划和工作。作者托马斯·巴洛爵士(Sir Thomas Barlow)在书的序言中就提到:必须"要唤起丈夫和社会的良知与智慧,因为 4/5 的生命是由它们所赋予的;也因此要向孕妇提供充足的营养,它在婴儿生命的开始和存活的机会中发挥了 4/5 的重要作用"[25]。赛克斯还写道,自 1904 年起他在圣班克洛斯的工作都建立在"生理学原理的基础上,该原理认为婴儿的生命在出生前的 9 个月及出生后的 9 个月里都依赖于母亲,母亲在母婴健康的预防和维护方面都发挥着最核心的作用,**因为母亲和孩子是一个鲜活的整体,这**

96

---

〔25〕 伊夫琳·M. 邦廷:《母亲学校》(Evelyn M. Bunting, ed., *A School for Mothers*, London: Horace Marshall and Son, 1907),第 5 页。随后对这一文献的参考将采用随文注。

比人们说夫妻之间是一个整体要真实得多"(第 8—9 页,黑体部分为补充强调)。赛克斯将母亲和孩子视为一个"鲜活的整体",这显然呼应了巴兰坦认为孕妇和胎儿之间是一种"共生"关系的观点。在随后的一章——"母亲的食物"中,赛克斯还提到,贫穷的妇女往往会牺牲自己的营养,以满足丈夫和孩子的需要。一位(匿名)作者对此追问道:"这些妇女为什么要让自己忍受饥饿?发生这一现象的原因何在?事实证明这都是因为她们为自己考虑得太少了。无论是在家庭事务还是在公共事务中,她们从未正视过自己的重要性。"(第 29—30 页)其中一个事例就是:

> 不久以前,就有一位这样的妇女虚弱地躺在伦敦一家医院的门诊病房里。调查表明她那天没有食物可吃,而且在过去的几个星期里,她也一直在挨饿。医生将她送到威尔康姆(另一所因欢迎"婴儿"和母亲而闻名的学校),并且为她支付了每天的餐费,直到她分娩之后,逐渐地,最初在她脸上萦绕着的那种死灰一般的绝望,一天天地,消失了。(第 37 页)

在这里,作者将这位贫穷孕妇塑造成苦难的、自我牺牲的母亲形象,因而也建构了资产阶级崇尚无私奉献的母性意识形态。这种做法毫无疑问是有效果的,它引起了中产阶级对工人阶级母亲的同情心和实际的支持。[26] 因此虽然正如安娜·达文(Anna Davin)所指出的,

---

[26] 在她引发争议的著作《拯救母亲》(*Save the Mothers*,下一章将会讨论该书)中,西尔维娅·潘克赫斯特(Sylvia Pankhurst)描绘了一个因饥饿而被迫行窃的孕妇形象,更加让人为之动容:"回忆过去那些年,一个画面闪过我的眼前,那是一个烟雾笼罩、寒冷萧条的曼彻斯特的早晨:我走在去往学校的牛津大道上,忽然看见了一个身披围巾的女人,憔悴而消瘦,大着肚子,显然怀着孩子。她伸出细瘦的胳膊,从屠户的案板上拿了一块长骨头,完全没有肉的那种。这时两个打扮光鲜的绅士走了过来,其中戴着高高帽子的那位狂奔几步抓住了她。她转过身来,出现在他们面前的是一张形容枯槁而无比悲哀的脸。紧接着,屠户跑了出来,围观的人群也开始聚集,一名警察走了过来。"《拯救母亲》(Sylvia Pankhurst, *Save the Mothers*, London: Alfred A. Knopf, 1930),第 26 页。

这本书常常流露出对工人阶级的一种带有阶级偏见的恩赐态度,并且还暗示他们天生就比中产阶级要软弱无用,但学校的改革者们非常精明,他们成功地将社会焦点持续集中在引发疾病的环境因素而不是"天生的"因素上。[27]

其中一位改革者就是诗人安娜·威克姆(Anna Wickham),她在生下第一个孩子之后开始为学校工作。在一本传记中,她提到自己挑战了构成学校工作基础的每一项假设,并对此做出了解释。威克姆与其说是参与了对工人阶级妇女的教育,不如说是接受了她们的教育。正如她自己所注意到的,因为她是一名律师的妻子,人们就假定她知道如何去指导工人阶级。但在回忆自己的祖母——一位工人阶级妇女的技巧时,她"认为自己也许应该向贫穷的工人阶级妇女学习到很多东西"[28]。她继续描写了自己和学校的社会工作者之间的合作方式,但却拒绝受到他们的那种资助观念的"玷污"。她这样写道:"我不相信工人阶级的母亲比中产阶级的母亲要缺乏智慧和善意,她们居住在狭小的空间里,只有少得可怜的钱,却生育了那么多的孩子,我认为她们至少是一样的善良,并且不是一般地坚强。"而且,就像威克姆指出的那样,即使没有做"深入的社会学调查",她同样认识到只要为她们提供干净的炖锅和更多的牛奶,这些贫穷母亲的生活条件就能得到改善。装满一马车这些东西,拉到廉租房去照看那些身体衰弱(身体消瘦)的人,她"永远地失去了与那些社会工作者站在一起的优越性"——尽管毫无疑问她并没有失去那些母亲。

威克姆的原生社会主义(proto-socialist)和反优生学的思想,在

---

[27] 关于该学校的阶级偏见的深刻讨论,可参考安娜·达文:《帝国主义与母职》(Anna Davin, "Imperialism and Motherhood")。正如她所指出的,尽管学校里的社会工作者在很多方面带有性别偏见,他们还是取得了成功,这在很大程度上是因为他们确实认为这些母亲都是善良的。

[28] 安娜·威克姆:《自传的碎片》(Anna Wickhan, "Fragment of an Autobiography"),见《自由女性与诗人安娜·威克姆作品集》(R. D. Smith, ed, *The Writings of Anna Wickham, Free Woman and Poet*, London: Virago, 1984),第 148 页。

1909—1910年她为学校所写的一篇演讲稿中也得到了强有力的表达。她开篇就强调了营养而非教育的重要性："一位母亲无论多么有天赋,多么有知识,如果她工作的必需品得不到满足,如果她没有食物供给腹中的胎儿或养育已出生的婴儿,她就不可能做得好她的工作。"[29] 紧接着,她讨论了差异培育的问题,并分析了那种认为学校工作鼓励了对"不健康"人群进行培育的观念。她提到了萧伯纳(George Bernard Shaw)告诉她的信息,即费边社*成员家庭平均只生育1.5个小孩,对此她认为,尽管"安逸阶级"的确不会让他们的人口饱和,"我们的确是从棚屋和廉租房那里增加人口的",但这并不是坏事:"上帝的穷人为上帝而工作。"她继续挑战了穷人的孩子具有先天性缺陷的看法,并且强调了营养和环境在孩子的健康喂养过程中的重要性:

> 我们知道,大多数的孩子生下来的时候是健康的,一个半饥饿状态的母亲,牺牲了自己的身体,她生出的孩子比我们有理由预期的要更好。我们也知道,环境和营养能产生巨大的影响。如果我们善待上帝派来的那些健康的孩子,我们就不应该过多去讨论衰落和失败。(第373页)

---

[29] 安娜·威克姆:《演讲:母亲学校》(Anna Wickhan, "Lecture: School for Mothers"),见《自由女性与诗人安娜·威克姆作品集》(R. D. Smith, ed, *The Writings of Anna Wickham, Free Woman and Poet*, London: Virago, 1984),第372页(具体讲演的日期不详)。随后对这一文献的参考将采用随文注。

* 费边社(Fabian Society):英国社会改良主义团体。1884年1月由一些激进资产阶级知识分子成立于伦敦。前期的主要领导人有萧伯纳和韦伯夫妇等人。古罗马将军费边,擅长拖延战术,取其名,以表明他们主张采取缓慢渐进的策略来达到改革社会的目的。——译注威克姆的立场和巴兰坦的很接近,同时也和合作社妇女公会*活动家们的观点很类似,这些人在 20 世纪早期就先天自然与后天营养、基因与(物质)环境的相对重要性问题展开过争论。她在自己的诗篇里也讨论了这些问题,例如,在《天使报喜之后》("After Annunciation")这首诗里,她将怀孕的身体建构成一个营养环境:

> 睡吧,我可爱的小客人,
> 在我的胸怀之下。
> 食物,甜蜜的果实,
> 供你所需。
> 我付出了我的爱
> 这便是我得到的回报,
> 我的身体就是肥沃的土地,
> 而你,亲爱的小树,就诞生于此。(1915)

合作社妇女公会成立于 1883 年,最初的目标是联合合作社成员的妻子们的力量。玛格丽特·卢埃林·戴维斯(Margaret Llewelyn Davies)1889 年担任公会秘书长,在她的领导下,公会很快发展成为一个活跃强劲的运动组织,代表了 32000 多名工人妇女。它的一个主要目标就是力图说服政府和地方权贵改善贫困妇女的孕期护理与婴幼儿护理条件。正是由于受到公会的压力,1911 年颁布的劳埃德·乔治国民保险法(Lloyd George's National Insurance Act)规定,必须为怀孕妇女提供 30 先令的津贴,到了 1913 年,这笔钱从法律上被

---

* 合作社妇女公会(Women's Co-operative Guild),又译作"妇女合作协会",最早源于 1844 年成立于曼彻斯特的"罗虚戴尔公平先驱社",目的在于改善合作社的消费与经营,1883 年成立妇女公会,旨在提升妇女在合作社中的地位与作用,1884 年更名为合作社妇女公会,这个名称一直沿用至今。该公会曾投入许多的妇女运动,关注妇女投票权的争取、婚姻再造、法律制度的检视与修订、妇女保健等议题。——译注

认定为属于母亲们的合法财产。然而,产妇津贴(maternity benefit,主要用来支付分娩相关的医疗费用)仅仅只解决了贫困母亲们所面临的一个问题。诸如贫困、过度劳累和医疗忽视这些根本性的问题仍然没能触及到。1914年,卢埃林·戴维斯要求公会成员写信向她描述她们的怀孕经验,这才使得人们开始关注上述问题。1915年,这些信件被选编成《怀孕的母亲:来自工人阶级妇女的信件》一书出版了。该书至今仍是理解这一时期母职文化的无价资源。

公会提出的一项核心主张是必须将母职文化视为战争的一个组成部分,在《怀孕的母亲》的序文中,赫伯特·塞缪尔(Herbert Samuel)就提出必须保护母亲,因为如果没有她们,"民族就会走向虚弱。人口数量是很重要的。在文明的竞争与冲突之中,常常是那些人口众多的民族说了算"[30]。他同样采取了一种强烈的反优生学的立场,认为"以往对进化论教条的浅薄应用,使得社会默认了婴儿的高死亡率,人们认为这仅仅是适者生存的结果……现在,人们大都发现这种高婴儿死亡率在很大程度上应归因于恶劣的生存环境;而且如果继续维持这种恶劣的环境,就只能生产出面临淘汰的后代"。塞缪尔继续提出,只有通过政府干预,才能使得这一状况得到改善:"的确,不能靠国家来保全婴儿的命。孩子的命只能由他们的母亲来保全。但是国家可以帮助和培训母亲。"作为政府干预的一个结果,在1914年到1915年,社会散发了很多指导地方权贵支持母亲计划的传单。和劳埃德·乔治保险法案一起,这些工作标志着针对孕妇的国家保障迈出了试验性的第一步。

尽管在《怀孕的母亲》中所描绘的图画并不是一种未受救济的恐怖状态,但至少也是一种很凄凉的状况。书中反复出现的一个主题

---

〔30〕 玛格丽特·卢埃林·戴维斯:《怀孕的母亲:来自工人阶级妇女的信件》(Margaret Llewelyn Davies, ed., *Maternity: Letters from Working Women*, 1915, London: Virago, 1978),序言。随后对这一文献的参考将采用随文注。

就是孕妇在怀孕过程中忍受饥饿的情形。其中一位女性就这样描述自己的第二次怀孕经历：

> 那个时候，繁重的工作、精神焦虑和食物的匮乏，将我曾经十分强健的身体打垮了，结果是我几乎因为缺乏营养而丧命，我的孩子也因此而在9个月后夭折了。**在怀孕过程中经受了饥饿的严酷考验的母亲**，最终将一个孩子带到这个世界但却只活了9个月，没有人会比这位母亲更了解这意味着什么。（第23—24页，黑体部分为补充强调）

正如很多封信件所表明的，这些妇女都十分清楚地意识到，怀孕期间营养的缺乏和孩子后来的不健康状况有着关联。例如，有一位作者这样写道："过去的痛苦挣扎在我的孩子身上留下印记。我的一个孩子在10岁时死于心脏病，另一个在16岁时死于肺结核；而我最小的孩子患了腺肿大而虚弱极了。"（第37—38页）妇女们反复说明，怀孕期间缺乏营养会给孩子的身体健康带来不利的影响，用巴兰坦的话来说，她们充分认识到自己的身体就是孩子的生存环境。很多妇女在怀孕期间还必须劳作，她们意识到这将会进一步损害她们的健康。一位妇女描述了一种颇具代表性的状况：

> 在我怀上老小的时候，我丈夫正处于失业中，所以我必须自己外出工作，整天都站在那里洗衣服、熨衣服。这使得我深受静脉曲张之苦，同时在某种程度上还导致分娩时我的孩子被卡住了，这几乎同时要了我们两个人的命。医生告诉我这是由于长期站立和孩子的重量导致的。从那以后，我再也不能全职照看孩子了。（第22—23页）

就像很多人所指出的，她们怀孕期间在家里所做的工作也十分耗费体力和具有损害性。其中一位妇女就描述了导致死胎的一种工作情况:"孩子死于休克,而且已经出现了坏疽的迹象。我的身体状况很差,竭尽全力地照顾孩子的健康而没有考虑到自己。结果在提起浴盆的时候滑到了,接着就休克了;但是我没有因此而得到休息,也没有去寻求指导(我感觉自己的钱不够用来支付费用),而是继续工作,结果就是孩子没了。"(第33—34页)这些妇女的证词有效地将阶级斗争的舞台转移到子宫:它们再清楚不过地表明了营养缺乏、贫穷和过度劳累对胎儿的影响。

在《怀孕的母亲》一书的导论中,玛格丽特·卢埃林·戴维斯还强调了这些妇女遭遇死胎和流产的数量情况。在给她写信的那些妇女中,流产的人数高达218名(每100个婴儿安全分娩,就有15.6个孩子流产了),死胎的数目是83个(每100个婴儿安全分娩,就有5.9个孩子胎死腹中)。两项总和表明产前胎儿的死亡率为21.5%,而同期婴儿死亡率是8.7%。实际上,戴维斯是在引导人们注意这一事实:在工人阶级妇女中,产**前**胎儿死亡率比产**后**(婴儿)死亡率要高出两倍有余。妇女们的通信揭示出产前胎儿死亡达到了怎样的程度,以及这对妇女造成的影响,她们变得更加虚弱和绝望。很多妇女就描述了她们的精神绝望和近乎于疯狂的状态。其中一位在第四次怀孕时还照顾着另一个孩子,她这样描述当时的情形:

> 过度劳累是很可怕的,有一天晚上我感到自己必须去睡觉,否则就要死去了——我没有想太多;我躺在她的身旁,睡着了,一直睡,一直睡,忘记了温度、营养或其他的一切……随后我就因为过度劳累而流产了……除了身体上必须忍受湿疹的痛苦之外,还必须用破了皮、流着血的手去干活,这几乎令我发狂。(第45页)

另外一位妇女的描述还隐约触及到"妊娠期精神病"问题,她写道:

"因为伴随着焦虑和坏心情,听到一位即将为人母的女人自杀,这永远也不会令我感到惊讶。"(第57页)

毫无疑问,《怀孕的母亲》的作者们关心的正是怀孕妇女的需求:食物、休息以及摆脱对其他孩子的担心。在导论中,卢埃林·戴维斯很有策略地为妇女争取这些东西。她考虑到社会对民族生命力的担忧,强调民族的血统会因为产前胎儿的高死亡率而丧失,进而集中探讨了改善孕妇身体健康因而也是预防胎儿死亡的具体实践措施。在书的附录中,作者们提出了很多具体建议,其中包括对助产妇的管理,设立产前诊所,为孕妇提供家访服务,让生病的孕妇在医院里分娩。

出于一些显而易见的原因,她并没有讨论人口生育控制的问题。显然,如果为孕妇争取权利的运动的基础是民族需要"大规模的""人口数量",人口生育控制就不可能成为其中的一个主张。因此,尽管很多妇女提到曾经使用过堕胎药,卢埃林·戴维斯却对此做出如此解释:妇女们之所以会采取这些危险的方法,仅仅是因为她们实在无法忍受过度的劳累和压力。[31] 她暗示,只要她们生活富足,而且不那么劳累,就不需要再采取什么堕胎或生育控制措施了。但是有一些母亲的信却辜负了这一说法:其中一位妇女这样写道:"可以说我因为主张节育而遭到一些公会成员的厌恶。我认为家庭规模小一些比较好,给大家好的食物,用的东西也比较卫生,这比让他们吃'现成饭菜'('pot-luck')*要好得多。"(第115页)另一位妇女也写到她"必须写信并且解释为什么要主张教导女性这样的观念:如果不能为孩子提供生存之本,就不要把他们带到世界上来",她认为很多的妇

---

〔31〕 这一时期的堕胎药主要分为两大类。那些可以从药剂师的柜台买到的药像泻盐和蓖麻油,一般对身体无害但也没有什么效果。更为危险的那些以铅为原料的药物,它们常常会导致精神错乱或死亡。这些药物常常委婉地以"西格雷夫太太药丸"和"欧护士药丸"的名称流通。

* pot-luck:指家常便饭、现成饭菜,也就是没有特意准备的、碰巧有的饭菜,可引申为有什么吃什么的意思。——译注

女都在"糟蹋生命",她们一个接着一个地生孩子,而这些孩子最后都因糟糕的健康而死去。

像《怀孕的母亲》一书的作者们最先指出的那样,她们的怀孕经历还不是最糟糕的。很多更贫困的妇女遭遇的情况远比她们的要严重:正如其中一位妇女提出的,这些妇女的生活除了做"奴隶和苦工"之外就什么也不是了。在导论中,卢埃林·戴维斯强调怀孕期间的遭遇实质上是一种阶级问题,她认为必须——

> 考虑到中产阶级妇女和工人阶级妇女怀孕时所处的环境条件是完全不同的。中产阶级妇女自怀孕的那一刻起就能得到医疗建议,这些能帮助她们减轻疾病和分娩带来的痛苦,而且常常能预防以后的疾病或死亡。在怀孕的那几个月里,她不用去劳作,而且被服侍得很好,她能获得必要的休息和锻炼。在分娩的时候,她将会得到医生和护士的持续看护,她可以一直躺在床上休息,直到完全恢复之后才起来。

相比之下,工人阶级的妇女却"一如既往地被剥夺"了所有这些需求(第4页)。作为回应,社会在工人阶级妇女的护理方面做了一些让步。《母婴福利法案》促使很多社会权贵为母婴福利工作提供经济资助。正如安·奥克利所指出的,尽管为孕妇护理服务勾画的全面蓝图是"许可性质而不是强制性质"的,但它还是要求每个地方当局设立一个母婴福利委员会。[32] 这个国家第一次以地方政府的形式,承担了母婴福利方面(有限的)责任。

夏洛特·珀金斯·吉尔曼的小说《她乡》也于1915年出版,该书与《怀孕的母亲》所描绘的世界相去甚远,但却又有着紧密的相关性。吉尔曼最为今天大众所熟知的是她创作了小说《黄色壁纸》(*The*

---

[32] 奥克利:《被捕获的子宫》,第54页。

Yellow Wallpaper, 1892), 该小说主要是对"休息疗法"的一种反驳, 这是由 S. 韦尔·米切尔提出的用以治疗"神经衰弱症"(表现为疲乏或倦怠)的一种方法。然而, 在 20 世纪早期, 她并不是作为一名小说家而是作为《妇女与经济学》(*Women and Economics*, 1898)一书的作者而闻名于世, 这本书包含了一种范围广泛的社会学分析, 很快成为世界范围内的畅销书。她是一位拥有国际声誉的社会问题与女性主义问题的演讲家, 并且与萧伯纳、比阿特丽斯(Beatrice)、西德尼·韦伯(Sidney Webb)以及费边社的其他成员保持着友好的关系。尽管《她乡》最初发表于吉尔曼的《先驱者》(*The Forerunner*)杂志上, 在英国也没有很广泛的读者对象, 但它作为第一部有关再生产(生育)的科幻小说, 并且也许对夏洛特·霍尔丹(Charlotte Haldane)产生过影响, 便具有十分重要的意义, 本书第四章将会讨论后者的科幻爱情小说《男人世界》(*Man's World*)。

《她乡》描绘了一个乌托邦, 一个只有女性的社会。三个男人带着征服她们的目标闯入了这个社会, 结果是他们反过来被那些强大的女性所捕获、同化和击败了。与母性(和《怀孕的母亲》)有关的最为重要的一点是, 这个社会是由女性单独繁殖后代, 母职是其最为神圣的内在需求。(男)讲述者告诉我们:"她们的母爱不是一种兽性的激情, 一种纯粹的'本能', 一种完全私人化的情感, 而是——一种宗教", 相应地,"在孩子到来之前……有一个完全提升的时期——整个人都精神振奋, 全身心期待着那个孩子的到来"。[33] 这一理想化的母职构想其实是有利有弊, 但是吉尔曼希望将怀孕视作为一种重要的工作, 它既涉及身体, 也需要智慧, 要求得到经济的、社会的支持(如同卢埃林·戴维斯主张的那样)。《怀孕的母亲》所描述的可怕情形和《她乡》中的理想化状态对比差距太大了, 但是吉尔曼不只是

---

[33] 夏洛特·珀金斯·吉尔曼:《她乡》(Charlotte Perkins Gilman, *Herland*, 1915, London: The Women's Press, 1979), 第 68—70 页。随后对这一文献的参考将采用随文注。

简单地提出一个模糊的母职理想,她还激烈地抨击了达尔文主义思想的很多方面,这些方面在英国和美国常被用来证明社会对孕妇不给予更多支持的做法是正当的。对于达尔文思想的那些保守的诠释者来说,"适者生存"是一个不可避免的有益过程,通过自然选择,最强壮的、最富有竞争力的物种得以存续下来,而那些虚弱的、"不适应的"则会被淘汰出族群。像英国医学妇女联合会(the Medical Women's Federation in Britain)的巴雷特夫人(Lady Barrett)那样的评论者认为,社会干预并支持弱者是"非优生学的",这将阻碍种族的发展。[34] 当然,这种立场背后蕴含的基础假设是:在人类性状的形成过程中,遗传因素的重要性压倒性地超过了环境因素的。这一立场还依赖于对简·巴蒂斯特·拉马克(Jean Baptiste Lamarck)的**获得性**遗传理论的否定。

在《她乡》中的一次重要的对话中,吉尔曼挑战了这些观点。在她乡,人口由人们自愿进行控制。绝大多数的妇女选择只要一个孩子,当她们开始感觉到想再要一个孩子时,就通过投身于繁重的体力劳动来转移自己的注意力(也许是对维多利亚时期控制性欲过度旺盛的"疗法"的一种讽刺)。假使一个社会的人口始终保持稳定,不存在生存的竞争问题,那么这个社会是否或如何"进化"呢。其中一个男性闯入者是好战的特里(Terry),他就不明白没有遗传(自然)选择的人口是如何进化的。对此,她乡里的一位女性扎娃(Zava)解释说,她们"致力于追求的是道德意识的提升":

> "但是获得性性状是不能遗传的,"特里宣称,"魏斯曼(Weissman,**原文如此**)已经证明了这一点"。

---

〔34〕 对巴雷特观点的讨论可参见莱斯莉·A. 霍尔:《妇女、女权主义和优生学》(Lesley A. Hall, "Women, Feminism and Eugenics"),见《优生学史论文集》(Robert A. Peel, ed., *Essays in the History of Eugenics*, London: The Galton Institute, 1998)。

她们(妇女)永远不质疑我们的绝对主张,而仅仅是把它们记录下来。

"如果真是这样的话,那么我们的进化就必须归功于生物突变,或者完全归功于教育,"她继续严肃地说道:"我们当然有所发展和进步。也许所有那些更高的品质都潜存在母亲那里,她们通过细心的教育将孩子带到这个世界上来,而我们的个体差异就取决于胎儿期环境的细微区别。"(第78页)

吉尔曼在这里讨论了魏斯曼等人关于获得性性状不可遗传的主张,她认为理想的特性可以通过"细心的教育"培养出来,并且能传递给下一代。[35] 并且,从这一观点出发,优生学家们对社会不平等现象所抱持的**放任主义**态度就站不住脚了。对于吉尔曼这些环境论者而言,理想的特性主要不是来自于基因遗传,而是后天培养而成的。因此社会的进化并不是自然的信马由缰,而是要注重后天培养、教育和环境,这些具有极为重要的意义。像巴兰坦、赛克斯和《怀孕的母亲》中的妇女们一样,吉尔曼强调了孩子出生**之前**的环境的重要性,认为"产前环境"的不同也许可以用来解释个体之间的差异。

但是,当医生、前优生学家(pro-eugenicists)和反优生学家单纯从身体的角度来讨论这些差异时,这一时期人们也开始从心理学或精神分析的视角来理解怀孕问题。

---

[35] 参见奥古斯特·魏斯曼:《遗传与亲族生物学问题论文集》(August Weismann, *Essays upon Heredity and Kindred Biological Problems*, 2 vols, Oxford: Clarendon Press, 1889—1992)。魏斯曼认为,存在一种永恒不变的"遗传物质",它代代相传却不会因为经历或环境的变化而发生改变。

分析怀孕

从一开始,怀孕就构成了精神分析史上的一个有趣的潜在主题。奠定精神分析方法基础的最早病例是安娜·欧(Anna O,伯莎·帕彭海姆[Bertha Pappenheim]),这是一位年轻的女性,她在1881—1882年被约瑟夫·布罗伊尔*诊断为歇斯底里症。布罗伊尔在《癔病研究》中描述了该病例,并解释说针对安娜·欧的各种歇斯底里症状,包括全身痉挛性麻痹和大脑幻觉等在内,其采取的治疗方法几乎都是偶然发现的。布罗伊尔花了数个小时去聆听她的描述,记录下她的症状,并对她进行了催眠,在催眠状态下,安娜描述了促使她产生某种特定症状的"精神事件",之后布罗伊尔的治疗忽然取得了突破,她的症状在催眠结束后就立即消除了。于是此后,布罗伊尔将自己的任务定位在不断地让她"描述"自己的症状,到1882年6月的时候,这个病例的治疗显然获得了成功。到这时,安娜·欧已"摆脱了之前遭受的数不清的困扰"[36]。

然而,关于布罗伊尔成功治疗安娜的这个故事,很快遭遇了精神分析学者共同体的质疑。在1916年出版的《精神分析的历史与实践》(The History and Practice of Psychoanalysis)中,波尔·比耶勒(Poul Bjerre)就提到了安娜·欧的病例:"我可以补充说,这个病人

---

* 约瑟夫·布罗伊尔(Joseph Breuer, 1842—1925),奥地利医生,1894年成为维也纳科学院的通讯院士。在精神分析研究方面,主张让患者自己用言语表达幻觉的方法,并称之为"谈话治疗法"或"烟雾扫除法",后简称为"涤清法"或"净化法"。1895年,与弗洛伊德合作出版了《癔病研究》一书,之后离开了这一工作领域。——译注

[36] 西格蒙德·弗洛伊德、约瑟夫·布罗伊尔:《癔病研究》(Sigmund Freud and Joseph Breuer, *Studies on Hysteria*, Penguin Freud Library 3, Harmondsworth: Penguin, 1988),第95页。

除了遭遇到病历上描写的那些之外,还经历过一次严重的危机。"[37]卡尔·荣格(Carl Jung)在 1925 年的一次学术研讨会上提出,安娜·欧的病例被认为是一个治疗成功的光辉个案,实际情况却并非如此。他的评论依据来自于西格蒙德·弗洛伊德告诉他的机密信息,弗洛伊德也告诉了玛丽·波拿巴(Marie Bonaparte)关于安娜·欧的这个故事:

> 弗洛伊德在回忆中也提到了这三个月的心理分析过程[波拿巴也是弗洛伊德的分析对象]
> (1927)年的 12 月 16 日,在维也纳,弗洛伊德告诉了我布罗伊尔的故事。他的妻子曾试图自杀,以结束他对安娜也就是伯莎的治疗。接下来的事情是广为人知的:安娜旧病复发,幻想自己怀孕了,布罗伊尔最终离开了。[38]

在精神分析学者的圈子里,关于安娜幻觉怀孕的故事似乎已尽人皆知,尽管直到 1956 年欧内斯特·琼斯(Ernest Jones)出版了弗洛伊德的传记,这才使得"整个故事"得以公开。弗洛伊德曾告诉琼斯,布罗伊尔对他的"可爱的病人"产生了一种强烈的反移情*,这使得他的妻子十分忌妒和沮丧。认识到这一点之后,布罗伊尔告诉安娜·欧(此时她的状况已有很大改善)必须结束对她的治疗。琼斯继续写道:

---

[37] 引自米克尔·博尔奇-雅各布森:《忆安娜·欧:一个世纪的谜团》(Mikkel Borch-Jacobsen, *Remembering Anna O: A Century of Mystification*, trans. Kirby Olson in collaboration with Xavier Callahan and the author, New York and London: Routledge, 1996),第 29 页。
[38] 同上书,第 100 页。
* 反移情(counter-transference):指在心理治疗过程中治疗者对病人的情感反应,是治疗者对病人的移情。经典精神分析理论强调分析师应努力保持"不偏不倚"的治疗态度,弗洛伊德认为反移情对精神分析是一种阻碍,并建议分析师应做自我分析;但是现代精神分析理论却对反移情的作用有了新的认识。——译注

但是，那天晚上他就被请了回来，结果发现她正处于一种极度兴奋的状态，显然是旧病复发了。这个病人在他看来似乎是一个无性人，而且在之前的整个治疗过程中她都没有表述过关于**这一禁忌话题**的任何幻想，但她现在却陷入歇斯底里的阵痛（是假孕）之中，这实际上是幻觉怀孕的必然结局，它是在布罗伊尔的治疗过程中无形产生的一种反馈结果。[39]

以上述形式暴露出安娜病症背后的"性欲本质"，这让布罗伊尔感到恐慌，他实施催眠术让病人平静下来，并吓得"一身冷汗"地逃走了。琼斯进一步让这个故事情节复杂化，他提到布罗伊尔因此和妻子一起外出度"第二次蜜月"，结果他的妻子还真怀上了孕。类似的描述在弗洛伊德1932年6月写给斯蒂芬·茨威格（Stefan Zweig）的一封信中也有提及，他说布罗伊尔在治疗后期被召回病人身边，结果发现她"已经意识错乱，腹部绞痛，正在扭动挣扎着。布罗伊尔询问她这是怎么回事，她答道：'现在，布医生的孩子就快要出生了！'"[40]

对于这个故事的真实性，很多人表示出怀疑。对安娜/伯莎病例及其相关档案材料的详尽研究，都没有发现任何关于她幻觉怀孕的确实证据：唯一的信息源仍然只有弗洛伊德本人。[41] 如果说故事的真实性受到怀疑，那么我们是否应该将它看成是（男性）对（女性）幻想的一种幻想呢？有一件事情是很清楚的：无论是安娜还是弗洛伊德幻想了怀孕这件事，作为一个虚构的存在，它都暴露出了医患之间

---

[39] 欧内斯特·琼斯：《年轻时代的弗洛伊德：1856—1900》（Ernest Jones, *The Yong Freud, 1856-1900*, London: Hogarth Press, 1956），第247页，引文黑体部分为补充强调。

[40] 引自丽莎·阿皮格纳内西、约翰·福雷斯特：《弗洛伊德的女人们》（Lisa Appignanesi and John Forrester, *Freud's Women*, London: Virago, 1993），第81页。

[41] 关于这一问题的详尽讨论及相关的档案材料，可参考米克尔·博尔奇-雅各布森：《忆安娜·欧：一个世纪的谜团》（Mikkel Borch-Jacobsen, *Remembering Anna O: A Century of Mystification*, trans. Kirby Olson in collaboration with Xavier Callahan and the author, New York and London: Routledge, 1996）。

的一种性欲移情的成分,正如萨拉·格兰德所认识到的,这种成分非常容易渗透进男医生和女歇斯底里患者之间的不平等关系之中。然而,更为重要的是,在弗洛伊德的描述中,怀孕作为一种歇斯底里症状而得到传播的方式。

同一时期的产科文献也经常讨论幻觉怀孕的问题,不过一般是将它和绝经期的问题联系在一起考虑。在《助产术手册》中,W. R. 戴金提到:"这种状态在绝经期是最为常见的,特别是那些没有孩子的妇女,她们热切渴望成为母亲……这更多的是一种妄想而非误会。"(第71页)这些评论反映了一种广泛而持久的观念,即认为这类幻觉假孕是某种愿望成真的形式表达:在治疗乔安娜·索思科特的医生当中,也有一人使用了"妄想"这个术语。弗洛伊德的看法的特殊之处在于,他在安娜·欧的治疗方案里将怀孕(真实的或虚构的)描述为一种"禁忌话题"。这表明怀孕被同化到弗洛伊德的俄狄浦斯叙事之中了,对该叙事进行福柯式分析将表明,生育权力的获得正是因为弗洛伊德将它纳入了禁忌(或"禁止的")主题的话语系统。[42]

简要地说,俄狄浦斯情结说的是:在弗洛伊德对人的性身份形成过程的描述中,男孩和女孩最初的第一性对象是母亲。小男孩害怕自己对母亲的这种不正当的渴望会遭到父亲的阉割,可他也知道将来有一天他也会获得父亲那样的位置,有自己的女人/妻子,因而他会对这种渴望进行自我压制。比较而言,小女孩的性心理发育过程则要复杂得多。她也必须压制住自己对母亲的渴望,而当她发现自己和母亲一样也没有阴茎时,她做到了这一点。她还因此而责备母亲,并将这种渴望转而投向了父亲,希望从他那里获得一根阴茎或者一个小孩,后者是前者的一个无意识的等价物。

---

[42] 关于对"压制假设"的描述,可参考米歇尔·福柯:《性史:第1卷导论》(Michel Foucault, *The History of Sexuality: Volume One, An Introduction*, 1976, Harmondsworth: Penguin, 1990),其中他提出,言说文化禁忌的话题,本身就产生了"权力效果"(第11页)。

支持弗洛伊德这一理论的是一些极端的父权制假定,这一点几乎都不需要再强调了。它是 19 世纪后期维也纳中上阶层家庭生活特殊背景中的产物,弗洛伊德的理论反映了父亲在这一社会里的核心地位,他们是权力和权威的代表。怀孕因此被表征为一种(另一种极端的)次要的和衍生的功能,是强有力的父亲/情人送给无能力的女儿/妻子的一个礼物。确实,在关于俄狄浦斯情结的描述中,弗洛伊德很危险地接近于使用单性生殖(对单性生殖的幻想在这一时期确实特别突出)的术语来描述怀孕。怀孕似乎并不是两种成分相互结合的结果,而几乎完全被理解为对阳具的渴望。弗洛伊德赋予安娜·欧的幻想因此可以被解读成是对他自己幻想的一个镜像投射,即妇女渴望把怀孕当做获得阳具的途径。从这层意义上看,可以说得了歇斯底里症的人正是弗洛伊德自己,他否认怀孕的双重起源,用朱丽叶·米切尔(Juliet Mitchell)的话来说,他还拒绝"放弃孩童时期的单性生殖幻想"。正如米切尔所言:"患有歇斯底里症的人持续保留了孩童时期的想法,认为单靠一个人的身体就能生出小孩来……而在对这段孩童时期的回归中,在这种怀孕的幻觉中,歇斯底里症创生了他自己。"[43]

同样值得注意是,弗洛伊德将怀孕从其产生的历史和物质背景中抽离出来的方法。尽管后来的精神分析者,例如海伦妮·多伊奇(Helene Deutsch)和卡伦·霍妮(Karen Horney)对怀孕的历史和社会的决定因素给予了密切的关注,弗洛伊德却没有提到过诸如家庭结

---

[43] 朱丽叶·米切尔:《疯男人与女妖:关于歇斯底里症及姐妹关系之于人类生存环境影响的讨论》(Juliet Mitchell, *Mad Men and Medusas: Reclaiming Hysteria and the Effects of Sibling Relations on the Human Condition*, Harmondsworth: Penguin, 2000),第 155 页。

构差异或经济地位差异之类的议题。[44] 他的男人和女人只是在私人的"家庭剧场"里,进行着一场与社会与境毫不相干的权力斗争。在这场两性的战斗中,怀孕被视作一种威胁、武器或者承诺,是一个流动着的浮标而不是一个具体的物质过程或事件。弗洛伊德在将怀孕抽离出它的具体与境的同时,也因此剥除了它的特殊内涵,并将其变换为一种具有普遍性的符号象征,因而也赋予了怀孕一种放大的隐喻范围和权力。正是这一隐喻性的潜能引起了劳伦斯(D. H. Lawrence)和凯瑟琳·曼斯菲尔德(Katherine Mansfield)等作家的关注。

劳伦斯对弗洛伊德著作的兴趣是广为认知的,而且也得到了很好的证实:他在《虹》一书中对怀孕的处理,构成了对怀孕隐喻建构的一种特殊干预。[45] 弗洛伊德总是将怀孕最终归结到男性的权力上,而劳伦斯却采取了与他完全相反的路径,他至少是在虚构的意义上,把怀孕描述成一种将男性排斥在外的创生过程。《虹》勾勒了三代人的怀孕经历,揭露出一种变化着的循环模型。在第一代人中,莉迪亚·布兰文(Lydia Brangwen)的怀孕威胁到了丈夫的地位:"在她怀孕的那几个月里,她越来越多地把他孤零零地撇在一边,对他越来越不关心,他的存在已被忽略。"[46] 小说完全是从汤姆*的视角来描述怀孕(分娩也是如此)的,他认为怀孕的莉迪亚对他很冷淡,她只关注

---

〔44〕 参考海伦妮·多伊奇:《与生育功能相关的妇女心理学》(Helene Deutsch, "The Psychology of Women in Relation to the Functions of Reproduction", 1924),见《精神分析学读本》(R. Fliess, *The Psychoanalytic Reader*, London: Hogarth Press, 1950);卡伦·霍妮:《失去的女性气质》(Karen Horney, "The Flight from Womanhood", 1926),见《女性气质心理学》(*Feminine Psychology*, New York: Norton, 1967)。

〔45〕 在劳伦斯对弗洛伊德及精神分析学的了解方面,可参考一份较早的文献:埃米尔·德拉维纳:《劳伦斯:男人和他的工作,成长的年代(1885—1919)》(Emile Delavenay, *D. H. Lawrence: The Man and His Work, The Formative Years: 1885-1919*, London: Heinemann, 1972)。也可以参考乔治·J. 齐塔鲁克、詹姆斯·博尔顿编:《劳伦斯通信集,卷11,1913—1915》(George J. Zytaruk and James T. Boulton eds, *The Letters of D. H. Lawrence, Vol. 11, 1913-1915*, Cambridge: Cambridge University Press, 1981)。

〔46〕 D. H. 劳伦斯:《虹》(D. H. Lawrence, *The Rainbow*, 1915, Harmondsworth: Penguin, 1972),第64页。随后对这一文献的参考将采用随文注。

* 汤姆是莉迪亚的丈夫。——译注

自己的想法,小说的叙事也一直在追踪他对她的这种态度的复杂回应。但是,在描述莉迪亚的分娩过程时,劳伦斯借圣经来表达汤姆和莉迪亚对怀孕的双重起源与决定因素的认可:"他们的肉体好像是一块岩石,新的生命将从这岩缝中涌出;他冲动颤抖,排出了生命的源泉,她被压倒了,挤破了,产生了新生命。"*(第75页)正是对这一双重性的认可,最终修复了他们之间的平衡关系。

在对莉迪亚的女儿安娜的描写中,劳伦斯探讨了对怀孕的一种更加强烈的自恋看法。这一次,小说又是从丈夫的视角来描写怀孕的,当他听到妻子怀孕的消息时,感受到了一种强烈的不安:"他战栗着,仿佛有一阵狂风从看不见的地方朝他猛刮了过来。他感到害怕,害怕自己是孤身一人。因为她看起来好像完全沉浸、独立和满足于自己的那半个世界。"(第179页)小说在这里引用的圣经文献表明,知识的形成是立即产生的,它优先于语言,在此过程中威尔(Will)**是完全被排斥在外的。他感到自己是个附属品,被排除在安娜对怀孕的完满感之外。她对这种完满/充实的自恋感觉表现在她的舞蹈上,刚开始时她是独自隐秘地跳着舞,"抬起手臂,挺起身体,对着那看不见的,那选中自己的无形的造物主,翩翩起舞",后来则故意用跳舞来激怒威尔:

> 因为他就在屋里,所以她必须在自己的造物主面前跳舞,故意排斥这个男人。一个星期六的下午,她在屋里生好了炉火,便又脱去衣服,缓慢而有节奏地抬腿举手,得意洋洋地跳了起来。他就在屋里,所以她更神气了。她要用跳舞来无视他的存在价值。(第183—184页)***

---

* 此引文中后半句转引自 D. H. 劳伦斯:《虹》,李建、陈龙根等译,四川文艺出版社1988年版,第95页。——译注

** 威尔是安娜的丈夫。——译注

*** 此引文的翻译参考了 D. H. 劳伦斯:《虹》,李建、陈龙根等译,四川文艺出版社1988年版,第241—242页。——译注

当叙述的视角转移到安娜那里，证实了她对威尔的批评以及她想要与生命之源直接对话的幻想。她接受了万能的造物主，而让威尔孤零零地感受到自己的附属地位：

> 男人除非确信足下有牢固可靠的土地，不然是不会冒然站上去的。难道男人可以一辈子立足于波动不居的水面上，并称之为自己的立足之地吗？那还不如立即屈服，淹死了更好。
>
> 要是不站在女人身上，他又能站在什么东西上呢？那他是不是像一个精力衰竭的老水手，非得趴在其他人的身上才能游动吗？**他是不是精衰力竭了呢？是不是瘸子，残废或是一块碎片了呢**？（第187页，黑体部分为补充强调）

安娜的怀孕因此不仅是生下了女儿厄秀拉（Ursula），同时也生下（重生）了威尔，后者也是她的孩子。这对夫妇之间的斗争让威尔学会了"独立生活"，给了他一个自我，而且这不是"一种相对的自我"。然而，用叙述者的话来说，"这个自我还不会发出自己的声音，它虚弱无助，没有希望，像个爬来爬去的婴儿。他默默地走来走去，一幅惟命是从的模样"（第190页）。第一次的怀孕决定了威尔和安娜的婚姻结构，这可以被看成是对弗洛伊德范式的一种颠覆，伉俪二人都将阳具的力量赋予了安娜。但叙述者依然强调了这一事实：安娜的反复怀孕就像一种替代活动，迫使她"放弃了对生活的探险精神"。在等待孩子的降生过程中，她沦为一个被束缚的角色："她就是门和门槛，她本人便是。另一个生命即将通过她到来，站在她身上就像站在门槛上一样，眯起眼睛朝外张望，探寻应该朝哪个方向走。"*（第196页）

---

* 此引文转引自 D. H. 劳伦斯：《虹》，李建、陈龙根等译，四川文艺出版社1988年版，第259页。——译注

遵循变化着的重复模式,厄秀拉努力想要树立起一种自我意识,她拒绝像母亲那样沉迷于怀孕生育。但当她怀了情人的孩子时,她还是遭遇到了怀孕和生育的威胁,她想独自抚养孩子长大但最后却流产了,小说的结局是她一个人独自生活。小说早已预示厄秀拉的流产是不可避免的,因为它是一次性对抗的产物,这一次的性生活对于主人公来说似乎是一场生死攸关的斗争和考验:"这场颠鸾倒凤的扭动和挣扎,令人感到心怵。它延续了那么长时间,直至他神脑痛裂、全身松塌,仿佛死了一般才告结束。"*(第 480 页)所以当她发现自己已经怀孕时,厄秀拉的"灵魂感到了一阵恶心":"这孩子似乎像封印一般盖在她这个无足轻重的人身上。"(第 484 页)在这里,劳伦斯的骰子投掷得有些过了:厄秀拉的怀孕承载了一种意义,而这种意义属于另一种不同的、更为宽泛的论争。

这是安娜·威克姆在"劳伦斯女人们的灵魂"("The Spirit of the Lawrence Women")一文中提出的观点。[47] 1914—1915 年间,威克姆和劳伦斯有过友好的交往,但她也提到那个时候他对"生育的整个话题都非常好奇"。她的这篇文章似乎受到了凯瑟琳·卡斯韦尔(Catherine Carswell)1932 年出版的那部有关劳伦斯的著作《野人朝圣》(The Savage Pilgrimage)的鼓励,威克姆反对卡斯维尔在书中引

---

* 此引文转引自 D. H. 劳伦斯:《虹》,李建、陈龙根等译,四川文艺出版社 1988 年版,第 635 页。——译注

〔47〕 这篇文章在《安娜·威克姆作品集》(The Writings of Anna Wickham)第 355—372 页中重新发表过,威克姆可能是安娜·布兰文这个角色的众多原型之一(另一种情况可能是,威克姆根据自己对劳伦斯的解读而重新塑造了她的怀孕经历)。在她的自传里,她这样描写自己的第三次(也是第一次成功的)怀孕经历:"我感受到一种对我现在状态的赞颂;'你是妇女之中受到祝福的人',我在沙滩上做着平衡锻炼,一直到我将要为自己谱写的旋律做准备时才'暂时停止'工作,但是我子宫里的孩子却来到了我和我的音乐之中……儿子出生的那一天是我一生中最幸福的时刻。我相信这是一种自我压抑的释放,它给我带来了快乐。分娩之后我躺在床上,十分干净、完满,胳膊弯里搂着我的孩子,我结婚以来第一次感受到一种身体上的激情。"(第 146—147)她补充说道:"对我而言,身体之爱唯一能打动我的地方就是受孕,我坚持不懈地、尽职尽责地怀上了孕。因此我毫无疑问地拥有了对它的任何权力。"(第 150 页)

用的劳伦斯的一封信,该信的内容与战争有关,劳伦斯写道:"孩子和分娩并不能带来春天。未来并不在孩子身上……有很多**怀孕的**寡妇胎死腹中"(第356页引文)。威克姆基于两点理由反对这一引文。第一,和许多人一样,她反对劳伦斯关于思想和语言可以相互分开的说法:

> 他无权在意思不明确的情况下,在某种特殊意义上象征性地使用"**怀孕的**寡妇"这一短语。劳伦斯并不试图将意义赋予词汇,他让它在微风和香气中漂浮,在他的字里行间自由穿梭。(第356—357页)

第二,她反对劳伦斯对女性生育能力的贬低:

> 我引用的那段文字所能引发的感情只能是对生育的一种不信任……他推断希望的创造来自于男性的生育力,生命的创造则是妇女愚蠢酝酿的结果……劳伦斯对生育的不耐烦的病态贬损,使得他对妇女的攻击达到了顶点,这一点从他对女人的憎恨就可以反推而知。(第363—364页)

威克姆的批评表明,在劳伦斯的著作里,怀孕越来越类似于一种异质性的象征系统,其中,就像在厄秀拉的故事里那样,女性的权力/生育力尤其是怀孕时的力量对于男人而言就像是死亡一般。

凯瑟琳·曼斯菲尔德的作品则完全是从另外一个角度来探讨怀孕的象征或隐喻意义的。通过作品中女性角色的视角,曼斯菲尔德挑战了弗洛伊德和劳伦斯式的解读,他们将怀孕视为男人的礼物和/或女性对权力的挪用。曼斯菲尔德的主人公经历的怀孕是一种入侵和消除。在短篇小说《布莱申马舍太太赴婚礼》("Frau Brechenmacher Attends a Wedding")中,食物主题的出现,表明她将怀孕理解为女性自主性的妥协。一位厌食症患者对精神分析师赫尔穆特·托马（Helmut Thoma）所说的一番话就切中了要害，它确证了许多女人在食物、性和受精之间所做的隐喻关联：

> 瓶子——小孩——恶心，如果我认为——注射——像是有什么东西流入了我的身体，进入了我的口腔或者阴道，这种想法是多么疯狂——我忽然想到从未碰过的事情——这些都是不可触及的——他不需要去养育一个孩子——男人就是他自己——他没有获得也没有付出。[48]

在《布莱申马舍太太赴婚礼》中到处都是食物：客人们的周围都是啤酒和香肠，人们给新娘的私生女儿强行喂了很多食物，以让她保持安静，女人们肥胖而结实，她们围在一起聊天。新娘被描绘成一块等待切分给众人享用的蛋糕，但她自己对食物/受精的迫切需要也遭人耻笑：

> 只有布莱申马舍先生一个人还站在那里——手里捧着一只很大的银质咖啡壶。每个人都因为他的讲话而大笑，除了他太太；他做着鬼脸，像抱着婴儿那般将咖啡壶献给了新婚夫妇，惹得满屋子的人都捧腹大笑。
>
> 她掀起壶盖，向里窥视，然后放下了它，小声尖叫了一下，咬着嘴唇坐在那里。新郎把咖啡壶夺了过来，并从里面拿出一只婴儿奶瓶和一对装有瓷娃娃的小摇篮。当他在特丽莎面前摆弄这些宝贝时，闷热的屋子仿佛被笑声震得直摇晃。[49]

---

〔48〕引自莫德·埃尔曼：《饥饿的艺术家：饥饿、写作与入狱》（Maud Ellmann, *The Hunger Artists: Starving, Writing and Imprisonment*, London: Virago, 1993），第 44 页。

〔49〕凯瑟琳·曼斯菲尔德：《在德国公寓》（Katherine Mansfield, *In a German Pension*, 1911, Harmondsworth: Penguin, 1975），第 38—39 页。

特丽莎咬着嘴唇的动作对应了她女儿试图拒绝香肠的情形(她是个孩子,"永远不可能有那么大的胃"),而且给孩子强行喂食同布莱申马舍太太所遭遇的婚内强奸联系在了一起,后者也是特丽莎的命运。对于这些妇女而言,强奸和怀孕既威胁到了身体的完整性,也威胁到了自我的完整性。

曼斯菲尔德有关怀孕的最为完整的描写见于小说《序曲》(Prelude, 1918),其初稿名为《芦荟》(The Aloe),是一部更为长篇的小说,于1915年出版。在《序曲》中,琳达·伯内尔(Linda Burnell)怀上了她的第四个孩子,这个儿子是在"走投无路"时生下来的,这是连续发生在"伯内尔"身上的第二个故事。因为不断地怀孕,琳达的生命变成了一个连续不断的"序曲":就像安娜·布兰文那样,她变成了迎来其他生命的一道"门槛"。她开始与每天的日常生活以及自己的丈夫分离,每一次的怀孕经历对她来说都是一种身体遭遇袭击的感觉:

> 他对于她而言太过强壮了,总是有讨厌的事情冲她而来,那就是孩子。很多次他都令人恐惧——真的令人恐惧……在那些时候她希望能说出最粗俗、最憎恨的话来……"你知道我非常纤弱。你也和我一样明白我的心脏正受疾病侵袭,医生也告诉你我随时会死。我已经有了三个孩子……〔50〕

通过一系列连续的梦的框架,曼斯菲尔德提供了一种对怀孕的解读,这种解读对弗洛伊德的俄狄浦斯情结有了新的理解。因为这是最早从一个女性的角度来构建怀孕心理学,因而值得在这里全文引出梦的情形:

---

〔50〕 凯瑟琳·曼斯菲尔德:《短篇小说选》(Katherine Mansfield, *Selected Stories*, Oxford: Oxford World's Classics, 1981),第77页。随后对这一文献的参考将采用随文注。

"鸟儿们叫得多响亮啊,"琳达在梦里说道。她正跟着父亲穿过一片开满雏菊的绿色围场。忽然,父亲弯下腰来拨开草丛,指给她看,就在她的脚跟前有一个很小的绒球儿。"噢,爸爸,多可爱的小东西。"她双手捧起这只小鸟儿,并用手指轻轻地抚摸它的头。它是那么的温顺。但是紧接着发生了一件怪事。她抚摸着,鸟儿开始膨胀变大,它竖起羽毛,鼓起的身体像个袋子,变得越来越大,那双圆圆的眼睛还有意地冲着她微笑。这会儿,她的两只胳膊已经抱不住它了,她把它放在自己的围裙里。它忽然变成了一个婴儿,长着个光光的大脑袋,还有一张咧开的鸟嘴巴,一开一合的。这时父亲爆发出的大声喧笑惊醒了她,她看见伯内尔正站在窗前,把软百叶帘全部拉到顶上。(第51页)

就像在"布莱申马舍太太赴婚礼"的故事里一样,怀孕被描述为不必要的膨胀和吞没。曼斯菲尔德运用了弗洛伊德在《梦的解析》中描述的浓缩机制,因此琳达梦见的鸟儿同时象征着男性肿胀的阳具、婴儿以及母亲的身体,后者随着婴儿的成长必须竖起羽毛形成"袋状"。琳达感受到婴儿像是带着恶意的寄生物,在它越变越大时"有意地"冲着她笑。于是,她并不渴望这个阳具—婴儿,弗洛伊德视之为父亲—情人带来的礼物;而且也拒绝母性的女性气质。她继续充满热情地跟着自己的母亲,反映了"在她的眼里,母亲那里有一种令人感到安慰的东西,让她感觉自己永远都不能没有它",但是她也不希望取代她母亲的位置。正如梦境所解释的,她看到自己是被父亲和丈夫合谋诱骗进了婚姻的陷阱。和她的父亲一起走在天堂般的田野里,她被父亲说出的神话般的婚姻画卷——一只"可爱的……绒球儿"——给欺骗了。而现实却是丈夫贪婪,婴儿有着一颗"不长毛发的大光头",这个梦编码了她感到被出卖和诱捕的感觉。但琳达仍然认识到"我将会继续生孩子,斯坦利也将继续赚钱养家"。在这个短短的句子里,曼斯菲尔德自然地暗示了琳达怀孕的更广泛的社会背景。作为一名没有受过教育的中产阶级女孩,琳达承担了这唯一适合自己的工作。她在父亲和丈夫之间被交换着,一个暗含着的解读是她将会不断地生育以能与斯坦利所生产/制造的钱相匹配。但是,曼斯菲尔德也强调,事实是琳达在这里也有自我选择的成分,因此文本也指出了协商过程中出现的复杂状况。琳达也许不喜欢怀孕,但是她选择履行这一婚姻的义务,因为这样做不仅能为自己提供安全感,而且也能为自己"不能失去的"母亲和尚未结婚的妹妹带来安全。曼斯菲尔德并没有把琳达描绘成一个消极的牺牲品,相反她是一个让自己适应特定社会和文化背景,并做出恰当选择的人。

但是,1918年《序曲》出版之时,作为其写作背景的英格兰和新西兰妇女的生存环境已经有了很大的改变。因此这部小说之所以能提供一种回顾性的批判,部分是因为在20世纪早期妇女获得了更大的自由和机遇。

4 大规模生产

优生学与社会阶级

20世纪20—30年代,英国社会针对优生学思想进行了广泛的争论。在这一时期,人们对科学带来变革的可能性抱持着乐观的态度和一种强烈的投机心理。大量为"有知识的门外汉"而撰写的文献,以及相对便宜的"今天与明天"和"思想家的图书馆"系列文献都探讨了这些可能性。其中,J. B. S. 霍尔丹(J. B. S. Haldane)、罗纳德·麦克菲(Ronald Macfie)和加雷特·加勒特(Garet Garrett)向普通读者群介绍了生物科学方面的新进展,并顺带介绍一些人体知识和控制身体的方法。[1] 对于这些人而言,"优生学难题"是一个无法回避的问题,对此他们的观点十分多样,或者热情地支持优生学,或者对之进行认真合理的批评。[2] 就像在第一次世界大战期间的情况一样,这一时期的优生学思想也进入了越来越多地关注公共健康

---

[1] 霍尔丹:《代达罗斯或科学与未来》(J. B. S. Haldane, *Daedalus or Science and the Future*, London: Kegan Paul, Trench, Treubner & Co. Ltd, 1924);罗纳德·麦克菲:《魁人或身体的未来》(Ronald C. Macfie, *Metanthropos, or the Future of the Body*, London: Kegan Paul, Trench, Treubner & Co. Ltd,1928);加雷特·加勒特:《衔尾蛇与人类能力的机械延伸》(Garet Garrett, *Ouroboros, of the Mechanical Extension of Mankind*, London: Kegan Paul, Trench, Treubner & Co. Ltd, 1926)。这些全部都属于"今天和明天"系列丛书。

[2] 我是借用马宗达(Mazumdar)的说法来使用难题这个词的,指的是"通过追问一些问题而屏蔽掉另一些问题,从而组织起某一特定学科的观念领域"。参见保利娜·马宗达:《优生学、遗传学与人类缺陷》(Pauline Mazumdar, *Eugenics, Human Genetics and Human Failings*, London: Rouledge, 1992),第1页。

问题的医疗—社会文本。

战争期间,英国优生学家面临的一个主要情况还是阶级问题。社会上再次出现了对差异培育的担忧,但现在的情况和之前的有所不同,这一点得到了格兰特利·迪克·里德的证实,此人在《自然分娩》(Natural Childbirth, 1933)的研究和写作时发现,"医院阶级"的妇女(指那些支付不起私人医疗服务的妇女)比上层阶级和中产阶级的妇女更容易怀孕和分娩,生育效率也比后者更高。在《分娩启示》一书中,他进一步追问穷人是否应该接受在他看来的一种优先待遇问题:"贫困阶层妇女的家庭生活和经济状况得到调查,人们不遗余力地使怀孕分娩成为乐事而非负担。你不得不追问自己,那些为获得私人护理而支付费用的中产阶级和上层社会的妇女,是否接受了这些'医院'一族同样标准的护理和关心。"[3]

有这么一个故事表明了优生学思想入侵大众思想意识的程度,那就是西尔维娅·潘克赫斯特(Sylvia Pankhurst)的"优生宝宝"事件。潘克赫斯特因为积极参加妇女选举权运动,劳累过度生了一场病,对于在大病初愈之后立即就怀上孩子她很担心。1927 年,她终于生下了儿子理查德(Richard)。然而,她拒绝同孩子的父亲结婚,这导致她同自己的母亲埃米琳(Emmeline)的关系发生了决裂。在此之前,她们的关系就已经比较紧张。西尔维娅的传记作者帕特丽夏·罗梅罗(Patricia Romero)认为,西尔维娅是为了反抗母亲才在《世界新闻报》(News of the World)的"丑闻副刊"上公布小孩的事情。[4] 1928 年 4 月 8 日,该报纸在头版头条刊登了这则故事,标题是"轰动的'优生'宝宝事件,来自西尔维娅·潘克赫斯特的惊人忏

---

[3] 格兰特利·迪克·里德:《分娩启示》(Grantly Dick Read, *Revelation of Childbirth*, London: Heinemann, 1942),1942 年在美国发表时的标题是《没有恐惧的分娩》(*Childbirth Without Fear*, 后来这个标题也在英国采用)。

[4] 参考帕特丽夏·罗梅罗:《西尔维娅·潘克赫斯特:激进人物的肖像》(Patricia Romero, *E. Sylvia Pankhurst: Portrait of a Radical*, New Haven and London: Yale University Press, 1987),第 168 页。

悔",文章的旁边还附有一幅母亲和孩子的合影。

在她的"忏悔"中,潘克赫斯特运用了标准的优生学词汇来解释她生孩子的原因:"我想要个孩子,像每一个健全的人一样渴望为人父母,渴望给孩子爱和关怀,看着他不断成长发育,最后成为我所希望的人,继承我的身体和我的血统里最好的东西。"文章继续写道:

> 潘克赫斯特小姐接着继续讨论了优生学问题。她说"你问我的宝贝儿子是不是优生的","我相信如果一个人渴望为人父母,那么去考虑自己是不是拥有足够的智慧,身体是否健康强壮,是否没有遗传疾病,然后生出**智慧而健康的孩子**[英文原文为黑体大写],这样做就是非常好的优生学。我相信我自己就是如此,我同样确信我孩子的父亲也是这样。的确,我认为我的'丈夫'遗传了许多优秀的品质给我们的孩子"。[5]

这个故事之所以引起轰动,主要是因为潘克赫斯特是未婚妈妈,而且她还毫不胆怯地承认了这一点。至于她的"优生学"主张在多大程度上令报纸的读者感到震惊,那就很难估计了。这篇文章紧抓不放的一个关注点在于,孩子的父亲是一位 53 岁的"外国人"(西尔维奥·科里奥[Silvio Corio],一位意大利人,实际年龄是 52 岁)。

在怀孕经历的促动下,潘克赫斯特在 1930 年出版了一部引发争议的讨论母职的著作《拯救母亲》。与迪克·里德不同,她感觉只有那些有途径享受到私人健康护理的人才可以说获得了合宜的医疗服务。因此,这部著作用很多篇幅讨论应为孕妇提供更多的政府支持问题。她的很多建议都十分富有远见:不仅包括为孕妇提供免费服务,还包括提供一份 10 英镑的孕产奖励,并为工人妇女支付分娩前后的有关费用。然而,正如我们在《世界新闻报》上的那篇文章中所

---

[5] 《世界新闻报》(*News of the World*,1928 年 4 月 8 日),第 1 页。

看到的,潘克赫斯特的著作也受到了优生学话语和社会政策话语的影响。她强调的主要是让母亲和民族从公共健康立法中获得益处。但是,其中又包含了一种自相矛盾的话语,它暗示在拯救母亲的同时,政府也许希望赋予那些最适合为民族"血统"贡献力量的人以特权。在描绘居住在"凄凉的"廉租屋的"瘦弱的孩子"时,潘克赫斯特使用了一种屈尊仁慈的腔调,似乎表明工人阶级很少能为国家做出适当的贡献。[6]

就像我们在第三章中所看到的,英国优生学思想中包含的阶级偏见和优生学协会(Eugenics Society)的影响关系紧密。该协会在20世纪30年代致力于在"低能迟钝"和社会阶级之间建立起一种关联。该协会的主张在其委员会的活动中尤其得到了体现,该委员会组织准备了1929年的伍德报告(Wood Report),调查了智力缺陷人口的社会影响。该报告对"社会问题"人群进行了界定,认为它占据"10%的最底层社会人口":这一群体不仅低能,而且和精神病、癫痫症、贫穷、犯罪、失业和酗酒等现象联系在一起。[7] 在1934年关于绝育问题的布鲁克报告(Brook Report)中,该协会的偏见主张再次得到了彰显,报告支持了让那些被划为社会问题群体的人自愿绝育的论调。在该报告出台不久,还成立了一个自愿绝育联合委员会(Joint Committee on Voluntary Sterilisation),其成员有来自精神福利中心协会(the Central Association for Mental Welfare)、国家精神卫生学理事会(the National Council for Mental Hygiene)和优生学协会的代表。自1934年至1940年期间,这个联合委员会的活动范围十分广泛,并且得到了皇家内外科医学院(the Royal Colleges of Physicians and Surgeons)和皇家护理学院(the Royal College of Nursing)的支持。值得

---

〔6〕 西尔维娅·潘克赫斯特:《拯救母亲》(E. Sylvia Pankhurs, *Save the Mothers*, London: Knopf, 1930),第33页。

〔7〕 参见保利娜·马宗达:《优生学、遗传学与人类缺陷》(Pauline Mazumdar, *Eugenics, Human Genetics and Human Failings*, London: Rouledge, 1992),第178页。

注意的是,在投票支持自愿绝育的组织中,大约有一半是妇女组织;包括全国劳动妇女大会(the National Conference of Labour Women)、保守党妇女改革协会(the Conservative Women's Reform Association)、全国妇女理事会(the National Council of Women),以及 80 家妇女联合行会。[8]

优生学思想构成了伊妮德·巴格诺尔德(Enid Bagnold)的畅销小说《乡绅》的重要内涵之一。这部小说出版于 1938 年,同一年还在英国的《家务管理》(*Good Housekeeping*)和美国的《妇女家庭杂志》(*Ladies Home Journal*)上连载过。巴格诺尔德的小说详细描述了怀孕和分娩,其中某些观点很激进而且具有开创性。例如,她探讨了怀孕妇女的主观性出现分裂的状态:"宝宝像海豚一样游动,撞击着自己的腹部。她说'这简直是个奇迹''女人怀上了孩子……将变成两个人。'……她是一只瓶子,一个容器,一棵开裂的橡树,里面住着一个小神仙,是的,一棵开裂的橡树,一棵有洞穴的榆树。"[9]小说还很直白地描述了分娩的过程,并且谨遵格兰特利·迪克·里德的教导,后者认为妇女在分娩时不应该抵抗宫缩而应该保持放松状态。与此建议相一致,巴格诺尔德这样写道:"现在,第一次的阵痛狂潮席卷而来。游动吧,拼命地游。如果你与之抵抗,结果将非常恐怖,分娩将会受阻!如果你顺之游动,感到的将不会是疼痛而是激动!"(第 145 页)对于一些男读者而言,这样的描述显得有些过火了。韦尔斯*就曾给巴格诺尔德写过一封信以示抗议,他说这部小说让他感到"自己仿佛被一群长了多只乳房的妇女(就像以弗所的狄安娜)围攻,并被

---

[8] 参见保利娜·马宗达:《优生学、遗传学与人类缺陷》(Pauline Mazumdar, *Eugenics, Human Genetics and Human Failings*, London: Rouledge, 1992),第 210 页。

[9] 伊妮德·巴格诺尔德:《乡绅》(Enid Bagnold, *The Squire*[1938], London: Virago, 1987),第 88 页。随后对这一文献的参考将采用随文注。

* 韦尔斯(H. G. Wells, 1866—1946),英国作家。——译注

扔进了一只装满婴儿尿布的洗衣筐"[10]。然而,在当时就像医生们所抱怨的,很多妇女仍然对怀孕和分娩的过程知之甚少,在这种背景下,这部小说无疑为妇女提供了相关的有用信息和自信心。

然而,小说也不加掩饰地支持了带有阶级偏见的优生学思想。巴格诺尔德曾对什么是母职书籍的问题思考了很长时间:最后竟写成了一部优生学的母职之书。小说中的母亲(标题里的"乡绅",她一直没有名字,但标题本身显示了她强悍而具有控制力的个性)掌管着一个等级森严的家族,人们从未质疑过这一社会等级的公正性。这个支撑着女乡绅生活的政体完备森严,只存在唯一的一个缝隙,那就是"仆人问题",正是这个问题构成了当时女性写作的一个永久话题。这位乡绅很难留住家里的佣人,这让她感到十分沮丧,尤其是在小说给予详细描写的那段时间,即她快要分娩的时候,更是如此。然而,小说并没有关注引发"仆人问题"的原因。相反,小说中的乡绅总是不经意地对仆人们尤其是对那些"临时工"表现出轻蔑:"他们从一个地方换到另一个地方,邋里邋遢地适应着生活,在房子里搞分裂破坏,诱拐者对他们这些老鼠吹着口哨,让他们跟着自己,沦入'下等'血统,使得房子里的纪律崩坏。"(第72—73页)仆人不仅在隐喻意义上被描绘成动物(老鼠或鸟类),而且还被建构成与身体缺陷有着隐喻关联。一位厨师应聘者"身上长了一颗巨大而苍白的甲状腺肿块",就被乡绅描绘成"一个天生的厕所服务员,如果真有这样的职业的话";另外还有一位女仆被辞退(既是真实意义上的,也是隐喻意义上的),原因在于她是一个"发育不完全的"、"没有任何用处的人"。这里实际上暗含了这层含义:仆人作为一个阶层,他们是有生理缺陷的,并且/或者是没有发育完全的,他们根本无法接受别人的教诲或帮助。

---

[10] 韦尔斯的信引自圣安妮·塞巴的《伊妮德·巴格诺尔德:授权传记》(Anne Sebba, *Enid Bagnold: The Authorized Biography*, London: Weidenfeld and Nicolson, 1986),第137页。

巴格诺尔德继续提出,因为仆人阶层具有生物学意义上的缺陷,因而他们不适合生育。意味深长的是,小说中没有任何一位仆人是有小孩的:他们认为自己的职责就是全心伺候这位生育力旺盛的乡绅,她此时正怀着她的第五个孩子。他们在为她服务的过程中完全丧失了自己的生活,以至于培养幼儿的女家庭教师也被新闻报道"理想化"了,她在主人即将分娩之时,心中充满了"幸福快乐,兴奋之情……掠过她的脸颊"。这暗示事情就应该是如此,没有生育能力的、"发育不完全的"人就必须服侍强壮而生育力旺盛的人。乡绅很适合生育,这一点从未遭人质疑。相反,通过助产婆在走近乡绅的房子时脑海里的想法,这一点还得到了强调:

> 她和乡绅,她们都是有经验的人。这是她们第五次在一起合作。她知道乡绅已经准备好了,她的身体状况十分良好,整个人从头到脚都闪着小麦面包那般的健康褐色,十分强壮……在这种情况下,不需要再给予她决心和战斗的盔甲了。乡绅已经训练有素而且状态良好。(第112页)

引文中助产婆提到的"盔甲"一词值得注意。这一时期的文献常常把做母亲和服兵役这两件事相提并论,表达了战争背景下的欧洲社会对民族血统数量与质量的担忧。[11] 在其他的地方,巴格诺尔德小说中的助产婆还被描绘成"一名僧侣和十字军战士[英文原文写成了 crusador,应该是 crusader]",她的职责就是投入所谓的生育健康后代的一场圣战。在她和乡绅的谈话中,她不仅赋予一部分母亲以凌驾于其他母亲之上的优先权,还倡议建立母婴诊所,用来培训怀孕

---

〔11〕 例如,珍妮特·坎贝尔(Janet Campbell)在著作《保护母职》(*The Protection of Motherhood*, London: HMSO, 1927)中,就含蓄地将母亲和士兵放在一起进行类比,她认为"需要做的事情很多……以引起对拯救和保卫民族母亲之重要性的重视,对于她们为维持这个种族而付出的艰辛且常常十分危险的工作,给予同情和有力支持"(第17页)。

的妇女，以帮助她们最大化地增进生育健康和生育潜力：

> 我的诊所将是一个围着木栅栏的地方，位于偏远的乡村。母亲必须预先抵达，她必须独自经受住旅途的孤独和隔离，而让丈夫和家人专心忙碌于他们的工作。在这个露营地，她就像一个接受训练的运动员，必须从生命的角度出发，亲自为新生儿的到来做好准备。这里没有神话传说，也没有无意义的废话。它拥有最高的医疗效率，还实施了产前检查……(第121页，引文中的省略号是巴格诺尔德加的)

在得到乡绅认同的这幅乌托邦画面里，一旦母亲被选择出来并被隔离，胎儿便会受到监视和影响。引文中提到的产前检查让人回想起巴兰坦设立"产前医院"的思想主张，但是巴格诺尔德的训练营构想暗含了某种意识形态，它可能会使巴兰坦感到胆寒。巴格诺尔德对优生学的支持和她对法西斯主义的支持，二者之间有潜在的重叠之处，这一点在1938年11月得到了明确的证实。当时她在《星期日泰晤士报》(*Sunday Times*)上发表了一篇题为"希特勒的新民主形态"的文章，安心平静地接受了纳粹对犹太人的驱逐，这让她的朋友维奥莱特·博纳姆·卡特(Violet Bonham Carter)感到十分震惊，她写信指责巴格诺尔德说，最让她难以接受的是："面对人类身处其中的悲剧和恐怖境况，你居然可以如此不负责任，如此轻描淡写，甚至使用了近乎于欢快的笔调。"[12]

巴格诺尔德的小说为英国的优生学思想提供了一个民粹主义的

---

〔12〕 引自塞巴：《伊妮德·巴格诺尔德》，第141页。这本书的第138—143页讨论了巴格诺尔德对希特勒时期的德国的态度。关于这方面的情况，也可以参考克莱尔·汉森：《拯救母亲？20世纪30年代的怀孕表征》(Clare Hanson, "Save the Mothers? Representations of Pregnancy in the 1930s'")，载《文学与历史》(*Literature and History*)，12，2003年秋季，第2页。

(populist)版本,民粹主义长期致力于"通过人工繁殖来消除"贫困阶层和社会问题群体。但是,由于第二次世界大战使得思想意识形态、社会结构和经济方面都发生了影响深远的变化,这一优生学主张和做法已无法再存续下去。因此,当1945年社会对人口出生率下降问题开始关注时(就像布尔战争和第一次世界大战之后的情形一样),评论者们采取了与早期作家不同的一种态度。在战争期间,医疗——社会文本的作者们几乎只关注民族血统的质量问题,只关心职业阶层的人口出生率下降现象及其"劣生"后果。然而,二战结束之后,像麦克利里(G. F. McCleary)这样撰写了数部人口问题专著的作家都乐观地认为,通过一系列环境改善措施,有可能改进所有社会阶层的健康状况。在《种族自杀》一书中,麦克利里粗暴地攻击了老一辈优生学家"对人口出生率下降所表示的哀悼",他认为哀悼"来自于这样一种信念,即认为富裕的人被当成是遗传品质的传递者,其社会价值比穷人的要高。他们的财富被宣称为就是他们拥有更高智慧的证据。类似地,按照这一论调,贫穷就成为智力低下的标志"。他列举了那些在贫困环境中成长起来的天才(例如舒伯特和莫扎特),并质疑了智商测试的有效性,指出要使得孩子在这类测试中取得好成绩,教养和环境十分重要:

> 现在人们一般都同意环境对智力测试的结果具有十分重要的影响。这是一个非常重要的、令人鼓舞的结论;因为它表明现代的文明社会已经准备好了要解决糟糕的环境状况,从而为其贫穷的成员获得平等机会扫清了道路。社会改良措施已经制定出来了,而且它们在提高非特权人口的生活标准方面,也已取得了越来越好的应用效果。

对于麦克利里而言,民族的健康和"质量"能通过实施环境健康措施而得到改善,而为母亲提供更好的国家支持,就是提高人口出生率的最好途径。[13]

此外,《英国儿童》(Children for Britain)一书也于 1945 年出版,在欧内斯特·贝弗里奇(Ernest Beveridge)和朱利安·赫胥黎(Julian Huxley)作为编委的系列丛书里,格蕾丝·利伯恩-怀特(Grace Leybourne-White)和肯尼思·怀特(Kenneth White)将人口出生率下降的原因归结于人们日益渴望增加社会的流动性,并且避孕知识(和避孕愿望)的扩散已跨域了阶级的界限。他们发现妇女越来越不愿意拥有一个大家庭,并从 1943 年 12 月的《分娩的女人》(The Labour Woman)上引用了一封生动的信件,来证实这一点:

> 今天的母亲们已目睹了大家庭的生活状况。她们看着自己的母亲每天要辛苦劳作 16 个小时,洗衣服、擦地板、做饭、照顾其他人,还要坚持不懈地与贫穷做着抗争……所有这一切经历都促使她们下定决心:自己不能再重复母亲那般的生活。[14]

导致人口出生率下降的另一个原因是妇女渴望过上"一种充实完整的生活",但这种生活不知何故必须屈从于她们"独特的母性职责"。关于这一点,可以引用伊迪丝·萨默斯基尔(Edith Summerskill)的评论来佐证:"人口出生率下降还有另外一个原因……这个国家的女人们越来越渴望获得一份职业。而我们的社会体制却迫使她们只能在职业生涯和母性职责之间择其一而事之。"(第 51 页)

利伯恩·怀特和肯尼思·怀特对人口出生率持续下降的原因做了一次权衡性的调查,并且为如何支持广大家庭提供了实际的建议。

---

[13] G. F. 麦克利里:《种族自杀?》(G. F. McCleary, Race Suicide? London: George Allen and Unwin Ltd, 1945),第 87—89 页。

[14] 格蕾丝·利伯恩-怀特和肯尼思·怀特:《英国儿童》(Grace Leybourne-White and Kenneth White, Children for Britain, London: Pilot PRESS, 1945),第 16 页。随后对这一文献的参考将采用随文注。

和麦克利里一样,他们也赞成设立儿童福利基金,并且主张为贫困孕妇提供更多的产床和免费营养品。他们强调了环境包括产前环境在培养健康种族方面的重要性:"必须时刻关注我们所有孩子的生存环境,从怀孕或者怀孕前就必须开始关注,通过'养育'来改善孩子的质量,也许能很好地克服'自然'赠予孩子的劣等本性。"然而,这一研究依然隐含了成问题的优生学思想的影子:他们强调了种族"质量"的重要性,认为需要培养"超出一般水平的更好的身体或大脑能力",从而为人口发展做出"最大化的贡献"。在大屠杀后的时代背景下,他们很难提出一种明目张胆的优生学办法来解决种族焦虑问题,但他们确实对本土人口数量的下降表示出关心,并且认为随着"亚洲人口"的快速增长,"帝国的某些组成部分将会被颠覆",这使得恐惧犹如幽灵般如影随形。而且,这不仅仅是数量和权力的问题,还是质量的问题。帝国的"盎格鲁-撒克逊人的种性"必须保存下去,不能因为"吸收了异域文化中培养起来的外来人"而使得这一种族血统被稀释。因此,利伯恩·怀特和肯尼思·怀特提出的解决办法不是吸收外来移民,而是主张本土人口移民出境:

> 从英国向外移民,是巩固帝国大厦的基石。如果我们希望保持帝国的完整团结,就必须让具有英国血统和文化的人向外扩散。因此,人口数量减少情况越能被核查到,就越容易找到解决帝国问题的办法,也就越有把握让我们在未来成为世界权力格局中的领头羊。(第42页)

皇家人口委员会1949年的工作报告,也关注到了人口出生率下降对民族和种族产生冲击的问题。报告认为,人口出生率下降将会阻碍工业进步,还可能会危及"英联邦的发展和团结",以及英国的思想、传统和制度在世界范围内的传播,即"西方价值观念、思想和文化的维持与扩散"。[15] 因此,尽管带有阶级偏见的英国优生学计划似乎已逐渐退出历史舞台,但人口选育(selective breeding)的阴影却依然存在,而且还和种族问题密切相关。尽管像麦克利里这样的评论者拒绝从社会阶级的角度来定义"适者"和"不适者"的概念,但在这些文献中,或多或少还是存在一个未经质疑的假设,即认为盎格鲁-撒克逊种族必须得到保护(和提升),因为它具有更加优越的内在品质。

带有阶级偏见的优生学思想的影响之所以会减弱,不仅仅是因为第二次世界大战,更因为遗传研究领域有了新发展。在这方面,最具影响力的一个人物就是霍尔丹,他的主要科学贡献是综合了达尔文的进化论和孟德尔的遗传学。[16] 在 1924 年到 1934 年期间,霍尔丹发表了一系列论文,探讨了遗传多样性及其与生物进化的关系问题。在建立数学模型的基础上,他得出结论认为,特定人口范围内的生物进化是一个长期过程,需要一个非常长的时间跨度才能看出变化。如果这是确然的话,那么对所谓的"缺陷人群"实施优生学的绝育措施,在任何可测量的时间范围内,对给定人口产生的影响都将是微乎其微的。[17] 在 20 世纪 20 年代,霍尔丹曾是工党成员,到了 30 年代,他的思想进一步走向左派,并于 1942 年加入了共产党。他对优生学的批判尤其具有社会影响力,这主要是因为他的科学成就,使得他能够令人信服地提出:在目前的情况下,遗传学不能为改善种族质量提供任何的确定性。而且,在另一方面,还有很强的经验证据表明,在改善人口健康状况方面,环境干预能取得相对较快的效果。

---

〔15〕 皇家人口委员会:《报告》(Royal Commission on Population, *Report*, London: HMSO,1949),第 134 页。

〔16〕 值得注意的是,在第一次世界大战之前,J. B. S. 霍尔丹和他的姐姐——小说家内欧米·密歇森(Naomi Mitchison),都是优生学协会的会员,但二人随后都对带有阶级偏见的优生学进行了极其尖锐的批判。

〔17〕 关于霍尔丹在进化论方面的工作的进一步讨论,参见马宗达:《优生学、遗传学与人类缺陷》(Pauline Mazumdar, *Eugenics, Human Genetics and Human Failings*),第 182 页。

人工培育

霍尔丹是 20 世纪早期最成功的科学明星之一,他同时还是一位多产的新闻记者和电台评论员,出版了很多书籍,这些文献综合了他对科学思想的通俗讲解和对未来发展的推测。[18] 其中,《代达罗斯》一书在 1924 年出版后不久,就迅速成为英国和美国最流行的畅销书,在这本书中,他探讨了人工培育的可能性,也即在人体之外进行生育繁殖的可能性。他假定存在一种技术能从妇女身上摘取卵巢,并且使得这一卵巢能在"一种合适的溶液中成长 20 年,每个月都能排卵,其中 90% 的卵子可以受孕,胚胎可以顺利成活 9 个月,直至最终成功分娩"[19]。换句话说,他预测了"人造子宫"的发明。他假定自己是以 2074 年的一个"非常愚蠢的大学生"的视角来评论这件事,他写道:"这对人类心理的影响、对性爱与生育相分离的社会生活的影响……决不是全部都令人满意的。"但是,它能带来生育的可选择性,这一优点远远胜过那些(未详细说明的)缺点,因为"人类中占很少比例的那部分男人和女人被选择出来作为孕育下代的父母,他们毫无疑问比普通人要更优秀,这就使得每一代人在任何一个方面的进步都将十分惊人,无论是在一流音乐作品的增加方面,还是在小偷犯罪率的下降方面,都是如此"(第 66 页)。但是,霍尔丹(不同于他的"非常愚蠢的大学生")并不支持选择性生育,在他看来,这只是人工培育转变为现实后可能带来的一个后果。《代达罗斯》认为,在可

---

[18] 其中最知名的书有《代达罗斯》(*Daedalus*, 1924)、《可能的世界》(*Possible Worlds*, 1927)、《遗传与政治》(*Heredity and Politics*, 1938)、《科学与日常生活》(*Science and Everyday Life*, 1939)。

[19] 霍尔丹:《代达罗斯或科学与未来》(J. B. S. Haldane, *Daedalus or Science and the Future*, London: Kegan Paul, Trench, Treubner & Co. Ltd, 1924),第 64 页。随后对这一文献的参考将采用随文注。

预见的未来(书中提到的是 1951 年),人类能在实验室条件下进行人工生殖培育,霍尔丹敏锐地警示他的读者要注意人类对生育过程的这一空前控制将会带来的好处和危险。霍尔丹对优生学的态度举棋不定,这从他的作品名称上就可以反映出来,因为尽管发明者代达罗斯可以被看作成近代科学男性的原型,但是他的天才最后却导致了他的儿子伊卡罗斯(Icarus)的死亡,后者乘着父亲用羽毛和蜡做成的人工翅膀,飞得离太阳太近了。*

控制性人口生育也是夏洛特·霍尔丹(Charlotte Haldane)的科幻小说《男人世界》的主题。新闻记者夏洛特在阅读了《代达罗斯》的简写本之后与霍尔丹联系,希望他能在性别选择的可能性问题上为她的写作计划提供帮助。1924 年夏天,他们第一次会面,霍尔丹向她提供了大量的相关信息和进一步的阅读建议。之后他持续不断地向她提供建议和帮助,最后在 1926 年他们结为夫妇。[20]《男人世界》得到了广泛而热情的评论,积极介入了当时关于优生学和人工培育的争论。与阿尔道斯·赫胥黎(Aldous Huxley)的《美丽新世界》**不同,这是一部批驳性的著作,它促使人们注意到,按照"科学的"、理性主义的原则组织起来的社会也可能充满矛盾。在霍尔丹的小说中,被命名为"核子"(Nucleus)的社会里只有白"种"人;其他人种居住在不同的区域。核子社会的环境健康、稳定而富有控制,它是高度等级化的,由少数(男性)精英统治着大多数的普通人。妇女只有通过成为"职业母亲"才能获得权力,而"职业母亲"这种工作只接受那

---

* 在希腊神话中,代达罗斯的儿子伊卡罗斯乘着代达罗斯做的人工翅膀逃离克里特,由于离太阳太近以致粘翅膀用的蜡溶化了,从而掉进了爱琴海。——译注

〔20〕 关于她与霍尔丹的相遇和婚姻情况,可参考夏洛特·霍尔丹:《真相终将大白》(Charlotte Haldane, *Truth Will Out*, London: Weidenfeld and Nicolson, 1949)。

** 《美丽新世界》(*Brave New World*),是 20 世纪最经典的反乌托邦文学之一,书中引用了广博的生物学、心理学知识,为我们描绘了虚构的福特纪元 632 年即公元 2532 年的社会。这是一个人从出生到死亡都受着控制的社会。在这个"美丽新世界"里,由于社会与生物控制技术的发展,人类已经沦为垄断基因公司和政治人物手中的玩偶。——译注

些最优秀的妇女:"这些母亲因为肩负了崇高的种族使命,自我觉悟非常高,因而成为独特而有身份的一个群体。"[21] 然而,霍尔丹强调的重点并不是这些母亲的选择问题,而是她们在怀孕期间必须承担的工作情况。在配种(在这里似乎用被动消极的词更恰当一些)之前,她们必须接受诸如卫生学和婴儿护理之类的专题训练,一旦怀孕了,就会被派遣到产前训练营接受训练,这种训练营在巴格诺尔德的《乡绅》中曾做过设想:

> 她们来到这里,对自己所选择的职业有清楚的认识,自愿遵守严格的卫生纪律,努力达到身体和精神的完美、镇静和平衡,并将其传递给那些生来就是伟大的科学奇迹的人……每位母亲事先都知道自己腹中孩子的性别,并且能够在专家的指导下做一些必要的心理和生理方面的训练,从而帮助孩子发育成为它预定的样子。(第54页)

这种训练的确是必须的,因为此时对人口生育的控制还不完善,尽管人工培育技术已浮出水面,《男人世界》中的男性科学家布鲁斯·维兰德(Bruce Wayland)等也热心地预期这一生物学进展的实现:他承担了这一思想的完成工作,"想象一下,"他说道,"人工培育为我们进行最严格精确的筛选提供了手段。被选择的妇女数量将会逐年减少。直到最后,那些能够支撑种族发展的人将是人类所能产生的最至高无上的女性类型,是金字塔的尖顶"(第61—62页)。布鲁斯的狂热引起了人们对某一矛盾的关注,即选择的规范没有以同样的方式应用到男性身上。他并没有提到作为卵子对应物的精子,最终也可以来自于极少数作为男性原型的捐赠人。有一点的确很重要,那

---

[21] 夏洛特·霍尔丹:《男人世界》(Charlotte Haldane, *Man's World*, London: Chatto and Windus, 1926),第9页。随后对这一文献的参考将采用随文注。

就是布鲁斯设想变异来自于男性的精子,而提供卵子的妇女则最好被限制在少数被选者范围之内:在人口生育的参与和控制方面,这里确实就是一个"男人的世界"。

在小说里,只有两个人物对国家的人口生育控制进行了真正的抵抗。在哥哥的鼓励下,尼科莱特(Nicolette)试图控制自己的生育,拒绝和为她挑选的年轻男子配种,尽管当时她的身体已进入了生育高峰期。然而,她的反抗是短暂的;当她怀上了自己喜欢的男人(科学家布鲁斯,上文中提到过的那位)的孩子之后,立即就回归到她曾被训练过的那种角色:

> 对她来说,子宫里的这个胚胎已经是个小人了,那就是她的儿子,是明媚她眼睛的太阳,是让她的鼻子感觉愉悦的香水,是她想吃的食物,是能让她精力充沛的睡眠,当然也是他的;但对于他所历经的绝妙过程,她却知之甚少。(第250页)

相比而言,她的哥哥克里斯多夫(Christopher)的命运要坎坷得多:他对自己的妹妹感到失望,并且总是被自己的反抗冲动和神秘渴望所困扰,最后选择了自杀。他的神秘(被认为是偏离正轨和不正常的)缘于他不确定的性别身份,而这又是因为他的母亲在确定儿子性别方面没有尽到自己的职责。在怀上他时,她"没有认真接受所有旨在培养胚胎的男性气质的那些训练。她不是不服从而是非常地抵触……在当时,胚胎的性别或多或少还处于实验阶段,必须采取最严格的预防措施,以确保成功地压制自然的倾向,她这样做是自食其果"(第86页)。果然,她的儿子不具备完全的男性气质,没有实现当初培养他的目标,没能成为积极参与的、永久性的统治精英。他的"自我了断"是无法避免的结局,因为这样一种社会是不可能容忍怀疑或破坏其进步的那种人存在的。然而,克里斯多夫对核子社会的科学理性主义的反抗是以令人同情的方式呈现出来的,他同布鲁斯的敌对谈话道出了这一社会潜藏着的意识形态规则。核子社会存在的根基是将人类定义为异性恋的、甚至标准化的雅利安人。克里斯多夫神秘、任性的个人主义和性别身份的不确定性使得他远离于"生育大军",但同时也使得他沦为英勇的局外人。霍尔丹将他的死亡描写为驾驶飞机到达"被禁止的高度"所致,她再次援引了伊卡罗斯的神话,伊卡罗斯的死亡部分缘于他父亲的傲慢。

因此,霍尔丹小说中未解决的主要矛盾在于科学理性主义和浪漫个人主义之间的紧张关系,以及科学理性主义的原则在生育技术方面遭遇到的拷问。尽管不能说《男人世界》对科学理性主义提出了明确的批判,但这本书确实质疑了科学(或理性)的价值中立性。霍尔丹的矛盾和犹豫使得她的作品既是一部乌托邦小说,同时又具有反乌托邦的性质*。核子社会根除了疾病和身体上的痛苦——但却也因此造成了人口过剩。霍尔丹在某段文字里强调了这一点,她这样描述核子社会的创建者对第二次世界大战中的大屠杀(有所预料)的反应:

> 人类生命的绝大部分属性一旦被消除,就不必要让它再恢复了。数个世纪以来,伪善商人乐于赞美生命的圣洁,鼓励通过疾病和死亡的方式缓慢地瓦解它,让它不断地消耗和腐烂。加速这一过程就是在充当清洁工。让跳跃的火焰舔舐,让毒气带来窒息吧。(第22页)

---

* 反乌托邦(Dystopia)(又译作"反面乌托邦"、"敌托邦"或"废托邦"),与乌托邦相对,指充满丑恶与不幸之地。反乌托邦是文学尤其是科幻文学中的一种文学体裁和流派。反乌托邦主义反映的是与理想社会相反的一种极端恶劣的社会最终形态。在这种社会里充斥着无法控制的各种弊病,刻画出一个令人绝望的未来。反乌托邦小说通常是叙述技术的泛滥,强调技术的发展虽然在表面上提高了人类的生活水平,而本质上掩饰着虚弱空洞的精神世界。人被关在钢筋水泥的牢笼里,精神压抑。在这种生存状态下,物质浪费蔓延,道德沦丧,民主受压迫,等级制度横行,人工智能背叛人类,最终人类文明在高科技牢笼中僵化、腐化、走向毁灭。——译注

在1927年,霍尔丹出版了一部富有争议的著作,内中对生育控制表示出了更明显的批判态度。很明显,这部《母职及其敌人》对优生学持反对意见,其中霍尔丹警告说:

> 这一科学可能会给人类带来巨大的危险。带有阶级意识或种族自豪感的人拥有利用一切学识进行诡辩的能力,但却对科学知识一知半解,如果让这样的人在这件事情上产生任何影响力的话,那么他所害怕或憎恨(是一回事)的人将会过得很惨。[22]

然而,她也同意母亲的"敌人"主要是妇女,用她的话说,是那些"在性方面反常或低于正常水平"的妇女。她引用了朱利安·赫胥黎的一篇文章说,这些妇女"如果不是'第三性'(third sex),至少也属于**第三性别范畴**"(第132页,强调为原文所有)。她似乎试图将那些属于"第三性别范畴"的妇女和战争期间人数超过了男性的"过剩妇女"合并;并且继续宣称"半阴半阳"的妇女自"妇女选举权运动以来,一直致力于将公众的注意力指引到她们的性别上去";认为自战争以来的几年里,那些妇女的确成功地转移了社会对"母亲职责的注意力,这些母亲必须在粮食不足或其他极其艰难的境况下怀孕并抚养孩子"。她写道:

> 我相信,那些妇女的利益和母亲们的利益的冲突不仅存在,而且这一点还应归因于社会的忽视或宣传远远没有做到位。认为那些妇女是正常的,尤其是还赋予她们政治权力,现代社会这样做就是在鼓励她们将自己的计划视为所有女性的计划,于此

---

[22] 夏洛特·霍尔丹:《母职及其敌人》(Charlotte Haldane, *Motherhood and Its Enemies*, London: Chatto and Windus, 1927),第238页。随后对这一文献的参考将采用随文注。

我们很容易就能找出一条理由来解释:为什么现在人们对家庭、"女性气质的"职业和母职表现出厌恶,这种厌恶在将来还可能变得越来越严重。(第133—134页)

霍尔丹一方面对优生学持反对立场,并且在《男人世界》中对克里斯多夫的遭遇表示出同情的姿态,但另一方面却又对"第三性"进行了极端的攻击,我们很难在她的这两种态度之间做出调和。个中原因也许就像珍妮·刘易斯(Jane Lewis)和苏珊·斯奎尔(Susan Squier)提出的那样,母职意识形态在这一时期特别盛行,以至于与之相关的内容为女权主义者提供了最好的——甚至唯一的——机遇,去为妇女争取更多的权利。[23] 因此可以说,在《母职及其敌人》一书中,霍尔丹提出职业母亲的理想是因为她意识到,在一个必须依靠妇女的身体才能繁衍后代的社会里,这是女性所能够打出的最好的一张牌。文本就是通过将理想的母亲与那些"不正常的"妇女进行比较,从而达到对前者的价值赋予和支持,而后者则成为所有社会规范的威胁——在霍尔丹看来,这些妇女的"狂热和偏执使得她们去从事奇异的科学、怪诞的宗教和异常的慈善事业"(第155页)。

如果我们在阅读《母职及其敌人》的同时,还参照了阿尔道斯·赫胥黎的《美丽新世界》的话,就会支持上述那种说法。在《美丽新世界》中,最著名的就是提出了有关生育技术的某种幻想。其中,事情的发展比《男人世界》要走得更远,人工培育在这里已变成现实,对人类生育过程的完全控制已成为可能。在资本主义的乌托邦/敌托邦里,个人被众多的社会组织单元所取代,后者被培养和发展起来,目的就是为了在社会生产和(更重要的)消费中发挥作用。尽管

---

[23] 参考珍妮·刘易斯:《母职政治》(Jane Lewis, *The Politics of Motherhood*, London: Croom Helm, 1980);还有苏珊·梅里尔·斯奎尔:《试管婴儿:20世纪的生育技术》(Susan Merrill Squier, *Babies in Bottles: Twentieth-Century Visions of Reproductive Technology*, New Brunswick: Rutgers University Press, 1994)。

就像戴维·布拉德肖(David Bradshaw)所指出的那样,在小说出版期间,赫胥黎对优生学的可能前景,态度仍然比较暧昧;但作为一种平衡,他已经发表的许多论文都对优生学和生育控制进行了批判。就像在1927年发表的《优生学笔记》中,赫胥黎提出,人类尚未充分认识到"改善"人种的可能性。[24] 然而,在《美丽新世界》中,他却没有对生育控制和/或生育技术提出明确的批评。例如,赫胥黎在描绘培育"试管婴儿"的实验室时,赋予了这种显然没有灵魂的技术过程一种诱人的温暖和色彩。他这样描绘了人工培育的场面:"在一种灼热的黑暗之中……是一种可见的深红色,就像在一个夏天的下午你闭上双眼时所感受到的那种黑暗",在这里成排的试管"闪烁着数不清的红宝石般的光芒"。[25] 相反,在描述人类胎生发育过程时,却将母亲琳达(Linda)描绘得十分丑恶,她是奴隶们的生物学意义上的母亲,是一位全身浮肿、皮肤松弛的中年酒鬼。在这个世界的控制者眼里,在过去的家庭生活里,生物学意义上的母性也总是与怪异丑陋的女性气质相关联:"母亲总是疯狂地庇护着她的孩子(**她的**孩子)……'我的宝贝,噢,噢,小手抓着我的胸脯,小东西真是饿极了,这是一种多么难以言明的带着刺痛的快乐呀!"(第33页)尽管我们可以将这看成是对"美丽新世界"中被误导的价值观念的一种反讽式评论,但它还是很强有力地表达出了对"自然"怀孕的一种厌恶感。在不再进行自然怀孕而是代之以**玻璃器皿内**的受精/妊娠时,文本表现出的是对技术进步的一种喜爱,而不是我们经常所认为的谴责态度。

而且,在《美丽新世界》中,所有的权力职位和社会控制都由男人

---

〔24〕 阿尔道斯·赫胥黎:《优生学笔记》(Aldous Huxley, "A Note on Eugenics"),见《适当研究》(*Proper Studies*, London: Chatto and Windus, 1927)。

〔25〕 阿尔道斯·赫胥黎:《美丽新世界》(Aldous Huxley, *Brave New World*, 1932, with an introduction by David Bradshaw, London: Flamingo, 1945),第8页。随后对这一文献的参考将采用随文注。

掌控着：妇女的社会功能被缩减到只能扮演本质上属于仆人的角色（照顾试管中的胚胎和托儿所的孩子）。人们可以由此推想到，一旦人口生育不仅和性而且还与妇女的身体相脱离，那么妇女作为一个社会群体将会失去一个非常重要的权力工具——尽管这种权力或许仅是间接和衍生的。如果连霍尔丹所设想的"职业母亲"这种用以讨价还价的工具都没有的话，妇女就不再有任何接近或参与决策过程的途径了。这一点清晰地揭示出，在20世纪30年代的英国社会背景中，这样一种状况在赫胥黎看来将是他所设想和预期的生育技术发展的必然结果。在这样的与境中，人工培育早已远离了帮助妇女从生育奴隶（就像后来的女权主义者所争论的那样）中解放出来的承诺，而是对她们的社会地位和政治地位构成了一种严重的威胁。

我们不仅必须在科学进步和母职争论的背景中考虑20世纪20—30年代围绕生育控制而展开的争论，更应该在一种更宽泛的政治与境里看问题。这是一个全欧洲的社会和经济都不稳定的时期。在英国，经济萧条造成了大量的人口失业，1931年的经济危机最终促成了第一届国民政府（National Government）的成立。对于像霍尔丹和赫胥黎这样的知识分子来说，建立中央集权政府和实施5年经济计划的苏联，在创造一个稳定、平等的社会方面，似乎要比英国和美国所做的切实可行得多。[26] 在苏联，人口生育和社会生产都被认为是社会职责而非个人事务，这是一个政府干预合法化的地方。它的发展显然在英国产生了某种响应，当时在英国掀起了呼吁推行国家生育政策（national maternity policy）的社会运动。

---

[26] 20世纪30年代，霍尔丹首次拜访俄罗斯，对那里发生的"社会实验"非常拥护；在1931年8月写给父亲的一封信里，阿尔道斯·赫胥黎也表达了他对和苏联五年经济计划"类似的一些东西"的支持（布拉德肖在《美丽新世界》的序言里有所引用）。

国家政策

英国产前护理国家框架计划的发展,曾经历两次低谷,分别发生在国家医疗卫生服务系统建立前后。至少可以说,20世纪20—30年代的社会供应模式是杂乱无章的。产妇护理由地方官员通过诊所和健康探访者来提供,地方医院或志愿者医院也为产妇提供门诊和产床。助产士、地方诊所的医疗官、通业医生(GPs)*和医院里的产科大夫能够提供一系列的医疗服务,但他们却常常是受命于不同的地方官员,相互之间没有建立起个体病例信息交流的机制。人们大都赞成提供一种普遍的——和标准化的——产前护理,这种护理至少要包含三次医学检查,第一次是骨盆检查,随后两次分别是血压的常规检测和尿样分析。

然而,人们没有想到的是妇女们居然会反对这一构想。在1927年版本的《夏洛特王后的产科实践》一书中提到,孕妇在整个怀孕期间都必须获得相应的医疗服务,但人们"到目前为止还很难认识到这一点"。作者们乐观地宣称,如果"预防产科学"能取得更好的发展,怀孕所面临的绝大多数问题,尤其是因大出血和惊厥而引起的高死亡率问题,都将得到根除。因此,"当妇女在接受医疗服务时,医生必须让她明白,她总能从他那里得到建议"。[27] 这种劝告的语调随处可见:1933年,在以关于孕妇的广播谈话为基础而编制的一本小册子中,厄德利·霍兰(Eardley Holland)写道,因为产前诊所已得到了很广泛的普及,即将为人母的女人们再也"没有借口"拒绝接受产前

---

* GPs:指的是通业医生、普通医生(general practitioners),即在某个地区或小镇上通看各科的开业医生。——译注

〔27〕《夏洛特王后的产科实践》(*The Queen Charlotte's Practice of Obstetrics*, London: J. and A. Churchill, 1927),第73页。

护理了,"但是,我必须着重强调这一点,因为有理由相信,即使是在目前,还有非常多的孕妇不愿意接受服务。这也许是因为**轻视或懒散**所致。你们必须确定接受产前护理,并且教导你的朋友和熟人也这样做"。[28]

其实,在努力说服孕妇接受产前检查的背后,隐藏着十分复杂的动机。安·奥克利认为它和医生期望获得职业主导地位,从而"对妇女的身体行为进行控制"的职业企图是有关系的。[29] 她还指出,随着妇女解放和获得更多的独立行动权力,医生们就更加强化推行所谓的要求妇女接受产前护理的专业"建议"了。当然,有的人也可以把这种看法颠倒过来,认为正是妇女们自己因为获得了进入公共领域的途径,因而便要求获得更好的产前服务。毕竟,最重要的那些呼吁建立产前护理体系的社会活动家不是产科医生,而是像马格丽·斯普林·赖斯那样的女性。她是为妇女争取健康权益的社会活动家,她和医学专家们一起工作,以便获得妇女们需要的信息和服务。正是斯普林·赖斯强烈主张,产前护理必须包括向妇女提供关于怀孕生理学和分娩原理的基本教育培训,还必须为她们提供惊厥前状态的检查。在玛格丽特·卢埃林·戴维斯的《怀孕的母亲》一书中,作者们也反复强调了获得这些信息的必要性。

许多产科医生也知道产前护理的社会内涵和性别内涵,以及非个人化的社会体制击败妇女的方式。例如,在布朗(F. J. Browne)的《产前与产后护理》的第一版中——该书在 1935 年到 1960 年间共发行了 9 版——作者发现,尽管巴兰坦在 20 年前乐观地预测产妇死亡率会逐渐下降,但事实却并非如此,因惊厥而导致的死亡率也没有发

---

[28] 厄德利·霍兰等:《母亲的医生:母婴健康管理》(Eardley Holland, R. C. Jewsbury and Wilfred Sheldon, *A Doctor to a Mother*: *The Management of Maternal and Infant Health*, London: Edward Arnold, 1933),第 8 页,特意做了强调。霍兰以广播谈话为基础,使用很小的平装本编制了这本怀孕小册子。

[29] 安·奥克利:《被捕获的子宫:孕妇医疗史》(Ann Oakley, *The Captured Womb*: *A History of the Medical Care of Pregnant Women*, Oxford: Blackwell, 1984),第 252 页。

生多大变化。他认为,这是因为当前的产前护理工作做得不充分,更重要的是,他认为之所以做得不够是因为医生和病人之间没有建立起良好的关系:"现在有很多以产前护理名义提供的服务都是名不副实的。相关的检查太少、太马虎、太不熟练,以至于没有任何的用处。"他坚持认为,病人必须一个一个地接受检查服务,在产前诊所里,"**不应该存在大规模生产的情景**"。[30]

布朗毫不隐晦地从工业生产中借用了"大规模生产"的隐喻,这让人感到十分震惊。他对产科医生和病人之间关系所提出的批评,正是像芭芭拉·罗思曼(Barbara Rothman)这样的女权主义者数十年来所预期的。1989 年,罗思曼提出,生育开始变成一种被异化了的分娩形式:"当婴儿和孩子变成了产品,母亲就变成了生产者,而孕妇则是生产流水线上的那些不需要有什么技能的工人。"[31]

看起来,似乎是缺乏对阶级而不是性别的理解,构成了战争期间产前护理的主要不足,这一点似乎能从马格丽·斯普林·赖斯的《工人阶级的妻子》中得到证实。如同在《怀孕的母亲》和《母亲学校》(*School for Mothers*)中一样,赖斯的研究也强调了母亲为她们已出生或未出生的孩子所做出的牺牲,她们一般都非常不愿意为自己寻求任何的医疗帮助。与此相关,报告发现了一种"令人惊奇的现象":尽管在接受调查的妇女中,有超过 70% 的人在生病时**咨询过**医生,但却只有 5% 的人从医生那里获得过**健康教育**。相反地,尽管只有 8% 的妇女**咨询过**产前护理或其他的福利中心,却有 47% 的人认为从这些**中心学到了健康知识**。斯普林·赖斯据此得出推论认为,一般而言,"母亲更加关心和紧张孩子而不是她们自己的健康",当她去诊所的

---

[30] F. J. 布朗:《产前与产后护理》(F. J. Browne, *Antenatal and Postnatal Care*, London: J. and A. Churchill, 1935),第 17—18 页,黑体为补充强调。

[31] 引自贾内尔·S. 泰勒:《超声波扫描图和婴儿车:产前诊断、怀孕和消费》(Janelle S. Taylor, "Of Sonograms and Baby Prams: Prenatal Diagnosis, Pregnancy, and Consumption"),载《女性主义研究》(*Feminist Studies*), 26:2(Summer 2000),第 395 页。

时候,也常常没有意识到要为自己的健康而向医生咨询些什么,因此"向她提供的医疗建议是附带性质的,而且常常是医生主动提供的"[32]。换句话说,要解决母亲的健康问题,最好是间接地进行。然而,母亲之所以不愿意寻求帮助,一般都是因为糟糕的经济状况,一位地区护士的信就表明了这一点:

> 只要是进行治疗,母亲就是那个被遗忘的人。她可以去医院治疗牙病或者其他什么病,但是她却支付不起交通费用,而且也无法支配自己的时间,没有人会为她支付交通费,除非她病得非常厉害需要住院。如果她付钱加入了医疗俱乐部,**也许**会有自己和孩子的"家庭"医生……如果她没钱加入,她就会尽量一直忍受着而不去接受医疗建议或治疗……只要她还能支撑下去,她就不会为了自己而去花钱看医生。(第66—67页)

因此,很多妇女没有接受产前护理的种种好处,并不像霍兰所说的那样是因为她们的"懒散",而是为了节省一切不必要的开支:如果去产前诊所的话,就意味着会接收到医生的建议,而如果履行这些建议的话,就会给其他的家庭成员造成不利影响。

事实上,这一时期产前健康所面临的大多数问题主要都是社会因素造成的,而不是临床原因所致。这一点在第二次世界大战期间和之后的那段时间变得十分明了,用安·奥克利令人难忘的话来说,二战"是长期以来,发生在产妇身上的一件最有利的事情"[33]。在她对"从战争到福利"的转变的描述中,奥克利指出,父亲在打仗,母亲在工作,家庭不再被认为是自给自足的,于是政府就必须插手在最大

---

[32] 马格丽·斯普林·赖斯:《工人阶级的妻子:她们的健康与体况》(Margery Spring Rice, *Working-Class Wives: Their Health and Conditions*, with an introduction by Dame Janet Cambell, Harmondsworth: Penguin, 1939),第47页,随后对这一文献的参考将采用随文注。

[33] 奥克利:《被捕获的子宫》,第125页。

范围内提供公共服务。1940年7月,政府颁布了一项国家牛奶计划,每天向所有处于怀孕和哺乳期的妇女提供一品脱的廉价牛奶,1941年又实行了一个维他命福利计划。孕妇和5岁以下的小孩还有额外的鸡蛋配给。在战争末期,卫生部宣称,一些证据表明这些措施是当时产妇死亡率、新生儿死亡率、婴儿死亡率和死产率显著下降的主要原因。[34]

这些营养措施在战后得到了延续,除此之外,自1948年国家医疗卫生服务法案开始生效之后,还在理论上提供了一种国家生育服务。[35]但实际上,这项服务一直都是混乱而缺乏计划协调性的。像以前一样,孕妇的护理主要来自三个不同的实体:医院官员、通业医生和地方官员。他们之间的交流依然十分缺乏。直到20世纪50年代末,之前唯一免费提供产前服务的、由地方官员设置的诊所逐渐不再流行,这在某种程度上使事情变得简单一些。因为绝大多数的妇女都是从通业医生和医院相结合的产前诊所那里接受护理,但是他们并未就产前护理达成一致性的策略,加上通业医生、助产婆和医院的产科医生之间的职业领地之争,均为随后出现更加混乱的局面埋下了隐患。

应该说,在战争刚结束的那段时期,社会福利供应增多,人们的生活水平普遍有了提高,产前护理中的一些更为急迫的问题也得到了缓解。但是,布朗所说的那种产前护理中存在的"大规模生产"现象,却进一步恶化了。在1948年皇家妇产科学院(Royal College of Obstetricians and Gynaecologists)及人口调查委员会资助发表的一项调查结果中指出,产前诊所常常受制于一些不合理的规定,仅仅用活

---

[34] 引自《被捕获的子宫》,第124—125页。正如奥克利所指出的,并不仅仅只是战时政府的"收入与饮食平等政策"促进了母亲和儿童的健康;国家的健康护理、代际之间的长期变化和产科健康等方面的潜在趋势,也是非常重要的因素。

[35] 英格兰在1946年通过了国家健康服务法案,苏格兰是1947年通过此法案。1948年7月5日正式颁布实施。

动屏风来区隔不同的房间。病人的检查常常做得很匆忙:调查表明每次检查只用了 3 分钟,这激起了对产前"工效"研究的忧虑。会诊记录还揭示出健康访问者和医院咨询者之间的劳动分工,他们没有关心单个病人的病例,更广泛地说,没有注意到接受医疗服务的病人在减少:

> 健康访问者常常是在咨询室外面访谈孕妇,并且记录下她的病历和目前的症状。然后,这个女人就在活动屏风后面脱掉长筒袜和短裤,否则就是全副武装地走进咨询室……她躺在沙发上,衣服被掀起,腹部露出来,仓促地接受听诊。医生聆听胎儿的心跳,针对她所抱怨的某个不重要的症状问上两三个问题。然后就不再进行任何的检查了,医生也没有详细的病历。[36]

萨拉·坎皮恩(Sarah Campion)在《国家宝贝》里,描述了她在国家医疗卫生服务机构生下第一个孩子时的情形,在那里样本的采集速度非常快,护士们忙得连说话的时间都没有,医生给病人检查的时间也短得可怜(2.5 分钟)。而且,她也不喜欢隐私得不到保护和把她当成病人来对待的情形:"我讨厌被粗暴对待,被针刺;讨厌坐在坚硬的公共铺位上,被剥得只剩下胸罩和内裤,周围闹哄哄的;我讨厌让自己的身体成为这场医疗混战的竞技场。"[37]然而,坎皮恩对国家医疗卫生服务工作总体上还是持一种积极的评价。尽管她意识到,很难协调系统的"公共慈善"工作和给予母亲们以"自信"的需要之间的矛盾冲突;但是她还是得出结论认为:"从我个人的经历来看,产

---

[36] 皇家妇产科学院及人口调查委员会联合委员会:《大英帝国的母亲》(Joint Committee of the Royal College of Obstetricians and Gynaecologists and the Population Investigation Committee, *Maternity in Great Britain*, Oxford: Oxford University Press, 1948),第 45 页。随后对这一文献的参考将采用随文注。

[37] 萨拉·坎皮恩:《国家宝贝》(Sarah Campion, *National Baby*, London: Ernest Benn, 1950),第 141 页。随后对这一文献的参考将采用随文注。

前诊所在解决上述矛盾方面,比医院要做得更好一些……我们每半年去一次诊所或比这更频繁,这让我们知道自己在做什么……诊所告诉我们要相信自己。"(第149—150页)坎皮恩的描述同时还揭露了这一时期国家医疗卫生服务工作中的阶级政治。她曾对一位流着泪的下等病人很是同情,但是当这个女人"承认最让人感到委屈的地方是以牺牲个人的隐私为代价而进行的快速检查……而她要求必须有一个私人的空间"时,这种同情心就立即消失殆尽了(第14页)。坎皮恩认识到,很多中产阶级的妇女将会继续支付私人医疗护理,部分是因为希望隐私得到保护,部分是因为她们很势利,但在书的末尾,她还是呼吁所有阶级的妇女都利用国家医疗卫生服务。她的担心是,如果中产阶级的妇女不签约国家医疗卫生服务,这个制度体系就将无法生存下去。

A. S. 拜厄特(A. S. Byatt)的小说《静物》对20世纪50年代的产前护理工作提出了更为尖锐的批评。其中"产前:1953年12月"这一章便关注了"包场"(block bookings)现象(12名或更多的妇女同时预约一位医生),这些孕妇需要经历漫长的等待,而且她们的尊严和隐私普遍得不到保护。小说还强调了医疗机构的霸权本质,它沦落到只考虑自身的顺利运行,而不关心它将要护理的每位妇女的福利。在拜厄特虚构的诊所里,相互欺压的妇女和冷漠严酷的医生共同创造了一种无助和消极的氛围,而这是非常致命的:一名病人尽管正在大出血,却因为太过胆怯而不敢要求医生首先给予她照顾,结果就失去了她的孩子。斯蒂芬妮·波特(Stephanie Potter,小说中的核心人物之一)因为没有理会这名妇女在排着长队时所发出的抱怨,而感到懊悔。当她向医生解释时,她说自己也被教导排队时必须保持安静:"这个地方把大家排成一行行。你必须站在你的位置上。你可能要这样站**数个小时**,没有穿腹带,因为包场而没有足够的椅子……这个地方改变了你。我告诉她我不去想这些。"[38] 这让我们想起了布朗对"大规模生产"的危险性的担忧，以及诺曼·莫里斯(Norman Morris)所说的"产科实践中的人际关系"的问题。数个世纪以来，在关于产前护理的著作中反复出现的一个主题就是，必须在医生和病人之间建立起信任关系，就像威廉·亨特自己曾经指出的："不是妇女的安全分娩，而是亲切、勤勉、优雅和富有远见的行为举止，将会成为一名男助产士受欢迎的根本原因。"[39]

信任的问题十分重要，因为产前护理是医疗实践中较为特殊的一个分支："病人"不是在生病，而是想要得到一些信息和一定程度的安慰。这里存在一个结构性的问题，因为孕妇希望得到的建议往往是情感支持方面的，这可能会将医生带入一个她/他不具备专业知识的领域，在类似的领域里，她/他没有权力，不能保证某位妇女能获得充分的营养和休息。通过小说人物对医生善意的陈词滥调的反驳，拜厄特也阐述了这一点。医生要求她："千万不要哭。这没有好处。怀孕对于一些人来说是段烦躁的时光。你必须为你的孩子着想，尽量保持平静。"斯蒂芬妮"并不生医生的气，她能想象他的感受：一个接着一个的孕妇，大家都一样，又都不一样，因为害怕、厌烦、疼痛、挫败感和羞辱感而哭泣。10 分钟一位孕妇，他如何能承受这一切，更何况很多问题根本就没法治疗？"（第 16 页）

如上文所言，诺曼·莫里斯的"产科实践中的人际关系"已揭示了大规模生产问题及其恶劣影响。这篇论文以她在查林十字医院(Charing Cross Hospital)新产科机构开业典礼上的演讲为基础，并且引用了她为搜集孕妇对产前护理的感受而与妇女杂志的往来信件。

---

[38] A. S. 拜厄特：《静物》(A. S. Byatt, *Still Life*, 1985, Harmondsworth: Penguin, 1986)，第 16 页。随后对这一文献的参考将采用随文注。

[39] 引自 W. F. 拜纳姆、罗伊·波特：《威廉·亨特与 18 世纪的医疗社会》(W. F. Bynum and Roy Porter, eds., *William Hunter and the Eighteenth-Century Medical World*, Cambridge: Cambridge University Press, 1985)，第 362 页。

其中许多信件都借用了工业生产中的隐喻（例如传送带）来描绘诊所的情况，还有许多信件关注了妇女被当做机器来对待的情况。在下列这段趣闻中，福柯的格言"如果一个人希望知道自己得的是什么病，他就必须削弱个体性，抛开自己的特殊属性"，在产科实践中发生了如此的变形：

> 产前诊所里的护士和医生都非常的友善和乐于帮忙——但是我们就像是"香肠机里的香肠"。我想这里的孕妇实在太多，而医生实在太少。非常搞笑的是听到一位护士在看到一位孕妇的脸化了妆时的评论，她告诫这位孕妇："不要用你的脸来打扰医生，亲爱的，他感兴趣的是你下面的那张脸。"[40]

莫里斯认为，之前建构医生和病人之间关系的基础是将病人当作劣等人来看待。他强调"孕妇非常脆弱"，然后重新回到信任的问题，他再次强调在医生和病人的关系上，"**话语**（words）十分重要，它对病人具有很大的影响力"，并且"亲切仁慈的态度也意义非凡"。这样一种视角向标准化的健康护理模式提出了一种挑战，这种模式就像克里斯多夫·劳伦斯（Christopher Lawrence）所注意到的那样，它在20世纪中期的地位变得"几乎无可置疑"。这一模式依赖于某种流行的医学观点，其将医学视为医生和疾病之间而不是医生和病人之间的一场遭遇战。因为疾病被定义为与个体特殊性无关的病理学特征，人们相当然地认为病理学问题的处理（或者说，在产前护理的案例中

---

[40] 诺曼·莫里斯：《产科实践中的人际关系》（Norman Morris, "Human Relations in Obstetric Practice"），载《柳叶刀》（*The Lancet*），Vol. 2（1—6 1960），第913页。同时参考米歇尔·福柯：《诊所的诞生：医学知觉考古学》（Michel Foucault, *The Birth of the Clinic: An Archaeology of Medical Perception*, trans. A. M. Sherdan, London: Routledge, 1997），第14页。

对相关症状的探测)基本不需要对个体的情感需求给予关心。[41]

阿伯丁助产术与妇科医学的皇家教授杜格尔·贝尔德(Sir Dugald Baird),在1960年的《柳叶刀》上发表了两篇论文,认真讨论了产前护理的临床有效性问题。贝尔德对产科学进行了40年的调查,他注意到降低产妇死亡率方面最为重要的进展是有效根除了产后败血症。而在胎儿死亡率方面,贝尔德发现英格兰和威尔士的死产率比其他许多国家的要高,而且在引入国家医疗卫生服务之后的过去十年甚至更长的时间内,这方面的情况依然没有得到改善。通过分析过去三十年的死产率的变化,他认为在20世纪20年代末30年代初,高失业率和高死产率之间存在相关性。反过来,1933年之后失业率的下降也和死产率的下降有关系,后者得益于战争期间"开明的粮食政策"。换句话说,胎儿的健康在很多程度上依赖于社会和环境的因素,后者具有长期的、传代的影响力。因此,胎儿的健康不仅取决于母亲在怀孕期间要获得好的食物,也依赖于母亲平时的身体健康状况和体格。依此而言,这就关系到母亲自己的童年,包括她的饮食状况。因此,就母亲对胎儿的影响而言,贝尔德主张妇女"从出生到发育成熟时的食谱,至少和她们怀孕期间的食谱同等重要"。[42]

在产期死亡率方面——指的是每1000次分娩中,死产和第一周内死亡的人数——贝尔德认为,如果要降低产期死亡率,使它远远低于目前千分之三十的水平,就要求"妇女的普遍健康水平和体格得到非常大的改善"。他主张要对早产问题给予更多的研究,因为它已取代分娩外伤而成为导致产期死亡的主要原因。他发现"尽管对活胎早产的处理已有了很大的改善,但我们依然对胎儿发育受损的原因

---

[41] 参见克里斯多夫·劳伦斯:《英国近代化中的医学(1700—1920)》(Christopher Lawrence, *Medicine in the Making of Modern Britain 1700-1920*, London: Routledge, 1994),第86—87页。

[42] 杜格尔·贝尔德:《近代产科学的演化》(Dugald Baird, "The Evolution of Modern Obstetrics"),载《柳叶刀》(*The Lancet*), Vol.2(7—12 1960),第560页。

知之甚少,或者对分娩发生的原因也不清楚,无论是如期分娩还是过早分娩"。[43] 换句话说,人们不了解流产、早产和发育延迟的原因;而且更为重要的是,也无法去估计"胎盘功能不全"的影响。在这样的情况下,一般的产前检测计划看起来似乎有些不切实际,因为它无法预计产期死亡率的主要原因。贝尔德并没有明确这么说,但如果像20年后《柳叶刀》已经允许发表类似于"常规产前护理值得做吗?"这样的文章的话,那他肯定会明确提出来的;即便如此,在他的文章中还是隐含了上述意思。[44] 同样重要的是,在考虑到年龄大的经产孕妇(之前已多次分娩的妇女——属于高危人群)的问题时,贝尔德采纳的是主张利用高技术的、干预主义的路线:"我们的调查研究表明,应该使用催产素以避免胎盘功能不全所带来的风险……还必须更为自由地使用剖腹产手术,以避免在分娩过程中给胎儿造成不适宜的压力。"

怀孕的"技术化"可以追溯到20世纪20年代首次出现可靠的怀孕测试。阿希海姆—仓德克试验(Aschheim and Zondek test)的背景是发现孕妇尿液中雌性激素的含量远远超过一般水平。这就涉及到对动物进行实验,刚开始一般只在那些特别需要进行诊断的病例中才进行这样的检测。1929年创立了一个"怀孕诊断站",以采集全国的样本,该机构1930年的报告用这样的语言描述怀孕的一个典型特征:"病人非常神经质,并确信她正在怀孕"(后来证明事实并非如此)。随着相关技术变得更加完善,费用也越来越便宜,这种试验开始演变为一项常规检查。因此,怀孕的诊断不再依靠医生或助产婆的"触摸"或身体检查,而是通过向实验室提供尿液样本来实现,测试的结果一般也是从电

---

[43] 同上,第612—613页。
[44] 马里恩·霍尔等:《常规产前护理值得做吗》(Marion H. Hall, P. K. Ching and I. MacGillivray, "Is Routine Antenatal Care Worthwhile?"),载《柳叶刀》(*The Lancet*), Vol. 2 (7—12 1980),第78—80页。作者认为问题并不是说"常规产前护理在产科问题的预报和探测方面的效率非常低,而是表明需要缩减为了这类目的而来拜访的孕妇的人数,从而让产前护理惠及那些没有特殊问题的妇女"(第78页)。

话通知中获得。在小说《花园处女》中,拜厄特就戏剧性地描述了一次这样的电话报喜过程,接电话的公共电话亭"散发着腐败的烟味、暴晒后的尿臊味和焦炙的金属味"[45]。在这里,拜厄特关注了改造怀孕知识的方式,其中怀孕知识一经通过新的技术和程序转换过后,立即就变得更加可靠,更加非个人化。随着能同时保证可靠性和隐私性的家用怀孕测试工具的研发,这种情况再次发生了改变。

另外一个更加重要的(也有些不幸的)技术发展就是 X 射线技术的引进,目的是为了诊断怀孕和确定妊娠时间。我们很难确定 X 射线作为常规诊断手段的应用范围到底有多广泛,但在 20 世纪 20 年代和 30 年代,有些地区的所有孕妇确实都接受过这种放射性检测。尽管当时也有考虑过这项技术的安全性问题,但其实际应用却一直持续到 40 年代和 50 年代:在夏洛特王后医院(Queen Charlotte's Hospital),接受 X 射线检测的产科病人的比例从 1946 年的 28.5% 上升到 1954 年的 66.7%。[46]但是,自 1956 年爱丽丝·斯图尔特(Alice Stewart)发表了一项研究结果,暗示 X 射线可能会引发儿童癌症,便导致其作为诊断手段的应用立即大幅度锐减。无论如何,到 20 世纪 50 年代末又研发出一项更加完善的技术,这项技术能帮助临床医师监测孕妇子宫内的生命状态。格拉斯哥的助产术教授伊恩·唐纳德(Ian Donald)运用海军的声纳回声技术发明了超声波检测技术,并在 1958 年的《柳叶刀》上发表了他的第一篇相关论文。其中的原理是,声纳所利用的声波在液体中有很好的穿透性,当它遇到固态物体时,反射回来的声波可以转换为电信号,据此可以制出物体的图像。唐纳德认识到,对这一技术进行改进就能在胎儿发育的探测和图像描绘中应用。但是,超声波在产科学中的应用却经历了一个渐进的

---

[45] 拜厄特:《花园处女》(A. S. Byatt, *The Virgin in the Garden*, 1978, Harmondsworth: Penguin, 1981),第 295 页。

[46] 这些数字来自奥克利:《被捕获的子宫》,第 105 页。

过程。20世纪60年代，唐纳德的"B型超声波"扫描仪看似被一些热情的产科医师用于探测胎盘前置、胎儿发育延迟等情况，但是就像国王学院医院（King's College Hospital）的妇产科教授斯图尔特·坎贝尔（Stuart Campbell）所言，"使用这种沉重、笨拙的仪器所需要的献身精神、临床经验和专门技术，都非常稀缺。这一时期的超声波扫描普遍被认为是一种艺术活儿，如果地方上能获得专门技术，拥有它将是非常美妙的事情"。实时扫描仪的研发"尤其急需实现突破"，以便带来更加廉价、轻便和小巧的检测仪器，并且使得扫描在技术操作上也变得更加容易。[47] 结果在20世纪70年代的英国，超声波已发展成为检测胎儿发育的最为普遍的方法。

像坎贝尔这样的狂热追捧者，为超声波技术在产科实践中的应用欢呼不已，并称之为专业领域中"最伟大的、革命性的里程碑"。他说道：

> 也许无法预料，但这场实时性革命的最终益处将是父母看到他们的胎儿在屏幕上移动，他们知道了它的状况，肯定感到快乐，超声波扫描成了一件家庭事务。母亲和胎儿之间的联系纽带也得到了加强……毫无疑问，父母接受这种高技术特殊形式的意愿一定非常强烈。（第369—370页）

然而并没有证据支持上述这段鲁莽的断言，而且就像我们将在第5章所看到的那样，妇女对超声波图像的看法也多种多样。其原因在于这些妇女之间存在阶级、种族等方面的社会差异，也存在年龄、生育史等方面的生物学差异，而且扫描所发生的临床医疗背景也会有

---

[47] 斯图尔特·坎贝尔:《妇产科学中的超声波技术：近来的新进展》（Stuart Campbell, ed, *Ultrasound in Obstetrics and Gynaecology*: *Recent Advances*），载《妇产科门诊》，(book version of *Clinics in Obstetrics and Gynaecology*), vol.10, No.3(12, 1983), London, Philadelphia and Toronto: W. B. Saunders, 1983），第369页。随后对这一文献的参考将采用随文注。

差别。因此还不能理所当然地设想超声波图像的意义：它取决于被接受和解释的具体与境。

自然分娩

推动自然分娩运动发展的主要动力来自于对"大规模生产"的批判，以及对产科实践中技术干预不断增加的趋势的反抗。如同我们已经看到的，许多母亲对于产前护理中的传送带式的做法感到惊慌和沮丧，它破坏而非树立了孕妇们的自信心。她们中的很多人不信任技术研发的医学热情：例如，一位在20世纪50年代为了诊断双胞胎情况而接受过X射线检测的妇女后来承认，"怀孕的时候我有些担心照了X射线会不会有什么危害，但当时你不能认为你可以质疑一些事情。他们是专家，而且他们知道——你只要按照他们的话去做就行了"[48]。自然分娩运动的目的就是试图去解决妇女丧失自信心的问题，以及怀孕和分娩越来越医疗化的问题。运动始于格兰特利·迪克·里德的工作，他让人相信妇女在分娩时所感受到的疼痛是因为她们预想了这样的痛。害怕和担心导致她们肌肉紧张，子宫颈压缩，这使得孩子难以顺利通过骨盆："害怕本身产生了疼痛，疼痛和恐惧又加剧了分娩的痛苦。"[49]顺利怀孕和分娩的良方就是和自己的医生或助产婆保持良好的私人关系，并且自始至终都能得到他们的告知和支持，从他们那里学会放松和呼吸，而这些练习将会在她分娩时帮助到她。可见，里德主要关心的是产妇的情感需求，他主张

---

[48] 乔安娜·摩尔哈德：《新生代：英国人口生育四十年》（Joanna Moorhead, *New Generations*: *40 Years of Birth in Britain*, Cambridge: HMSO in collaboration with National Childbirth Trust Publishing Ltd. , 1996），第25页。

[49] 格兰特利·迪克·里德：《自然分娩》（Grantly Dick Read, *Natural Childbirth*, London: William Heinemann, 1933），第37页。

从产期的最初安排开始就必须关照到这一点:

> 也许我们忽视了早期护理安排中孕妇的兴奋状态……在怀孕期间,一般的女性都需要获得大量的支持,她要求获得对自己所不熟悉的事情的了解……护士、医生和产前诊所必须帮助她树立起对待分娩的正确态度。[50]

同时,他还批判了许多产科医生将他们的病人当成工具来对待的做法,认为产前护理常常过分地将重点放在纯科学问题上,医生们只关心"身体组织和新陈代谢的效率问题",却没有去"深入研究那些向他们求助的妇女的想法"。他很简洁有力地指出:"他们通常将妇女当作一台生育机器来看待。"[51]

用我们今天的话来说,里德的这些观点强调的是整体治疗的重要性。尽管他的主张是建立在一些奇怪且没有被证实的假设基础之上,例如认为"原始"人和穷人的健康身体有利于怀孕和分娩,但观点的提出本身还是非常及时而且令人信服的。他强调,在怀孕期间,

> 原始社会的妇女还得继续她的工作——在农田里耕种,在用牛拉车辛苦地搬运着货物,在橡胶种植园里劳作,或者在一切可能雇佣她的地方劳动。胎儿就是在她这种充实而且自然的生活过程中成长发育的。她肌肉强健,生理健康,身体的各项机能都在正常发挥作用,没有任何的不适、麻烦或感到羞愧。于是孩子就这样出生了——瘦小、坚硬且易于分娩。[52]

---

[50] 里德:《分娩启示》(Read, *Revelation of Childbirth*),第73—74页。
[51] 同上书,第88页。
[52] 里德:《自然分娩》(Read, *Natural Childbirth*),第23页。

他继续描写了自己亲眼见证的一次分娩,当时在"亚热带的阳光"下,整个分娩过程非常的顺利,以至于他自始至终都是叼着烟斗悠闲地在一旁观看。这一段描写很典型,里德只是以一个没有交代任何环境细节的案例为基础,就充满信心地表达了上述断言。他对"原始人"的分类尤其令人感到担忧,因为它包括了中国、印度和日本的古代文明。他对"穷人"的分类相对要合理一些,但同样缺乏支持性的证据。里德的论题是穷人与"现实"和自然过程的接触更加紧密——实际上,他们就更加原始。妇女的怀孕和分娩更加顺利,是因为"在那里生活本身就承受着苦难,她们必须在一个原始本能没有得到约束的社会里,为了生存而斗争,那样的环境锻就了她们的个人意志,培养了基本的生存经验,因此怀孕和分娩对于年轻的母亲们来说,并不是一件完全陌生和不确定的状态"[53]。

里德的著作很快就产生了社会影响,他对怀孕和分娩的看法受到了许多英国产科医生的拥护。例如,F. J. 布朗就邀请他在第一版的《产前与产后护理》中写作第一章"情感在怀孕和分娩中的重要性"。的确,里德的思路非常符合英国产科学领域长期存在的保守传统和谨慎的医疗干预态度,后者可以追溯到托马斯·登曼 1788 年出版的《助产术实践导论》和随后在 20 世纪出版的重要文献——《夏洛特王后产科教科书》(Queen Charlotte's Textbook of Obstetrics)。[54] 确实,用"保守"而不是"自然"来形容里德的哲学也许更恰当一些。这种哲学受到当代科学思想的启发,利用了很多这方面的资源,其中就包括查尔斯·谢林顿爵士(Sir Charles Sherrington)对疼痛感受器的

---

[53] 里德:《自然分娩》(Read, *Natural Childbirth*),第 44 页。
[54] 美国产科医师对里德的思想并不是很响应。1950 年在《美国医学协会杂志》上发表了一篇最具破坏力的批判文章,挑战了里德关于社会越"原始",其妇女分娩就越少痛苦的主张。作者们怀疑疼痛源自于害怕以及普及分娩教育能根除这种疼痛的想法,他们认为现代产科学的干预主义做法促进了母婴死亡率的锐减。参考 D. 里德和 M. E. 科恩:"产科学趋势"(D. Reid and M. E. Cohen, "Trends in Obstetrics"),载《美国医学协会杂志》(*Journal of the American Medical Association*), Vol. 142(1950),第 615—623 页。

作用的论述,除此之外,这种哲学还考虑到了痛感丧失的意义。

无论如何,"自然"和"自然的"都是非常易变的概念/建构——当代最富有影响力的科学杂志就是《自然》(Nature),这一点便例证了它们的易变性。在里德使用"自然的"这一术语时,他的确是试图表达一种不干预的医疗思路,试图恢复自然作为一位仁慈的、甚至充满神秘力量的形象,赋予它一种后浪漫主义的内涵。在里德看来,怀孕是一件精神性的、甚至宗教性的体验。在《分娩启示》中他提到,

> 怀孕没有紧张和害怕,相反它充满了一种内在的深层渴望,那便是想要获得对生命精神力量的更全面、更明晰的认识。孕妇们提到了一种很难说明白的兴奋感,这实际上就是一种内心的喜悦,这种喜悦会带领她们走出世俗的现实生活,进入一个全新的世界,在那里她们始终过着身心都很愉悦兴奋的生活。只有男人才对自然怀孕过程中的这种难以压制的情感变化不知不觉。(第137—138页)

在这里,里德也许参考了巴格诺尔德在《乡绅》中对怀孕的诗意想象。事实可能是巴格诺尔德曾经读过《自然分娩》这本书,而在她的书于1938年出版时,里德就向她回致了自己的祝贺之词。巴格诺尔德用"愉悦兴奋"(exaltation)这个词来描绘怀孕,而且也指出怀孕能体验到一种全新的时间感受。她写道:

> 子宫里的胎儿或者怀抱里的小家伙能够停止时间。时间静止了,死神后退了……带着半分茫然,半分神秘,她感觉到她的生命之墙延长了,变薄了……她绕着房子散步,抚摸着她的孩子,和他们说着话,从生命、时间和死亡中解脱出来。她不需要走得更快一些了,因为她已经步入了永恒。(第153页)

在巴格诺尔德看来,随着"她的生命之墙"开始变薄,孕妇就从时间和死亡中走了出来,与此同时却和生死之外的东西离得更近了。她的视角和朱莉亚·克里斯蒂娃对"怀孕"妇女主观性的描述有相似之处。在《女人的时间》("Women's Time")一文中,克里斯蒂娃提出,这种主观性和循环时间(cyclical time)("与自然节律类似的一种循环出现的生物节律")是有关系的,同时也与永恒时间(monumental time)("无所不包、无穷无限,像是一个想象的场域")有关。克里斯蒂娃十分谨慎地指出:"在无数的经验里,重复和永恒都是建构时间的基本观念,对于一些神秘的体验来说,情况就更是如此",而且这种对时间的体验并不和男性气质的主观性不相容。在这篇论文或其他的文章中,她仍旧坚持认为怀孕是一种十分优雅的状态,并以此作为她对基督教的怀孕表述进行批判的一个组成部分。[55]

在对女性的身体体验进行描述方面,多丽丝·莱辛(Doris Lessing)冲破了很多禁忌,她在《金色笔记》(*The Golden Notebook*,1963)第二版的序言中,对她的小说因提及月经这个话题而引起的轰动给予了讽刺性的评论。两年之后,她又出版了另外一部书《良缘》,其中描述了女性的怀孕身体体验,这对于一个小说家而言可能是更加"不适宜的"话题。像巴格诺尔德一样,莱辛认为怀孕伴随着时间的错位,并且这种时间的移位还能带来对人类发育力量的更全面的理解。通过玛莎·奎斯特(Martha Quest,系列小说《暴力的孩子们》[*Children of Violence*]中的一个核心人物)的自我意识,莱辛对怀孕体验的陈述回应了弗洛伊德的观点,即个体发育(ontogeny)重演了系统

---

[55] 朱莉亚·克里斯蒂娃:《乔凡尼·贝利尼的母职》(Julia Kristeva, "Motherhood According to Giovanni Bellini", 1975);《圣母悼歌》("Stabat Mater", 1977);《女人的时间》("Women's Time", 1979),见《克里斯蒂娃文集》(all in Kelly Oliver, ed, *The Portable Kristeva*, New York and Chichester: Columbia University Press, 1997)。

发育（phylogeny）的过程。[56] 莱辛进一步拓展了怀孕的解释框架，创造性地将怀孕和史前史的概念结合起来，例如她将产前生命纳入了个体发生学的范畴之中：

> 道格拉斯离开家去公司的时候，玛莎随意地走进了咖啡馆，她坐在那里，双手聆听胎音。特别引人注目的是她的身体里住着一个陌生人。整个人十分的兴奋，心情急躁而迫切。然而，几分钟之后情绪开始慢慢沉淀下来。她再次感受到时间又和她玩了一次花招。傍晚时分，道格拉斯从公司下班回来了，她很艰难地让自己清醒振奋起来，但还是头晕晕的。对她来说，好像经历了一段漫长的时间之旅。在她的肚子里，人类的种子已经奋斗和进化了另一个百万年；那另一个时间正在召唤她的关注。[57]

莱辛继续追溯史前史和史前文化的话题，随后描写了怀孕的玛莎浑身赤裸着在泥地（原始的粘土）里打滚的情形，她的孩子仅仅只得到了"半英寸的身体"的保护。

尽管没有证据表明莱辛曾阅读过迪克·里德的文章，但她的小说对怀孕的描述却符合里德的想象。在她的自传里，莱辛将自己的怀孕经历描绘成健康自然战胜医疗规则和限制的结果。她同样有力地描述了孕妇和20世纪50至60年代发展起来的医疗制度之间的敌对状态。如莱辛所言，这二者之间的斗争就是18世纪尼哈尔和斯摩莱特之间争论的一个翻版，后者在本书第一章已经讨论过了。谁有权力代言怀孕？怀孕如何能得到最佳的表达——通过孕妇的认知

---

[56] 胚胎学家欧内斯特·海克尔（Ernst Haeckel）在《人类的进化》（*The Evolution of Man*）一书中，首先提出"个体发生学（个体的发育）重演了种族系统史（人类种族的进化）"的主张。弗洛伊德在《摩西与一神论》（*Moses and Monotheism*, 1932）中发展了这一思想。

[57] 多丽丝·莱辛：《良缘》（Doris Lessing, *A Proper Marriage*, 1964, St Albans: Panther Books, 1966），第129页。

还是医生的凝视？对此，莱辛解释说：

> 在3个半月之前的那些日子里，你不敢说你的宝贝已经在"动"了，不敢说当它在子宫里静静地呆着的时候就能感应到你的想法和你的心情。你说你的孩子从出生的那一刻开始就熟悉你的声音，这没有用……你这样说的话，医生会像你的恩人一般劝说这只是你的幻觉，告诉你女人总是爱去想象一些并不存在的事情。[58]

尽管莱辛的怀孕经历发生在南罗德西亚地区（Southern Rhodesia），但这种带有性别风格性质的争论依然在英国和美国产生了强化影响。这部分是因为里德的著作所带来的副作用，部分是因为在英国还受到了自然分娩协会（Natural Childbirth Association）的推动，里德就是该协会的第一任主席。该协会由普鲁内拉·布赖恩斯（Prunella Briance）于1956年创立，她的第二个孩子死于常规产科护理。她确信如果当初遵循了里德关于分娩的不干预主义思想，她的孩子就能幸免于难，于是她抱定决心要帮助推广里德的著作和思想，使其广为人知。她在这方面做得非常成功：1957年自然分娩协会的开办吸引了新闻界的大量关注，组织者还接到了女王的电话支持。协会的目标（后来改名为国家生育协会［National Childbirth Association］，现在的名称是国家生育信托基金会［National Childbirth Trust，简称NCT］）是教授孕妇相关的知识，包括放松、呼吸和按摩方面的技巧；以及通过向她们提供情感支持来帮助她们树立起自信心。人们很快就发现，实现第二个目标的办法是必须建立一些妇女团队，让她们在一起

---

[58] 多丽丝·莱辛：《我的皮肤之下：个人自传——至1949年》（Doris Lessing, *Under My Skin: Volume One of My Autobiography, To 1949*, 1994, London: Flamingo, 1995），第214页。

倾诉自己的焦虑,分享自己的信息。其中,杰茜卡·迪克·里德(Jessica Dick Read)、希拉·基辛格(Sheila Kitzinger)和贝蒂·帕森斯(Betty Parsons)就是第一批建立后来被称为产前培训班的人。这些产前培训班只收取非常少的费用,上课地点通常是在教师自己的家中。[59] 所有的教师在完成信托基金会设置的训练课程之外,还补充分享了她们自己的分娩经验。

国家生育信托基金会延续了里德对孕妇及其需求尤其是情感需求的强调,也正是这一点导致了社会上认为它的职责和整个医疗职业相抵触的看法。实际上,在 20 世纪 60 年代期间,国家生育信托基金会一直很慎重地致力于改进产科实践状况。它聘请首席产科医师组成专门顾问小组,并且用玛乔丽·图(Margery Tew)的话来说,还努力寻求"医疗服务者与消费者之间的合作和互补而不是对抗"[60]。直到 20 世纪 70 年代,国家生育信托基金会才被迫放弃安抚调和的政策,这主要是由于对分娩的医疗干预持续增加,以及引产率飙升所致。然而,类似于希拉·基辛格的《分娩经验》等书籍,还是试图去挑战而且也确实挑战了日常的产科实践和社会对待孕妇的态度。

在这部畅销书中,基辛格综合运用了她作为人类学家的个人经验和当代心理学的成果,去探讨怀孕和分娩的社会、心理学内容,她集中关注的是妇女而不是里德所称的"生育机器"。和里德一样,她

---

[59] 玛格丽特·希伯斯威特(Margaret Hebblethwaite)这样描述道:"希拉·基辛格等人的产前培训班有些特别。开班的地点是她在科茨沃尔德丘陵地区的家。在一个偌大的起居室里,摆放了很多颇具艺术色彩的沙发、豆形的袋子,地板上铺着软垫,周围的环境看起来十分奢华,让人感觉有些奢侈。希拉本人充满了热情和能量,显然,她十分热爱自己的工作:你帮不了她什么忙,相反你会受到她这种精神的感染。在最后一次课上,当一位妇女真的开始出现分娩的早期反应时,我们所有人也都假装自己正在发生宫缩。另一位妇女,她的预产期被认为会更早一些,紧挨着她坐在地板上说:'我好妒忌你啊。'其实我们所有人都有这样的感受。我们都在期待着开始那伟大的冒险。"引自摩尔哈德:《新生代》,第 62 页。

[60] 玛乔丽·图:《安全分娩?产科护理批判史》(Marjorie Tew, *Safer Childbirth? A Critical History of Maternity Care*, second edition, London: Chapman and Hall, 1995),第235页。

将身体过程和精神感受关联在一起,认为分娩决不是简单地从身体里取出孩子的方法,它关乎到一个人同生命整体的关系,其中"每一部分都必须按照自然的秩序去发挥作用"。她提出,怀孕对于一些妇女而言,就明显是一个精神层面的事件:"随着胎儿的发育,能感受到它在身体里游动,这对于一些妇女来说就是天使报喜、道成肉身,它的存在似乎已成事实。"[61] 不同于拜厄特,基辛格用孕妇一旦被卷入产前护理的机械介入医疗后就不得不面临的残酷现实,来对比妇女未能实现的那种潜力。当她们拜访产前诊所时,就不得不面临着长达 3 个小时的、令人沮丧的排队等待,有时候检查的房间还非常脏乱,里面有很多别的孕妇。她们在一个很高很硬的台子上接受检查,医生"艰难地将手推挤、伸入她的腹股沟,最后将手指滑入她的阴道。他很少会安慰她一切都很正常,而是表情非常严肃和专注,把她一个人丢在那里想象最坏的情况"(第 49 页)。

基辛格认为,在这样的情形中,很多妇女会选择拒绝怀孕,这种反抗可能是以精神抑郁的形式出现。在这里,基辛格运用心理学语言描述了孕妇所遭遇的状况,这种状况也许可以被称为是 20 世纪版本的"妊娠期精神病"。她指出,孕妇的心理护理依然是"一片广袤而有待探索的"领域。以她个人的经历来看,一些妇女感到心情抑郁是因为她们"觉得怀孕很耻辱或者有被欺骗的感觉"。而且,在怀孕 34 周至 37 周的时候,很多妇女都遭受了"无法解释的抑郁",此时她们的自信心回落到了最低谷。但分娩之前的这种抑郁是一种可以预知和照护的精神状态,基辛格写道:"大家都听得很多,知道分娩三天后,产妇可能会感到忧郁,但实际上产前的这种忧郁要比产后忧郁症发生得更为普遍。"(第 57 页)尽管当代的产科教材也提到过怀孕期间的精神抑郁问题,但却常常将其和诸如非法私生等明显的诱因联

---

[61] 希拉·基辛格:《分娩经验》(Sheila Kitzinger, *The Experience of Childbirth*, revised edition, Harmondsworth: Penguin, 1967),第 19 页。随后对这一文献的参考将采用随文注。

系在一起,基辛格是极少数详细探讨怀孕的心理学影响的作家。[62]
她描述了有些妇女在想象肚中孩子时所产生的一种强烈憎恶感:"孩子在她们的体内像一条寄生虫一样生长,夺去了她们的生命力,让她们的身体感到恶心。不可避免的胚胎发育过程开始了,她们的身体越来越笨重,胎儿在身体里踢闹,这一切都让她们感到恐惧和害怕。"(第53页)此外,她还描写了孕妇对异常和畸形的恐惧:"在我的身体里滋养着的小东西,我是如此的珍爱它,用我的全部生命来塑造它,它的心脏在我的身体深处活泼地跳动着——但如果它被证实是一个可怕的、畸形的次等人(sub-human),面对这个看到都让我战栗但却必须去爱它的小东西,我该怎么办?"(第57页)基辛格将这些恐惧和母亲个人的心理状态,以及一般意义上的不完满感或内疚感联系在一起,从而在某种程度上缓解了恐惧感。

从讨论异种生殖的可能性的当代通俗小说来看,这可能是更为重要的东西。异种生殖是赫胥黎造的词,指的是生出与母体完全无关的有机生物。这一想法在约翰·温德姆(John Wyndham)的小说《米德维奇村庄的布谷鸟》中得到了最为突出的呈现。温德姆编排了这样一个情节:来自另一星球的外星人造访了安静的英国村庄米德维奇,某一天夜晚整个村庄的育龄妇女都怀上了外星孩子。孩子出生之后不仅成为外星人而且还会心灵感应术。于是问题就来了,这30个左右的女孩和男孩究竟能不能算是一个个的人呢?或者说他们能否被看成是一半是女性超灵魂,一半是男性超灵魂的组成部分

---

[62] 1952年版本的《夏洛特王后的产科实践》对怀孕期间的精神抑郁问题,持一种十分粗暴的处理态度,将它和基辛格对此问题的看法进行比较,将是十分有启发性的。前者在题为"精神病学与生育"的章节中宣称,怀孕期间发生精神错乱或抑郁都是最为常见的。如果小孩不是自己想要的(例如未婚妈妈的情况),就会引发相应的精神抑郁症状。此外,该书还注意到怀孕期间常常会出现的孕妇燥狂抑郁病症,并主张对此采取电击疗法(electro-convulsive therapy),认为这个方法一直可以用到第7个月的时候。医疗从业者体现了对社会偏见的令人惊讶的反映,他们总是被提醒"未婚妈妈常常会出现一定程度的精神缺陷或障碍"。因此,处理精神缺陷的地方健康机构常常会接到这方面的病例通报,于是这些妇女就会接受它们的"护理和督管"(第488页)。

呢。这些孩子的出现,可以借用当代人对原子弹、失足儿童和"未婚母亲"的担忧来解释,"未婚妈妈"之所以会引起社会关注,是因为对这些母亲及其孩子的济养已不再是个体家庭或慈善机构的事情,而成为了福利国家的负担。除此之外,还可以从精神分析的角度来解读这篇小说,认为它表达了男性的一种恐惧,用芭芭拉·科瑞德(Barbara Creed)的话来说就是对"孤雌生殖、原始母体……在通晓阴茎知识之前就存在的个体"的想象。[63] 通过小说家戈登·泽拉比(Gordon Zellaby)这个角色形象,温德姆描绘了与男性完全不同的女性形象:"男人也许会建造、毁坏和玩弄所有的玩具;他们是令人不安的麻烦,用途短暂,四处游荡;而女人,因为与伟大的生命之树有着神秘的脐带关联,**知道**她自己是不可或缺的。"[64] 使用脐带这个隐喻来关联妇女和生命的起源,表达了对科瑞德所说的"具有生育力的、孤雌生殖的母亲——孕育万物的、古老的原始人物形象"的恐惧和渴望。

然而,小说不仅仅只是探讨男性对妇女的超常能力的恐惧(通过外星孩子的出生来表达),也表达了女性"孵化"外星人时的焦虑。与基辛格所描绘的一些情绪相呼应,小说中的一位妇女就表明,身体的被入侵让她失去了人类的身份认同:"'我不知道,'她大声呼喊道,'不**知道**什么东西正在那里生长——也不能确定它是如何生长的,或者说它是什么。它是如此——如此的卑劣,戈登,这让我感觉自己好像变成了一只动物。'"(第 73 页)可见,这些怀孕都编码了一系列相互关联的恐惧感,包括对个体生育失败的恐惧以及对整个人类种族灭亡的恐惧。

---

[63] 芭芭拉·科瑞德:《恐惧与怪异的女性气质:一场虚构的屈辱》(Barbara Creed, "Horror and the Monstrous-Feminine: An Imaginary Abjection"),载《银屏》(*Screen*), Vol. 27, No. 1 (January-February 1986),第 55、58 页。

[64] 约翰·温德姆:《米德维奇村庄的布谷鸟》(John Wyndham, *The Midwich Cuckoos*, 1957, Harmondsworth: Penguin, 1960),第 174 页。随后对这一文献的参考将采用随文注。

除此之外,温德姆还预期并讨论了代孕可能引发的社会问题和伦理问题。例如,山村里的一些妇女依然和"她们的"孩子保持联系,即使她们和孩子之间并没有生物学或遗传学上的关系。泽拉比解释说:"她们现在都很清楚地**知道**,从生物学意义上来讲,他们不是自己的孩子,但是她们的确经历了生育这些孩子的麻烦和痛苦——而且这种关系……并不是她们所能剪断和遗忘的。"(第156页)除此之外,小说还讨论了与克隆人相关的伦理问题和法律问题,温德姆和泽拉比以及其他的一些人一样,为这些克隆人能否获得与人类相似的法律地位问题而争论。因此,可以说温德姆的小说是具有预见性的。对于战后时期的很多人来说,事情已经变得很明显了,一些生育技术形式迟早会成为可能,它们将不可挽回地改变生育医学的性质和范围。

5 生育未来

第二次女权主义运动浪潮与人口生育

第一次女权主义运动浪潮为妇女带来了政治上的解放,并且大大增加了她们的法律权利;相比之下,第二次女权主义运动浪潮的兴起则建立在这样的共识基础之上:性别不平等问题之所以持续得不到解决,根源不仅在于政治和法律的结构性限制,还在于意识形态层面的权力控制。于是,第二次浪潮超越了为妇女争取具体变革的运动目标,开始探讨和挑战主流意识形态对女性气质的表达。其中,除了将妇女建构成色情对象(1968年"美国小姐"选美活动中发生的"焚烧乳罩"事件,对这一点进行了最著名的批判)之外,最强悍牢固的意识形态就是将妇女建构成家庭主妇,后者可被看成是20世纪版本的考文垂·帕特摩尔(Coventry Patmore)的"家里的天使"*。这种女性气质的意识形态建构及其具体的决定因素,都遭遇了诸多的批判,但批判者的立场却是混乱多样的,这是因为第二次女权主义运动浪潮本身就不是铁板一块。

其中,在女性主义学者中间产生最大分歧的一个议题,就是妇女与生育的关系问题。在1970年首次出版的《性的辩证法》中,舒拉米

---

* 考文垂·帕特摩尔(1823—1896),英国诗人,《家里的天使》("Angel in the House")是帕特摩尔献给妻子艾米丽的一首诗,其中描绘了一种理想化的维多利亚式的女性气质。——译注

斯·费尔斯通(Shulamith Firestone)提出了一种十分强硬的观点,她坚持认为生育能力是导致妇女处于屈从地位的一个首要原因,只有当妇女从生育牢笼中解脱出来,她们才能获得自由。尽管她同意波伏娃(Simone de Beauvoir)的观点,认为男女在生物学上的差异并不会必然导致男人对女人的统治,但她还是主张"制造差异的生育**功能**"还是会使得这种统治成为不可避免的事情。[1] 因此,她强烈呼吁"通过一切可以利用的方式,帮助妇女从生物学的生育牢笼中解放出来,主张将生育和抚养小孩的职责分散给全社会,包括女人也包括男人"(第233页)。这样一种主张,实际是建立在对生育技术的乐观预期上:即相信人类不久就能研发出可靠的避孕技术、人工受精技术,甚至制造出人造胎盘从而使得胚胎在妊娠初期就能移植其中。因此,她认为"单纯由一个性别为了两性共同的利益而进行的物种繁衍任务,将会被人工生育所取代(至少可以做出这一选择)"(第12页)。

因此,费尔斯通是通过对科学控制生育(先前的霍尔丹对此态度举棋不定)的强调,来实现她的女权主义政治主张的。在她看来,妇女的自由只有通过对自然本性的控制才能实现,但科学的进步本身却并不能保证这一点,那么问题的关键在于这些进步究竟被利用到什么地方了。就像她说的:"尽管男人越来越有能力使自己摆脱生理条件的局限,但却因此也造成了他对妇女和儿童的压制,他没有理由要放弃这种压制。"(第10—11页)因此她提出,类似于马克思主义革命模式中的无产阶级,妇女要解放自己,就必须牢牢抓住生育问题上的控制权,包括掌控新的生育技术以及生育和抚养小孩的社会制度。在这里,费尔斯通预见了男性对新生育技术的统治,近来杰梅茵·格

---

[1] 舒拉米斯·费尔斯通:《性的辩证法:女权主义革命状况》(Shulamith Firestone, *The Dialectic of Sex: The Case for a Feminist Revolution*, 1970, London: Jonathan Cape, 1971),第8页。随后对这一文献的参考将采用随文注。

里尔(Germaine Greer)和其他一些学者都对此进行了批判。[2]

相比之下,社会主义女性主义者却反对这种将生育理解为自然和前文化状态的做法。他们认为,人们在生产和生育之间所做的文化区分和隔离才是导致妇女受压迫的首要原因。正如苏珊·希默尔魏特(Susan Himmelweit)在《女性主义评论》(*Feminist Review*)中所言:

> 生产(或者说大部分的生产)是一种社会活动,它是在资本的控制下进行的,通过所生产的商品的价格来进行社会估值和分配,工人因此获得一定的工资报酬。而生育(在生孩子的意义上)则被看成是一项私人活动,它不直接受到资本的控制,缺乏对它给予承认和进行协调的社会机制,妇女也没有因此获得任何的报酬补偿。[3]

在像希默尔魏特这样的社会主义女性主义学者看来,最为重要的就是要把生育和生产的分离视为文化建构的产物,因为既然是文化建构的产物,就有对之进行变革的可能性。类似地,朱丽叶·米切尔也试图协调社会主义和女性主义这两种视角,主张挑战现存的家庭结构,认为它把对生育妇女的父权制剥削自然化了。[4] 反过来,自由主义的女性主义者珍妮特·拉德克利夫·理查兹(Janet Radcliffe Richards)又质疑了社会主义女性主义者重新统一生产和生育、公共

---

[2] 参见杰梅茵·格里尔:《完整的女人》(Germaine Greer, *The Whole Woman*, 1999, London: Anchor, 2000),第94—106页。E. 安·卡普兰:《母职与表征:通俗文化与情节剧中的母亲》(E. Ann Kaplan, *Motherhood and Representation: The Mother in Popular Culture and Melodrama*, London: Routledge, 1992),第209—215页。

[3] 苏珊·希默尔魏特:《堕胎:个人选择与社会控制》(Susan Himmelweit, "Abortion: Individual Choice and Social Control",1980),此文后来被收入女性主义评论论文集,见《性欲读本》(*Sexuality: A Reader*, London: Virago, 1987),第99页。

[4] 引自杰梅茵·格里尔:《女太监》(Germaine Greer, *The Female Eunuch*, 1970, London: Flamingo, 1999),第336页。

领域和私人领域的企图。拉德克利夫·理查兹尤其反对社会主义女性主义者的这一观点,即认为女人所履行的母职是为社会做出的一项重要贡献,因此必须得到经济上的回报。在她看来,这种观点完全忽视了孩子出生的复杂而多变的环境,她指出"孩子绝对不是无中生有的,他们之所以会出生是因为父母想要他们",而且"看起来国家根本没有理由要为生孩子发补贴,因为孩子并不是父母收入的外在消费者,而是父母自己选择的消费方式之一"。[5]

因此可以说,激进女性主义和社会主义女性主义都希望"分摊",就像费尔斯通所说的,向更广泛的社会范围内分摊生育的负担;而像拉德克利夫·理查兹这样的自由主义女性主义者,则谨慎地主张向在生育方面遭遇剥削和压制的妇女个体提供帮助。相比之下,英美女性主义者(Anglo-American feminist)提出的最具影响力的生育主张,则采取了完全不同的路线。在《女人所生》(1976 年在美国出版,第二年在英国出版)一书中,阿德里安娜·里奇(Adrienne Rich)对母职概念进行了非常著名的区分,她认为母职可以被划分为两种,一种是作为经验的母职,一种是作为制度的母职。像激进女性主义者和社会主义女性主义者那样,她对父权制社会中母职的建构过程进行了批判,认为它"剥夺了妇女决定自己生活的权力,但却帮助男人免于履行任何真实意义上的父职"[6]。但是,里奇在妇女及其生育能力之间建立起来的"潜在关联"表明,通过发展生育技术和共同抚养小孩这种方式并不能使得妇女的生活变得像她希望看到的那样更接近于男人的生活。更确切地说,里奇认为妇女应该展露出根植于肉体的女性气质身份,而这种女性气质正被社会的父权制结构深深禁锢着。她写道:

---

[5] 珍妮特·拉德克利夫·理查兹:《怀疑论女性主义者:一种哲学探讨》(Janet Radcliffe Richards, *The Sceptical Feminist: A Philosophical Enquiry*, 1980, Harmondsworth: Penguin, 1988),第294页。

[6] 阿德里安娜·里奇:《女人所生:作为经验与制度的母职》(Adrienne Rich, *Of Woman Born: Motherhood as Experience and Institution*, 1976, London: Virago, 1986),第13页。随后对这一文献的参考将采用随文注。

> 我们绝对还没有完全探知或理解我们的生物学根基,也没有完全理解女性的身体及其思想灵魂和政治内涵的奥秘,我真的想追问,难道女人真的不能**通过身体来思考**吗?不能去重新连接那些曾被破坏的东西吗?……今天第一次有了将我们的身体属性转化为知识和权力的可能性。(第 284 页)

里奇将妇女的生理机能视为构成某种特殊女性气质的主观性和创造性的基础。她的观点是乌托邦式的,而且很危险,因为她所设想的这种女性气质,也是建立在两性的生物学差异基础之上的,而这就很容易导致将妇女重新禁锢在传统的生物学解释框架之中,二者之间只有一线之隔。

英美女性主义者将关注焦点集中在生育的社会与境问题上,而法国的女性主义者则从精神分析的角度来探讨这个问题。这方面最有影响力的分析来自于朱莉亚·克里斯蒂娃,她在 20 世纪 70 年代发表了 3 篇非常重要的论文。其中,《乔凡尼·贝利尼的母职》首次发表于 1975 年,后在 1979 年被译为英文;而《圣母悼歌》首次发表于 1977 年,后在 1987 年被译成英文;第三篇是《女人的时间》,首次发表于 1979 年,后在 1981 年被译成英文。在这 3 篇论文中,克里斯蒂娃都集中讨论了怀孕的主观体验问题,她认为怀孕是一种处于自然和文化边界的状态/过程。在《乔凡尼·贝利尼的母职》一文中,她考察了理解怀孕的普遍话语。她认为科学话语并不能解决怀孕妇女的主观性分离问题,它仅仅只能将孕妇解释成或屈从于或掌控着一种自然的、前社会的生物学过程。如果她屈从于这一过程的话,就意味着她失去了对它的控制,那么她作为言说主体的身份就受到了威胁。相反,如果她掌控了这一过程,则意味着她依然处在前社会、前象征时期,那么她作为言说主体的身份同样遭到了削弱。通过对比,克里斯蒂娃提出,基督教通过圣母玛利亚的形象,的确将母性身体从自然范畴转移到了文化范畴。但是,圣母玛利亚的形象却完全没能把握母性的身体含义,因为"神学只是将母性定义为一种可能存在的别处,一种超越的神圣之地"[7]。

克里斯蒂娃对孕妇主观性分离的状态进行了描述,其基础建立在她认为胚胎或胎儿的发育是母亲所能领会但却理解不了的一种过程,孕妇也因此游离于自然/前象征期和文化/象征期的裂隙之间。然而,正是这种游离产生了变化着的快乐与痛苦感受,就像在"圣母悼歌"第一段中提到的克里斯蒂娃自己的怀孕经历那样:

> 光芒闪现——在一瞬间或没有时间的梦境里;就像是一种粘合物、一种幻象、一种碎片、一种无形的物质,这难以形容的胚胎原子正在体内极度膨胀着。神灵显现了。它的影像还不可见,语言必定是遥远而隐晦不明的,难以描述它的存在。话语也总是太过晦涩和抽象,无法言说这种神秘时刻的涌现,它们的作用在这难以想象的空间里,完全失效了。[8]

克里斯蒂娃对怀孕的分析,挑战了弗洛伊德将婴儿视为阴茎替代物的男权主义观点。相反,她将想要孩子的渴望和对重归母性身体的渴望联系在一起,认为怀孕和分娩为女人同自己的母亲团聚以及回归最初的同性纽带关系,提供了可能性:"通过分娩,女人进入她同自己母亲的联结关系中;她变成了,她就是——她自己的母亲;她们只是同一连续统上的不同个体而已。"(第303页)

在克里斯蒂娃看来,当孕妇趋近于前象征和前社会期的状态,怀孕就会变成十分危险的经历。在《女人的时间》中,她将怀孕描述成

---

[7] 朱莉亚·克里斯蒂娃:《乔凡尼·贝利尼的母职》(Julia Kristeva, "Motherhood According to Giovanni Bellini"),见《克里斯蒂娃文集》(Kelly Oliver, ed., *The Portable Kristeva*, New York and Chichester: Columbia University Press, 1997),第301页。

[8] 朱莉亚·克里斯蒂娃:《圣母悼歌》(Julia Kristeva, "Stabat Mater"),见《克里斯蒂娃文集》(Kelly Oliver, ed., *The Portable Kristeva*, New York and Chichester: Columbia University Press, 1997),第309页。

"一场充满戏剧性的严酷考验:身体的分裂,自我和他者、自然和意识、生理和语言的分离与共存……怀孕就是一种被制度化、社会化和本质化的精神错乱"[9]。然而,她认为怀孕也能提供一种对身份和内在主客关系进行重新认识的理解模式。无论是母亲还是胎儿都没有控制怀孕过程,他们都不是统一完整的主体。因此怀孕的经历就能为克里斯蒂娃称之为"异伦理"(herethics)的概念提供样板,这种"异伦理"是建立在对内在主客关系纽带的动态理解基础之上的。她因此主张,要重塑当代的道德规范——

> 就需要女人的贡献:女人,她们怀抱生育的梦想(也是渴望稳定的梦想)。女人,她们的存在能使我们这个肉体凡胎的物种经受住死亡的考验。女人,她们就是伟大的母亲。对于这种与道德相分离的异端伦理学而言,**异伦理**也许只不过是使得生命中的联系、思想,以及死亡的观念变得可以承受而已。(第 330 页)

女性主义哲学家艾丽斯·扬(Iris Young)在她的重要论文"怀孕的具身化:主观性与异化"中树立了克里斯蒂娃的思想。从克里斯蒂娃所采用的精神分析框架之外,扬所形成的观点仍然和克里斯蒂娃的类似,她认为怀孕主体"在很多情形下处于无中心的、分裂的或双重的状态"[10]。因此她提出,对怀孕的具身化进行描述,可以形成一种十分重要的哲学干预,拓展和挑战当前对主观性和身体同一性的

---

[9] 朱莉亚·克里斯蒂娃:《女人的时间》(Julia Kristeva, "Women's Time"),见《克里斯蒂娃文集》(Kelly Oliver, ed., *The Portable Kristeva*, New York and Chichester: Columbia University Press, 1997),第 364 页。

[10] 艾丽斯·玛丽昂·扬:《怀孕的具身化:主观性与异化》(Iris Marion Young, "Pregnant Embodiment: Subjectivity and Alienation", 1990),见《女性主义与哲学:理论、重释与应用文选》(Nancy Tuana and Rosemarie Tong, eds., *Feminism and Philosophy: Essential Readings in Theroy, Reinterpretation and Application*, Boulder and Oxford: Westview Press, 1995),第 407 页。随后对这一文献的参考将采用随文注。

哲学理解。扬尤其关注存在主义现象学思想家梅洛-庞蒂（Maurice Merleau-Ponty）等人，认为尽管现象学将意识和主观性定位成具身化的，从而在某种程度上打破了笛卡尔哲学的二元论思想，但它却依然假定了主体的统一性，以及因此而存在的主体与客体的分离状态。但怀孕的具身化却能解构了这一二分法："怀孕挑战了我的身体经验的完整性，因为它使得内在的自我本身和外在的独立个体之间的界限变得流动不居。我体验到身体之内就像是完全不同的另一个空间，然而这一空间却又属于我自己的身体。"（第409页）并且，现象学依然坚持超验性（transcendence）和内在性（immanence）之间的区分，认为这是身体存在的两种模式。因此其假定如果个体在外在世界中行动有效，那么他/她就不会意识到自己的身体存在；只有在生病或疲劳的时候，他/她才会意识到身体的内在性。但是，怀孕的具身化同样可以解构这一区分，就像扬所说的：

> 怀孕让我扎根于土地，让我意识到身体**并非是一种客体**，而是变动中的母性的分量……在整个怀孕期间，这一存在从未曾离开过我。我是一个参与者，穿越了每一时刻，到达下一步的计划目标，但身体的惰性和需求也使得我受到一定限制，但这种限制并不是我行动的障碍，而只是我同土地之间的一种肉体联系。（第411—412页，黑体部分为补充强调）

正如扬本人谨慎指出的那样，对怀孕具身化的上述反思，依赖于怀孕是在得到充分的情感和经济支持的情况下而做出的一种选择。就像她所注意到的，"以此观之，人类历史中的绝大多数妇女都没有就怀孕做出自己的选择……因此我所说的那种经历感受，只能是针对那些有自己立场和地位的妇女来说才是成立的"（第408页）。然而，她的论文在第二部分讨论一些影响众多妇女的问题时，却没能考虑她们怀孕的外部医疗背景。扬认为，随着孕妇越来越多地遭遇现代产科医疗,她个人所拥有的相关经验也日益被剥夺。胎儿心脏监测和实时超声波检查技术的应用,使得对怀孕检查手段的控制权从女人那里转移到了医学专家手上。因此,怀孕妇女"对她自己的身体和胎儿生命所具有的独特知识……被更为客观的检查手段所取代,她们所拥有的独特知识的价值也日益被贬低"(第416页)。扬的观点让我们想起了18世纪玛莎·米尔斯就母亲和胎儿之间的"神秘关联"所做的祈祷,它赋予母亲一种独特的知识,能直接知晓胎动和胎儿的发育,这在本书第一章曾做过讨论。扬继续指出,好的医疗实践的一个基本条件,就是医生和病人能具有同样鲜活的身体经验。然而,怀孕和分娩会产生"一种独特的身体主观性,而且只有正在怀孕或曾经怀过孕的人才能移情感受到这种主观性",而由于大多数的产科医生是男性,所以好的医疗实践的这一基本条件在产科中很难实现(第416页)。这一点又让我们回想起18世纪的作家伊丽莎白·尼哈尔等人的观念,她认为女性医疗者拥有"一种发自内在的直觉支配力",这使得她们比作为竞争对手的男医疗者,更能理解怀孕妇女的状况。[11]

菲·维尔登的小说《尘菌》*讨论了很多这方面的问题,并且明确地将怀孕视为介于自然和文化之间的事件。小说首要关注孕妇利菲(Liffey,这个名字让人想起了都柏林的利菲河,在乔伊斯的小说《芬尼根守灵夜》中,安娜·丽维雅·普拉贝尔的名字也和利菲河相同,意指母亲与生命之源)**的主观性问题。该书比照了利菲和其他

---

〔11〕 伊丽莎白·尼哈尔:《助产技艺论》(Elizabeth Nihell, *A Treatise on the Art of Midwifery*, London: A. Morley, 1760),第99页。

* 菲·维尔登(Fay Weldon):英国当代女作家,特别关注女性在现代社会中遭遇的困境及其背后的父权制权力结构,也因此被冠以女性主义作家的头衔。《尘菌》这部小说在2007年被改编成同名电影。——译注

** 詹姆斯·乔伊斯(James Joyce,1882—1941):爱尔兰著名作家,《芬尼根守灵夜》(*Finnegan's Wake*)是乔伊斯最后一部长篇小说。书中,安娜·丽维雅·普拉贝尔(Anna Livia Plurabelle)是小说主角的妻子,她的名字简写为 ALP,和都柏林的河流利菲河同名(该河古称为"安娜·利菲亚")。——译注

几个人物以及剧本讲述者对怀孕的不同理解。利菲主要是从自然的角度来看待她的怀孕,认为它是一种创造生命节律和周期的仁慈力量,而这些节律和周期的恰当性都是"自然的"。她认为,正是这种渴望过上与"自然节律"一致的生活的想法,吸引她到乡村居住,并且愿意要个孩子。但是在怀孕以后,她发现自己"几乎对怀孕或体内发生的事情毫无所知,而且她也真的没有特别想去知道这些事情的愿望",为此她拒绝接受所有被讲述者称为"体内脉动器官的、血肉模糊的粘连血块"的相关知识。[12]

她的自然观念(不同于克里斯蒂娃的)拒绝接受流血和紊乱,依然十分理想化而且确实很抽象。她想要的是"成为像其他女人一样的女人,让自己成为自然过程的一部分:让个人的灵魂屈服于更大自然界的灵魂。现在,当她跪在花地里,搓碎那些土块……她感到她就是自然王国的仆人而不是主人"(第156页)。于是,利菲觉得自己已经屈从于自然或淹没在自然之中,不过在她眼里这是一个理想化的自然。她一方面受制于身体的感觉,另一方面又想努力建构并保持自己的经验意义,她从自然宗教(natural religion)的角度解释了这一点。于是她这样来描述自己的那段天使报喜的经历:

> 利菲坐在草地上,脸颊迎着那温和的太阳。她感觉到周围好像有个精灵存在:仿佛触摸到了一个灵魂,那么清晰,那么和蔼可亲。她睁开眼睛,却惊奇地发现周围并没有人,只有天空中闪着一道耀眼的光芒,几朵浮云盘旋在山石之上,阳光斜穿过浮云之间。
>
> "是我,"那个精灵、那个宝贝说道,"我在这里,我来了,你的一切都很好,我也是。不用担心。"这些话儿是从她的头脑里

---

〔12〕菲·维尔登:《尘菌》(Fay Weldon, *Puffball*, 1980, London: Coronet, 1982),第128页。随后对这一文献的参考将采用随文注。

说出来的：它们是那么的优美而可信，是那么的令人着迷。（第139页）

利菲用自然宗教或魔术来解释她的怀孕，而她的邻居麦布斯（Mabs）却试图通过巫术来中止她的妊娠。麦布斯之所以会妒忌利菲，部分原因在于她认为利菲肚子里的孩子是自己丈夫的。她相信只要她"忽视"利菲，以及在接骨木酒里放进麦角让她喝下去，这样就能伤害到利菲。诅咒别人也许没有效，但麦角的确是有名的堕胎药物，而且就像讲述者所说的，像麦布斯这样的女人储备了很多有效的知识，这些知识往往和医学专业知识相差无几："（麦布斯）准备的药——就像以前她母亲准备的那样——和当地医生开的药是一样的：精神药物、避孕药、镇静剂、催眠药、麻醉剂和抗生素。"（第25页）但是，麦布斯用的药是过量的，她不是想去修复"自然的身体化学"状态。相比之下，当地医生并不希望利菲生病，文本强调医生对待利菲的方式和麦布斯的有很多不同之处，但这些方式削弱了怀孕妇女的地位，相反麦布斯的却不会。透过临床实践的镜头来观看利菲，索锡（Southey）医生把她当成是动物和前社会的人："他希望他能保持对孕妇的尊重。在他看来，这些女人完全是属于动物王国的，她们的谈话让他听起来感觉非常的奇怪。"（第169页）他的临床观点得到了讲述者的补充，这些关于怀孕的科学评论不时会出现在小说当中。在利菲怀孕第16周的时候，小说的讲述者告诉读者："胎儿有5盎司重、6英寸长。它已经长出了可以活动自如的胳膊和腿，还有手指和脚趾，而且指甲也都长全了。这显然是个男孩。它蜷缩在羊水里，两条腿交叉着，膝盖抵向低垂的脑袋，两只小胳膊则护着头部。"（第166页）尽管在对胎儿的这种"科学"描述中存在神人同形同性论的看法，但却完全忽略了孕妇的主观感受。

然而，还是科学医学以剖腹产的急救形式出现，挽救了利菲和她孩子的命，尽管在诊断出胎盘前置之后她并没有立即去医院检查。

因此,虽然小说承认了"产科人际关系"的不完善,也充分重视怀孕妇女想要建构个人叙事的需求,但还是策划出了这一情节,以强调正是工具化、制度化的医学挽救了他们的生命这一事实。也正是医学专业知识促使医生怀疑利菲可能存在胎盘前置状况,且后来的超声波扫描证实了这一点——这是违反利菲意愿的一次扫描,因为她觉得超声波图片"过早地以肉体的形式展现这个精灵的形象"(第194页)。最后还是医生……发现了走在小巷子里的利菲,身上正流着血,于是开车把她送到医院进行了破腹产。因此文本可以被解读成对一些人的辛辣反驳,这些人以"不自然"为理由,反对对怀孕进行任何形式的医疗干预。小说的一个次要情节证实了这一点:在利菲的旧公寓里住着的一个女人,接受了她姐姐的建议,在怀孕期间不和任何的专业医疗服务("这是男人反对女人之共谋的一个重要方面")打交道。在她要分娩的时候,大家先是忽视了她的状况,后来她姐姐又给她吃错了药物,结果最后她生了个死婴。

作为个体的胎儿,作为病人的胎儿

很多的女性主义批评都指出,胎儿作为人(foetus-as-person)的这种建构,与胎儿摄影术(foetal imagery)的发展和应用有着解不开的关联。[13] 1965 年,《生命》(*Life*)杂志上刊载了拉斯·尼尔松(Lars Nilsson)

---

[13] 例如,可以参考罗莎琳德·皮切斯基:《胎儿图像:视觉文化在生育政治中的作用》(Rosalind Petchesky, "Foetal Images: The Power of Visual Culture in the Politics of Reproduction"),见《生育技术:性别、母职与医学》(Michelle Stanworth, ed., *Reproductive Technologies: Gender, Motherhood and Medicine*, Minneapolis: University of Minnesota Press, 1987);苏珊·梅里尔·斯奎尔:《试管婴儿:20 世纪的生育技术》(Susan Merrill Squier, *Babies in Bottles: Twentieth-Century Visions of Reproductive Technologies*, New Brunswick: Rutgers University Press, 1991);劳里·奥克斯:《充满烟尘的子宫和脆弱的胎儿:胎儿表征中的社会政治》(Laury Oaks, "Smoke-Filled Wombs and Fragile Fetuses: The Social Politics of Fetal Representtion"),载《符号:文化与社会中的妇女》(*Signs: Journal of Women in Culture and Society*),26:1(2000)。

155

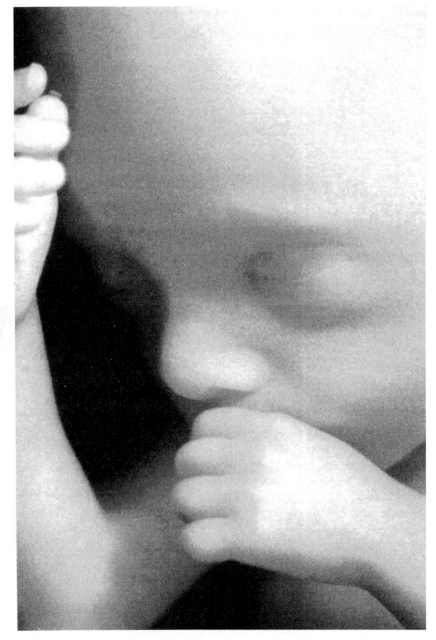

图5 拉斯·尼尔松,20周的胎儿正在吮吸手指。威尔康姆影像图书馆。

生动的胎儿照片,从而拉开了胎儿肖像时代的帷幕。杂志封面上的这幅照片很快就在全世界范围内流传,尼尔松的书《小孩出生了:分娩之前的生命戏剧》(*A Child Is Born*:*The Drama of Life before Birth*)中使用了《生命》杂志上的很多图片,吸引了广泛的社会关注。该书的首个英文版本发表于1966年,1977年和1990年分别出版了修订版。从表面上看,这涉及并建立起了两类图像叙事之间的关联,一类是关于胚胎/胎儿发育的"客观的"科学记录,一类是中产阶级家庭生活背景中关于怀孕的社会叙事。然而,就像桑德拉·马修斯(Sandra Matthews)和劳拉·韦克斯勒(Laura Wexler)所指出的,这两种叙事都不是客观的,它们都被精心建构起来以传达特定的文化意义。〔14〕因此,尽管据说《生命》杂志封面上所用的图像的确是"描绘母亲子宫内活体胚胎的第一幅图片",但其他的所有图片都来自于"通过外科手术从子宫内取出来的胚胎":换句话说,它们都是死的。〔15〕 因此,和18世纪的威廉·亨特一样,这种对分娩前生命进行图像描绘的新技术,也依赖于对死亡胚胎的技术处理。这种处理对那张著名的封面图片的建构同样十分关键。通过把胚胎置于星空背景之中,并几乎完全将它从周围的母体环境中抽离出来,尼尔松创造了一个太空人式的胚胎图像,一副具有完美潜能的英雄形象。在这里,母亲身体的现实物质环境被抹除了,取而代之的是空荡荡的纯净子宫,似乎在等待着被书写和殖民。尼尔松的另外一幅著名图像,就是那幅胎儿吮吸手指的相片,同样也依赖于对照相技术的精心运用。在这个例子中,通过光线和阴影的设计,建构出了"虚假的"胎儿皮肤。因为就像伊莫金·泰勒(Imogen Tyler)指出的那样,尽管胎儿直到发育的后期才会长出皮肤,"但它依然会被照相技术塑造出皮肤来,这样

156

---

〔14〕 桑德拉·马修斯和劳拉·韦克斯勒:《妊娠图片》(Sandra Matthews and Laura Wexler, *Pregnant Pictures*, London:Routledge, 2000),第198—199页。

〔15〕 《生命》(*Life*),30 April 1965。

做的目的是为了把它描绘一个独立的生命个体,并且通过视觉呈现出来":皮肤是完整的人的一个组成部分。泰勒总结了这一视觉变动的影响:"通过这一视觉上具有'独立性'的事实,胎儿被赋予了一种主体身份,而它的这种可见性(visibility),却是以不断牺牲孕妇作为真实妊娠主体的可见性为代价的。"[16] 只是到了相对晚近时期,孕妇主体的"不可见性"才被克丽丝·纳斯等人关注到,其绘制的胎儿超声波图像强调了母亲身体和胎儿身体之间相互纠缠的不可分割性。

就在尼尔松的胎儿图像流行的那个时期,美国已开始应用实时超声波扫描技术,至20世纪70年代晚期,超声波扫描已成为孕妇在妊娠16周左右时所接受的常规检查。一般是在第11—13周时进行检查,第18—20周时再进行复查,尽管临床实践还没有弄清楚这种常规扫描是否存在超过其益处的危害性,但还是将其作为产前整体护理的一个组成部分。[17] 正如我们在第四章讨论过的,超声波技术的先驱者们展望了它的社会应用和医疗应用前景,期待它能为了解母亲和胎儿之间的纽带关系提供条件。然而,就像艾丽斯·扬所说的,扫描所呈现的图像却常常表达了一种异化的感觉。

其中的一个问题就是,超声波技术在本质上借用了"胎儿太空人"的设想。超声波图像中的人是不受重力约束的,采用的方法与人类探索月球传回来的第一批图片一样。通过联想,超声波图片也许看起来会像是外星人的照片。扫描过程的空间处理也可能更加强化

---

[16] 伊莫金·泰勒:《紧身衣:名声、怀孕与主观性》(Imogen Tyler,"Skin-tight: Celebrity, Pregnancy and Subjectivity"),见《透过皮肤的思考》(Sara Ahmed and Jackie Stacey, eds., *Thinking Through the Skin*, London: Routledge, 2001),第78—79页。

[17] 关于这个问题的讨论可以参考玛乔丽·图:《安全分娩?:产科护理批判史》(Marjorie Tew, *Safer Childbirth? A Critical History of Maternity Care*, second edition, London: Chapman and Hall, 1995),第127—130页。但是,应该说明的是,对筛检工作的价值做出评价是一件非常困难的事情。因为任何的考量都必须平衡各种无法进行比较的因素(其中一个最明显的例子,就是经济成本和拯救个体生命的平衡问题)。产前护理可以被看成是随后出现的许多筛检工作(例如筛检乳腺癌和前列腺癌)的原型,对它们的评价会形成很多不同的意见。

5 生育未来 223

图6 妊娠工厂,克丽丝·纳斯。威尔康姆影像图书馆。

了这种疏离感和异化感,因为视觉影像都是在监视器上呈现出来的,而这个监视器常常和母亲的身体分隔了好几米远。因此,尼尔松的胎儿图像与建构出明显"独立"的胎儿个体形象的那些图像——在这个小人身上赋予了社会价值——结果都将会隔离和异化另一个人,她本来同胎儿之间有着十分密切的身体关联,现在却显然被忽视了。

就像罗莎琳德·皮切斯基(Rosalind Petchesky)在她讨论超声波的重要论文中提到的,我们不可能归纳概括出胎儿图像的意义。注意到"从一开始,这些照片就把胎儿描绘成首要的、自主的生命,而孕妇则是缺席的或被边缘化了",探讨了在支持生命运动*的诸多活动中采用胎儿照片的做法,皮切斯基认为孕妇仍然不会轻易放弃她们自己对这些形象的解释权。[18] 她们对扫描的反应,将会依据于临床背景,更为重要的是,还将取决于她们的社会视角和思想取向。例如,当她们存在流产的危险或担心胎儿畸形时,也许就会拒绝赋予胚胎以人格。因此,无论如何也不能断然假定怀孕主体只是生育技术或生育意识形态的消极牺牲品。沿着皮切斯基的研究进路,美国的很多女性主义评论者探讨并批判了胎儿图像的意识形态内涵,但英国学界对这一问题还不是很关注,在那里,反堕胎游说活动相对没有那么活跃。但也可以说,在美国胎儿图像是以一种更加富有欺骗性的方式渗透进大众意识的。超声波扫描已被广泛认为是怀孕过程中至关重要的一项仪式,通过这一仪式,胚胎(在第 11—13 周的时候)转变成了"真正的婴儿"。例如,在简·格林(Jane Green)的通俗小说《婴儿城》中,超声波正是以这种形式发挥了它的功能:

---

* 支持生命运动(pro-life movement):由反堕胎主义者组织的维护胎儿生命权的运动。——译注

[18] 罗莎琳德·皮切斯基:《胎儿图像:视觉文化在生育政治中的作用》(Rosalind Petchesky, "Foetal Images: The Power of Visual Culture in the Politics of Reproduction"),见《生育技术》(Stanworth, ed., *Reproductive Technologies*, Minneapolis: University of Minnesota Press, 1987),第 62 页。

我们盯着那个屏幕,不知道超声波扫描仪在对我们说些什么,因为除了一个绿色的管子,我什么都没看见,可我的心忽然怦怦地跳了起来,马克和我紧紧抓住对方的手。

"哦,我的上帝呀!"我们齐声感叹道。"你看见那个了吗?"忽然间,屏幕变得清晰起来。空气中有条细小的腿在蹬踢着,沿着这条腿往上看,我们开始感触到宝贝的整个轮廓。我的宝贝。我们的宝贝。我身体里的一条小生命。[19]

把发育 13 周的胚胎视为"宝贝"(通过反复出现这个词,来进行修辞强化)的观点,负载了很强的意识形态,这对那些支持自愿选择堕胎做法的人不利。

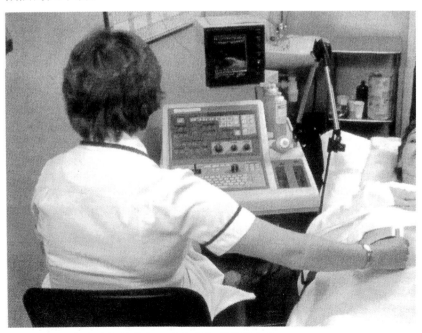

图 7 超声波扫描设备。威尔康姆影像图书馆。

---

[19] 简·格林:《婴儿城》(Jane Green, *Babyville*, 2001, London: Penguin, 2002),第 249 页。

如果说胎儿图像有助于建构将胚胎视为社会未来"人"的那种设想,那么日益增加的对胎儿生理学的兴趣和了解,则进一步强化了这一趋势。1972 年,《柳叶刀》上发表了一篇研究成果,首次证实了胎儿的独立呼吸能力,随后的许多研究则集中关注胎儿的神经系统、循环系统和呼吸系统。[20] 为了实现可靠的——虽然很有限——医疗介入,这类研究既将胎儿塑造成独立的人,同时又将它建构成病患。这一视角深深影响了我们对怀孕身体的理解:因为如果人们接受了这一看法,那么怀孕的身体势必被看成是一个同时容纳或承载了两个独立主体的场所,但这两个人的利益却并不总是一致的。在这种情况下,问题就出现了:究竟要优先考虑谁的利益呢?是母亲的还是胎儿的?就像亚历山大·麦考尔·史密斯(Alexander McCall Smith)所说,在两种情况下,母亲和胎儿的利益是相互冲突的。[21] 其中,第一种情况就是母亲的"一般行为"会对胎儿产生危害。这些行为包括抽烟、喝酒或吃药,也许还包括一些属于"生活方式"范畴的习惯做法,例如露宿室外和饮食不合理。在 20 世纪初期,当时主流的怀孕解释模式将胎儿视为一种成功寄生于孕妇体内的生物,因而上述行为并不被认为是特别危险的。但是,就像本书导言里提到的那样,近期的研究给出了一种竞争性的母婴关系模型。例如在营养方面,现在都知道当孕妇的身体供应不足时,胎儿便不能从母亲那里吸取所需的全部营养物质。而如果胎儿不能从母亲那里得到充分的营养或氧气的话,它就必须做出选择,例如,将本来供给肝、肺和肾的血液转供给大脑。尽管这能暂时挽救它的性命,但将会危及它将来的发育。以此观

---

[20] G. S. 道斯等编:《胎儿的自主与适应》(G. S. Dawes, F. Borruto, A. Zacutti and A. Zacutti Jr, eds., *Fetal Autonomy and Adaptation*, Chichester: John Wiley & Sons, 1990),该书汇编了这一领域中的重要文章。

[21] 亚历山大·麦考尔·史密斯:《胎儿医学:法律与伦理内涵》(Alexander McCall Smith, "Fetal Medicine: Legal and Ethical Implications"),见《胎儿医学问题:1992 年伦敦高尔顿研究所第 29 届年会记录》(S. L. Barron and D. F. Roberts, eds., *Issues in Fetal Medicine: Proceedings of the Twenty-Ninth Annual Symposium of the Galton Institute*, London, 1992, Basingstoke: Macmillan, in association with the Galton Institute, 1995),第 164 页。

点来看,将会有更多的压力施加到孕妇身上,要求她们修正自己的生活方式。蕾切尔·卡斯克在《一生的工作》中描述了这种规范性的压力:

> 有关怀孕的文献像一位坏家长,里面充满了报复性的威胁和暗示,警告你的欠考虑的行为会导致残忍的后果……**当你拿起餐叉正准备放到嘴边时**,你读到了这方面的一本书,**看着它你必须得想一想:这一口吃下去对我的宝贝是不是最有益的?如果答案是否定的,就请放下你的叉子。**[22]

正如卡斯克所揭示的,正是这些有关怀孕的文献(现在不仅有"指导"书,还有《怀孕》[Pregnancy]、《你和你的宝贝》[You and Your Baby]之类的杂志)在向孕妇施加上述思想压力。但是,从英国法律的角度来看,即使有些行为可能会危及胎儿,但只要孕妇希望这么做,她还是可以自由行事的。一些针对这个问题进行的调查表明,人们认为母亲的身体自由以及维护身体完整性的权力,优先于胎儿的权益。例如,在《在母体》[Re F(in utero),1988]中,有人试图为胎儿寻求法律保护,要求社会工作者约束孕妇的那些可能危害胎儿的行为。但是法庭驳回了这一请求,并裁决支持母亲的自由权利。[23] 正

---

〔22〕 蕾切尔·卡斯克:《一生的工作:成为一位母亲》(Rachel Cusk, *A Life's Work: On Becoming a Mother*, London: Fourth Estate, 2001),第29—30页。随后对这一文献的参考将采用随文注。

〔23〕 麦考尔·史密斯:《胎儿医学》,第165—166页。随后对这一文献的参考将采用随文注。关于母亲和胎儿权利的讨论始终贯穿了保持"身体完整性"的原则。在《堕胎辩护》("A Defence of Abortion",载《哲学与公共事务》[*Philosophy and Public Affairs*],1,1971,第47—66页)一文中,朱迪思·贾维斯·汤姆森(Judith Jarvis Thomson)提出,可以用"附身的小提琴家"("attached violinist")来形容怀孕:她建议你想象在某日清晨醒来,发现自己被绑架,一位著名的小提琴家附着在你身上。他正从你的肾脏吸取营养,而且随后的9个月里他都将如此,否则他只能死去。当然,这一类比没有考虑到怀孕常常涉及到一定程度的自主选择,但汤姆森强调妊娠过程中的身体依赖,这一点是非常重要的。关于这一问题的讨论,可参考珍妮弗·马萨·索尔:《女性主义:问题与争论》(Jennifer Mather Saul, *Feminism: Issues and Arguments*, Oxford: Oxford University Press, 2003),第4章。

如麦考尔·史密斯所言,这种情况所涉及的伦理问题是非常复杂的。尽管可以说母亲负有"绝对的义务",不得去做那些危害胎儿的行为,但如果这样做能使她快乐的话,问题就不那么界限分明了。也许可以说在这种情况下,她应该让自己的自由服从于"胎儿的利益,让它有个健康的未来";又或者可以说必须优先考虑母亲的权益,因为只有她的利益才是可确定的。有些人甚至可能会完全否认胎儿权益的存在,因为在他们看来胎儿还没有权益意识(第165页)。

在另一种情况下,母亲和胎儿的权益也会发生冲突,那就是母亲拒绝接受那些可能有益于胎儿的医疗服务。在美国,这类情况曾上过法庭,法院裁决强制怀孕8个月的妇女接受医疗输血,但她以宗教的理由拒绝输血。在其他的案例中,因为考虑到胎儿的权益,法庭裁决拒绝了母亲不接受剖腹产的要求。相比之下,英国没有做出类似的裁决,我们必须从一个完全不同的政治文化视角来看待美国人的裁决,在美国文化中,堕胎权问题已经引起了社会公众的广泛关注。尚未出生的婴儿接受医学介入治疗的权力,也许能得到支持生命运动的辩护,并构成该运动的议程之一。但是,尽管英国的文化氛围有所不同,但也关注到美国有关发展的影响。正如卡斯克所言:"从报纸上看到美国妇女因为伤害胎儿而遭起诉的报道,我就在思考这种事情究竟是如何发生的;身体怎么就变成了一个公共空间,像电话亭一样,被非法破坏。让我担心的是这些事件挑战了权威性和一致性。"(第34页)

"胎儿病人"的概念还可以引发另外一种可能性,那就是孩子在出生之后,还有对母亲怀孕期间的行为进行追诉的权利。虽然这类案例还没有发生在英国,但是胎儿以独立人的身份出现,并要求具有相应的权利,那么就会出现为追诉提供法律保护的可能性。正如麦考尔·史密斯指出的,这一情况"不同于将母婴视为同一整体的看法,也不同于与之相关的传统母职道德观念"(第170页)。但是,医学和技术的发展,包括更大范围内的新的生育技术的出现,正在向怀孕的"同一整体"模型施加越来越多的压力。

新的生育技术

尽管我们对生育的控制程度,还没有达到许多 20 世纪的思想家们所预期的那种程度,但在最近的 30 年时间里的确取得了飞速的发展。其中,产前筛查(antenatal screening)是取得重要进展的领域之一。除了超声波扫描,现在还可以对怀孕 16—18 周的孕妇进行血清筛查,这项技术能检测出血液中甲胎蛋白的含量,从而评估胎儿发生脊柱裂的风险。羊膜穿刺术也能检测出此类发育异常,但因为这项检测可能会导致流产,所以还没成为常规性检查。类似地,绒毛膜绒毛活检也能检测出类似于唐氏综合症和镰刀形红细胞贫血症之类的遗传疾病,但这项技术也只提供给那些高风险孕妇,因为它也可能导致流产。这类技术的出现不可避免地使得病人和医疗从业者都面临诸多伦理困境。相应地,出现了一种支持病人后诊断(post-diagnosis)的"非指导性"辅导技术(non-directive counselling)。非指导性辅导在遗传咨询领域十分重要,因为它可以将当代遗传学(源于 DNA 的发现)同历史上的优生学区分开来。优生学总是和主流社会群体的高压政治有着无法分割的联系,而遗传学强调的则是个体选择。然而,有关研究表明在遗传咨询领域,专家们往往很难始终保持非指导性的立场,这大多是因为病人强烈希望获得指导和有关信息。就像某篇研究论文的作者所指出的那样,"病人……并不总是想要自我控制所发生的一切,赋予他们优先权,就是让他们做出自我选择,而这其中就包括将控制权交给另外一个人来行使的选择"[24]。

并且,这些学者还认为,在遗传咨询领域,"非指导性"不仅不可能实现,在类似情况下坚持"价值中立"的职业气质,还意味着扼杀了对这一问题展开公共讨论的可能性。[25] 伴随着体外受精(IVF)及相关筛查技术的发展,新遗传学领域引发了一些迫切需要展开争论的问题。在一些父母患有遗传疾病的案例中,由于体外受精和筛查技术现在已能应用于实践,因此就可以选择那些未感染父母遗传疾病的胚胎进行培育。例如,如果是血友病,由于它只会遗传给男性后代,那么就只能选择培育女性胚胎了。近来,又出现了更为复杂的案例,那就是某对夫妇迫切需要让自己的孩子进行骨髓移植,他们希望通过试管受精培育出另外一个孩子,并让这个孩子成为骨髓捐献者(实在找不到其他匹配的骨髓)。这一案例引发了很大的争议,因为它意味着如果程序允许,就可以制造出作为实现某种目标的工具而存在的孩子,这个孩子不是为自己活着。英国的受精学与胚胎学权威否决了父母的要求,但他们的决议在欧洲法庭上被驳回。英国人类生育及胚胎繁殖管理局(HFEA)的原奠基人玛丽·沃诺克夫人(Dame Mary Warnock)近来发表文章表示,她并没有发现反对这项程序的理由,因为婴儿出生之后同样可以得到属于它的爱,而不只是充当"救命弟妹",且现实中已有很多同胞弟妹捐献过他们的骨髓或肾脏。[26] 那些反对这一程序的人大多是担忧这会为"设计婴儿"扫清

---

〔24〕 克莱尔·威廉、普里西拉·阿尔德与博比·法塞德:《非指导性在产前筛查与试验中行得通吗?》(Clare William, Priscilla Alderson and Bobbie Farsides, "Is Nondirectiveness Possible within the Context of Antenatal Screening and Testing?"),载《社会科学与医学》(Social Science and Medicine),54,3(February 2002),第343页。

〔25〕 M. 斯泰西:《新遗传学:来自女性主义的看法》(M. Stacey, "The New Genetics: A Feminist View"),见《缠绕的螺旋》(T. Marteau and M. Richards, eds., The Troubled Helix, Cambridge: Cambridge University Press, 1996),第331—349页。

〔26〕 玛丽·沃诺克:《制造婴儿:有没有生孩子的权利?》(Mary Warnock, Making Babies: Is There a Right to Have Children? Oxford: Oxford University Press, 2002),第56页。随后对这一文献的参考将采用随文注。

道路，设计婴儿的出生只是为了满足父母的愿望或要求。虽然沃诺克反对这种"滑坡谬误"*式的观点，她认为英国人类生育及胚胎繁殖管理局一直会实事求是地对待每一个案例，但是一些欧洲国家正准备允许为了维持"家庭平衡"而采用体外受精技术来选择婴儿性别的做法，随之而来的是遗传选择的趋势也将越来越清晰。

体外受精最初的研发是为了帮助不孕夫妇，这一点至今仍然是其发挥的首要功能。众所周知，患不孕症的人数还在持续增加，但个中原因我们只能了解到一部分。改变工作模式和生活方式，显然是一个主要因素。在过去，女人在很年轻的时候就生孩子。而现在，很多女性都会推迟履行母职，直到确立了自己的职业地位才考虑生孩子的问题，这时她们往往都30多岁了。在这个年龄段，她们的生育能力已开始下降：最近的一项研究表明，女性**和**男性的生育能力下降得比我们原来认为的还要早——女性的生育力在年近30时就开始下降，而男性是在年近40时就开始下降。除此之外，环境因素也可能引发不孕症，其中男性不孕症患者的增多尤其可能与此有关。[27] 因此，越来越多的人求助于体外受精，尽管它的成功率相对较低（目前，每一轮里只有14%的成功几率），而且费用高昂。尽管英国国家卓越临床研究中心（National Institute for Clinical Excellence，简称NICE）近来建议，必须让所有的不孕夫妇免费获得三轮治疗；但考虑到成本问题，英国国家医疗卫生服务机构还是对体外受精治疗采取了严格的数量限制。然而尽管体外受精治疗还存在困难，费用也极高，但自从1978年首例"试管婴儿"路易斯·布朗（Louise Brown）出生以来，至少已产生了100万个试管婴儿。由于这些婴儿是在子宫

---

* "滑坡谬误"（"slippery slope"）：指的是一种逻辑谬论，即将一些事情执着于一点，然后无限引伸出没有关联的事情，以达到某一种结论。——译注

[27] 参考R. F. A. 韦伯等的评论性文章：《影响男性生育力的环境因素》（R. F. A. Weber, F. H. Pierik, G. R. Dohle and A. Burdof, "Environmental Influences on Male Reproduction"），载《BUJ国际》（*BUJ International*），89（2002），第143—148页。

外产生的,而且在移植子宫之前还可以存活 4 到 5 天,因此可以说他们是体外遗传学的产品,而皮氏培养皿就是他们的临时人造子宫。并且,在生命最初的几个小时或几天时间里,他们不仅生存于母亲的体外,而且也暴露在公众的视野之中。蕾切尔·莫里斯(Rachel Morris)在小说《艾拉与她的母亲们》中,对此给予了戏剧化的描写。在成功接受体外受精之后,其中的一个人物被召唤去观看她的受精卵:

> 她站在试管的上方,对着显微镜往下窥视,看到胚胎分成了八字形,看起来像是黑莓的碎片,用钢笔画的那样。吉娜(Gina)看到这些来自她身体的点滴精华显得有些感动,这些小东西多年来在黑暗中秘密相遇并结合,现在将要为了她而在众目睽睽之下表演。但即便如此,她还是觉得应该更加善待他们一些。"你能不能至少把灯关上?"吉娜这样对卡鲁菲奥(Kalotheou)先生说道。[28]

因此可以说,体外受精技术以这种或其他的方式,打破了母亲与胎儿属于"同一整体"的妊娠模型,不仅从身体上而且也从意识形态上区隔了母亲和孩子,并赋予胚胎以暂时但却完全的独立性,让它独立于滋养自己的子宫。

在早产儿护理方面不断取得的成功,也产生了类似的影响。1987 年,就有一个仅怀孕 23 周的婴儿,出乎所有人意料地顺利成活了,现在我们知道,只要妊娠满 28 周,在早产儿保育器中给予特别护

---

[28] 蕾切尔·莫里斯:《艾拉与她的母亲们》(Rachel Morris, *Ella and the Mothers*, London: Sceptre, 1997),第 95 页。

理,婴儿就能成活。[29] 因此,在怀孕的初期和末期,"人造子宫"(皮氏培养皿或早产儿保育器)已能取代母亲身体的位置:我们现在可以说,在体外受精和早产儿保育领域,已经存在与怀孕同类的事物了。

E.安·卡普兰认为,在分娩和婴儿护理方面已经发生了一次"范式转换",它们"不再被看做是女人身体周期中自动、自然发生的一个过程了"[30]。她认为这一范式变化和(一些)妇女有能力决定是否作母亲,二者之间存在关联。但是人们也可以说,因为孕体的功能已经越来越能被体外生育技术所取代,妇女便开始从生育的文化想象中被隔离出来了。

治疗不孕症的另外一个替代方法就是异种生殖(借用朱利安·赫胥黎的词 xenogenesis),即通过寻找代理孕母来实现。通过体外受精可以将代理者的卵子和父亲或捐献者的精子结合起来,更理想的状态是,通过体外受精技术培养出来的胚胎和代理孕母之间没有任何的遗传关系。商业化的代理孕母在美国是合法的,这个工作能带来不错的收入但同时也富有争议性。其中,最先广为人知的当属"M 女婴"事件:某位妇女为另外一对夫妇怀了孩子,可当孩子出生以后,她却发现自己无法割舍这个孩子。对孩子监护权的争夺引发了大量的媒体关注,尤其是因为在这个案件中,代理孕母既是孩子

---

[29] 这个孩子的母亲凯西·托马森(Cathy Thomasson)生动地描述了他在乔安娜·摩尔哈德(Joanna Moorhead)医院第一周的情形,《新生代:英国人口生育四十年》(*New Generations*: *40 Years of Birth in Britain*, Cambridge: HMSO in collaboration with National Childbirth Trust Publishing, 1996)。她这样写道:"我们知道基本没有可能把他带回家,所以只能是每天都祈祷一遍,期待出现奇迹。他是那么的瘦小以至于看起来根本就不像是真的婴儿——更像是一只长着黑头发的小瘦猴。他过早出生,眼睛几乎还不能睁开,像只小猫那样眯着——直到大约第 26 周时才睁开一只眼,接着是另一只,这时他才第一次看着我们……直到他出生 8 周后我才第一次拥抱他。那是一个令人惊喜万分的时刻——那时他浑身还布满了电线,连着很多机器。但是这看起来的确是一个重要的里程碑。"(第 86 页)

[30] 卡普兰:《母职与表征》(Kaplan, *Motherhood and Representation*),第 181 页。

的代理母亲,同时也是其生物学意义上母亲。[31] 在英国,虽然代理生育并不构成犯罪,但相关的代理合同却也不具有法律的约束力。因为并没有针对代理生育的法律框架,所以代理生育是在缺乏医学介入(换句话说,即缺乏体外受精技术的辅助)的情况下开展起来的。在这种情况下,代理孕母或者捐献出自己的卵子或者和孩子的父亲有性关系,因此她将总是孩子的亲生母亲和生物学意义上的母亲。因此她就更可能会发现自己不愿意放弃这个孩子。考虑到这种不确定性,沃诺克最近提出支持在英国确立代理生育的有关法律条例。条例将会为所有的参与者提供法律上的保护,这也意味着专业医学会介入这一过程。例如,规定只能在某些情况下才可以实施体外受精,那就是接受帮助的不育妇女可以产卵,只是不能怀孕而已:受精卵是她本人的卵子和另一半的精子的结合物,那么从理论上讲,代理孕母就和整个生育过程更疏离一些:用沃诺克的话来说,她只是"把自己的子宫当做活的早产保育器来出借"而已(第88页)。

在最富争议性的不孕症治疗方法——克隆人技术中,代理孕母也将产生重要影响。动物克隆技术研究已经进行了很多年,1997年克隆羊多莉(Dolly)在爱丁堡罗斯林研究所顺利诞生。其方法是从成年母羊的身上取出乳腺细胞,然后将其放在实验室里培养,是为供体细胞。与此同时,从另一只绵羊的卵巢中取出未受精的卵细胞,并将其细胞核除去,形成无核受体细胞,再利用电脉冲方法,使供体细胞和受体细胞融合,形成融合细胞,该细胞像受精卵一样进行细胞分裂、分化,从而形成胚胎细胞。但是,从遗传学角度来看,最重要的是这一胚胎并不与提供供体细胞的绵羊完全相同。在通过核移植技术而实现的克隆中,虽然遗传物质主要来自提供细胞核的那只羊,但也

---

[31] 这个案例中的代理孕母玛丽·贝丝·怀特黑德(Mary Beth Whitehead)也写下了自己对这件事的看法。参见玛丽·贝丝·怀特黑德:《一位母亲的故事:代孕妈妈事件真相》(Mary Beth Whitehead with Loretta Schwartz-Nobel, *A Mother's Story: The Truth About the Baby M Case*, New York: St. Martin's Press, 1989)。

还有少量的 DNA 来自于提供卵母细胞的那只羊。因此克隆所产生的胚胎并不是对供体细胞提供者的完全复制，它们不同于人类胚胎细胞自然分裂所形成的多胞胎。

从理论上讲，并没有理由反对将克隆技术应用于人类自身，尽管人们对此给予了高度关注，但这不只是因为多莉出现了早衰迹象并患有关节炎以及最终死于 2003 年。因此可以说克隆过程不仅在技术上还存在困境，而且还伴随着很高的风险。但克隆之所以会引发争议，是因为很多人担心它会被一些并没有患不孕症而只是想复制自己的人所滥用。它也可能被用来消除特定人群的身体缺陷（重回到优生学的主张），或者创造出大量适合于从事特殊任务的人群（重回到《美丽新世界》的设想）。大规模地应用克隆技术会引发一系列的社会问题和科学问题，这在内欧米·密歇森（Naomi Mitchison）1975 年出版的小说《第三方案》（*Solution Three*，原名《克隆妈妈》[*The Clone Mums*]）中有所探讨。作为 J. B. S 霍尔丹的姐姐、朱利安·赫胥黎和阿尔道斯·赫胥黎的朋友，密歇森对生物进化论和优生学思想有着深入具体的认识，在 20 世纪 50 年代她又成为 DNA 的发现者之一——詹姆斯·沃森（James Waston）的好朋友；她的《第三方案》正是献给沃森的。这部多线索小说的一个重要影响就是通过情节倒置，对（至今依然）影响西方社会结构的种族主义和同性恋恐怖症提出了机敏而尖锐的批判。《第三方案》中的虚构世界，是经历了一段人口过剩和种族间相互"侵略"的时期之后戏剧性地重组而成的。在这个世界里，人口必须被严格控制，且只能通过不断克隆出"他"和"她"来实现人口增长，前者指的是一名美国黑人男性，后者则是一名来自苏格兰舍得兰群岛的白人女性，他们是世界和平和正义的战士，是理想化的人类样板。在这种情况下，异性恋生育或多或少变得有些不合法，其中唯一坚持异性恋生育的人群只有学者教授。他们的生活方式被污名化为不正常的，为此他们必须隐藏彼此之间的关系；而其他人则是通过同性恋关系来表达他们的性期望。

通过对一名"不正常"的植物遗传学家及其故事进行描述，小说强调了基因工程和克隆技术的危险性。米里亚姆（Miryam）被派到中亚去监控那些遭受疾病威胁的小麦作物。这些农作物曾被精心栽培以期获得最高的产值，但恰恰正是这种精心培植弃除了植物本身所带的能抗病毒、抗细菌的基因。而且，它还导致作物发生了某种基因突变，使得作物缺乏抵御某种特殊传染病的能力。米里亚姆认识到，她必须去捕捉那些旧有的、被抛弃的小麦种类（如果还有存活的话），使其具有多样性，能抵御新的疾病威胁，进而重建新的小麦计划。就像小说所揭示的那样，小麦是如此，人类自身也是如此。达尔文的进化论，假定进化依赖于基因库的多样性。自然选择确保那些最能适应环境的人进行生存和繁殖（他们常常受益于很小但却很有利的基因突变）。但是，如果环境发生剧烈变化，物种的存活还需要依靠那些拥有特别基因图谱的个体。如果人类的基因库被严格限制，就像《第三方案》中进行的大规模克隆实验那样，人类种族将失去用以适应环境和生存的遗传资源。正是《第三方案》世界的控制者穆通巴（Mutumba）在提出需要建立"小麦基因库"的谈话中，将小麦的命运同人种的未来命运联系了起来：

"一个小麦基因库，"穆通巴说道，"好的。但我们能保证，乔西（Jussie），我们的确能保证我们永不需要为自己建造一座人类的基因库吗？现在，乔西，我要求你这样来思考问题：一种非常适合特定时期需要的优秀属性，或早或迟都需要做些改变。我们的小麦是最好的一种：但的确有地方出了差错。现在我们需要重新开始……回到我们认为已经解决的那些问题上去。同意吗？"

"穆通巴，你不是在说你怀疑——怀疑克隆吧？"[32]

---

〔32〕 内欧米·密歇森:《第三方案》(Naomi Mitchison, *Solution Three*, 1975, with an afterword by Susan M. Squier, New York: The Feminist Press at The City Universtiy of New York, 1995)，第153页。随后对这一文献的参考将采用随文注。

密歇森在《第三方案》中提出的主张，不仅是认为复制人口的克隆技术对于人类的长远发展不利，而且严格地说还认为它是不可能的，因为无论是在出生前还是出生后，环境都会对孩子的发育产生影响。就后一个观点而言，密歇森挑战了将代孕视为一种子宫租用行为的观点，这一观点假定代理孕母和胎儿之间不会发生任何的情感或物质交流。关于这个问题，小说是通过另一个人物莱勒克（Lilac）的故事来展开讨论的。莱勒克是一名"克隆妈妈"，她的不正常不同于米里亚姆。莱勒克没有异性恋的渴望，但却对她的克隆宝宝怀有十分强烈的爱。她奇怪地觉得宝宝并不只是租借给她的，相反在某种意义上它已是她的一部分，因此当这个孩子必须从她那里取走并进行"加固"（训练）时，她极力拖延了时间。然而，当她的拖延策略被识破之后，她却并没有受到惩罚，而是被安排去研究代孕母亲和婴儿之间的联结关系。结果似乎表明，尽管"克隆妈妈"的细胞核被去除了，但她们所怀的孩子还是会受到母体环境的影响，以及"胎儿和寄居母体之间发生的液体交换"的影响（第99页）。孩子可能会受到胎盘中循环流通的荷尔蒙的影响，在穆通巴看来，甚至胎儿接受的某些遗传信息还可能来自于代孕母亲卵细胞的细胞质。[33] 密歇森是在关注更宽泛的物种变异问题的与境中，探讨穆通巴对这个问题的兴趣的。但是，通过同时聚焦于莱勒克的主观经验，密歇森隐含着强调要对作为个体母亲的代孕者进行重新解释。因为如果人们普遍同意代理孕母为胎儿的成长发育提供了重要信息和影响，那么就必须对代理孕母和婴儿之间的关系重新进行社会、伦理和法律的建构。

多丽丝·莱辛的小说《第五个孩子》探讨了与《第三方案》中相反的状况。在密歇森的小说里，生育受到了严格的限制，社会必须谨

---

[33] 正如斯奎尔指出的，密歇森对细胞核和细胞质相互作用的看法，参考了胚胎学家（C. H. Waddington）的著作，他们的关系很好。参考斯奎尔：《试管婴儿》（Squier, *Babies in Bottles*），第189—190页。

慎寻找更早的遗传物质,而在莱辛的小说里,这种遗传物质却出人意料地爆发于现实的世界之中,并具有一定的破坏性。一对普通的中产阶级夫妇怀了他们的第五个孩子,这个孩子便以老五命名,几乎是从成为受精卵的那一刻起,他便被视为一个不利的存在。在怀孕期间,他的母亲海蕊(Harriet)声称胎儿正在毒害自己:它动得非常厉害,让她感到十分痛苦,以至于她只能不停地走来走去以分散自己的注意力,或者服用镇静剂以让孩子安静下来。随着怀孕的进展,她开始认为它可能是个畸形或者杂交繁育的产物:

> 她的脑子里充满了幽灵般的幻觉和狮头羊身蛇尾的吐火怪物。她想,科学家在做实验时将大小不同的两种动物焊接到一起,那么这就是可怜的母亲的感受。但对她来说,一切是那么的真实,她想象着那可怜的、拙劣的动物,就像是一条丹麦大狗或俄国狼狗与一只小獴杂交的产物;一头狮子和一条狗的杂种;一匹拉货车的大马和一头瘦小的驴子的杂种;一只老虎和一头山羊的杂种。有时候她觉得是它的蹄子,有时候又觉得是它的爪子,正在践踏着自己身体里那些柔软的部位。[34]

在这里,莱辛援引了两种话语:一种是关于畸形或怪物(自然界不存在的生物)的传统想象;另一种则是实验科学,后者不仅在动物之间进行杂交实验,而且还实验创造人类和动物器官的杂合物。[35] 然而,在孩子出生以后,另外一种解释框架又开始发挥作用。最开始时,班(Ben)的外貌被描绘成猿猴的样子:"他看起来根本就不像是个婴儿。他腰弯背驼得厉害,躺在那里就像是蜷伏着。额头很宽,从

---

〔34〕 多丽丝·莱辛:《第五个孩子》(Doris Lessing, *The Fifth Child*, 1988, London: Flamingo, 2001),第 52 页。随后对这一文献的参考将采用随文注。

〔35〕 例如,很多研究探讨了如何利用动物组织来修补人类受损心脏瓣膜的问题。

眼睛往后倾斜到头顶……他的双手粗糙而厚重。"(第60页)看着暂时放在研究所的班和其他的孩子,海蕊思考着可能致使人类遗传模板失效或发生变异的方式,最后她得出结论认为,班就是一个年代误植*,一个"返祖"儿:

> 通过他,她感觉自己在观看一个种族的历史,这个种族在人类出生之前的数千年前已经达到了顶点,无论这意味着什么,班现在就处于这个阶段。冰河时代来临之时,班这类人是不是住在地下洞穴里?……他们会不会强奸人类的女性祖先?并因此产生了新的种族,它曾经兴盛和消亡过,但在人类的发源地也许还散落了他们的种子,这里和那里,会重新出现,就像班那样?(第156页)

可以说,莱辛在借用生物进化论和遗传学的语言作为对生育畸形的解释框架。小说在某些方面和《弗兰肯斯坦》形成了比较——例如,班和怪物弗兰肯斯坦外形相似,都是满脸菜色,看起来蜡黄而**不健康**。不过,班却不是实验室的产物,而且在其他人的眼里,他长得和自己的亲生母亲十分相像。因此,就像由来已久的那样,海蕊变成了母性的替罪羊:"她相信,即使是大卫(David,她的丈夫)也在谴责她。她对他说道:'我猜测,在古代,在原始社会,这就是他们对待一个生下畸形儿的女人的方式。仿佛一切都是她的错。但是现在的我们,都已经被认为是文明人了啊!'"(第74页)然而,海蕊还是认为自己同儿子没有紧密的关联:她发现他是怪异而令人难以理解的。于是对于认为生物性母职中存在"自然的"母子关联的观念,小说提出了质疑。通过假定存在某种流氓基因或基因返祖现象,莱辛引发了人

---

* 年代误植(anachronism):指所叙存在的人或发生的事与年代、历史顺序不符。——译注

们关注这一事实:遗传物质可能会被长期抑制,然后在某种特定的环境里被"开启"。换句话说,我们从父母那里继承来的遗传物质也许是几代之前的,而且更为重要的是,这些遗传物质并没有在父母那里得到"表达"。通过班这个极端事例,莱辛的小说剥去了生物性的/遗传的母职的神秘外衣,强调了它既具有连续性和相似性,也可能具有不连续性和差异性。

生育选择

在过去的 30 年里,英国的家庭结构发生了显著变化,这部分是因为大量的女性参加了工作,进而取得了更大的经济独立性;部分是因为避孕药物帮助她们获得了更多的性自由和生育控制能力。而且,就像安东尼·吉登斯(Anthony Giddens)在《亲密关系的变革》中所说的那样,现在已经可以人工预防和制造怀孕了,性越来越脱离了生育的约束,进而只与情欲有关;相对而言,情欲的可塑造性和开放性要大得多。吉登斯使用了"可塑的性"("plastic sexuality")这个词,意指性已经从它与"生育、血亲关系以及世代之间的古老整体关系"中被切除出来。[36] 在吉登斯看来,现在当性和生育确实一致时,它时常是在"融汇之爱"("confluent love")的与境中形成的,而且这种爱正在取代"罗曼蒂克式的爱情情结",后者以对生命之爱的信仰为根基。于是他提出,今天这样"分裂和离异"的社会,正是融汇之爱出现的一个结果而非原因。然而,吉登斯所没有探讨的一个问题是,在"可塑的性"和融汇之爱的时代,生育将会变成一件复杂而充满危

---

[36] 安东尼·吉登斯:《亲密关系的变革:现代社会的性、爱与情色》(Anthony Giddens, *The Transformation of Intimacy: Sexuality, Love and Eroticism in Modern Societies*, Cambridge: Polity Press, 1992),第 27 页。

险的事情。情况常常是双方有了孩子,关系却已经解体,而且在绝大多数的事例中,正是母亲会成为单身家长。这对她们而言常常意味着严峻的经济压力,因为母亲不可能成为首要的挣钱人。

在他们的研究论文"成为单身母亲"中,理查德·伯瑟德(Richard Berthoud)、斯蒂芬·麦克凯(Stephen McKay)和卡伦·罗林森(Karen Rowlingson)深入分析了英国单亲家庭数目的增长情况。[37] 在1971年时,英国大约有57万单身父母;到了1995年人数超过了150万。正如他们指出的,尽管其中十分之九的家长都是单身母亲,但这样的单亲家庭仍然可以再划分出好几种类型。直至20世纪90年代,最大的单身母亲群体是那些结了婚、育有孩子但和丈夫离异的女人(和吉登斯所描绘的社会模式相一致)。另外,很少且数字还在不断减少的一部分单亲家庭是失去丈夫的寡妇家庭。而人数增长最快的母亲群体是那些未婚妈妈:1991年,这部分妇女的人数首次超过了离异的单身母亲的人数。到了1994年,12个有未成年孩子的家庭中,就有1个是未婚母亲家庭。在研究中,研究者进一步对这类母亲进行了细分,一种是从未结婚但是和孩子的父亲居住在一起的妇女("同居独身母亲"),一种是从未结婚或从未与孩子父亲同居的妇女("单身母亲")。在最近30年里,后一种女性的人数增长很快,而且这类妇女在孩子出生之后的长时间内仍保持单身。尽管"同居独身母亲"和"单身母亲"的家庭背景一般较差(以她们父亲的职业为依据而进行的一种社会阶级分析),但情况绝不总是如此,研究者表明社会对所有阶级的妇女的态度正在发生变化。他们的研究表明,单身母职不再被认为是可耻的,即使这不是一种理想化的状态,社会

---

[37] 理查德·伯瑟德、斯蒂芬·麦克凯和卡伦·罗林森:《成为一名单身母亲》(Richard Berthoud, Stephen McKay and Karen Rowlingson, "Becoming a Single Mother"),见《正在改变的英国:20世纪90年代的家庭与家族》(Susan McRae, ed., *Changing Britian: Families and Households in the 1990s*, Oxford: Oxford University Press, 1999),第354—373页。这项研究结合了定性分析与定量统计,还对44位单身母亲进行了访谈。随后对这一文献的参考将采用随文注。

还是在逐渐接受它。研究中涉及一些访谈,其中一位被访者这样描述她父母知道她怀孕时的反应:"我从他们那里得到了我想要的全部支持。如果我希望坚持怀孕,那是非常美好的……我完全没有感觉到压力。"(第370页)这种支持促使被访谈的妇女拒绝接受"奉子成婚"、堕胎和让别人收养小孩的做法,而之前的妇女就曾被迫这样做。很多妇女表达了对堕胎的反对,认为这是原则性的事情,而找人收养之所以被广泛拒绝,是因为这与女性的爱心身份不相符合(第371页)。"选择"当然同时取决于或者受限于实际的和意识形态的具体与境:这项研究表明,现在女性履行单身母职比她们选择堕胎或让其他人收养小孩,更能为社会所接受。

在这些单身母亲群体中,吸引大量关注的是那些事业有成的职业妇女,她们决定要个孩子但却不希望有男性(或者女性)伴侣。做出这样的决定也许和恐惧生物钟的滴答声*有关,这一话题曾被媒体广泛关注,而且还和醒目的广告语"婴儿饥渴症"扯上了关系。[38] 结果导致现在的单身职业女性的怀孕问题,也成为小鸡文学**的重要写作内容。梅芙·哈伦(Maeve Haran)的《她的全部之需》和简·格林的《婴儿城》(2002)对单身母亲进行了有趣的、带有偏向性的探讨。《她的全部之需》中的女主角是有着"火红头发"的弗兰西斯卡(Francesca),她是一位30多岁的职业女性,尽管她还没有男伴但却

---

* 意指时光流逝,不可复返。——译注

〔38〕"婴儿饥渴症"("baby hunger")这个词来自西尔维娅·安·休利特(Sylvia Ann Hewlett)的书《婴儿饥渴症:母职新战》(Babyhunger: *The New Battle for Motherhood*, London: Atlantic Books, 2002)。在这本书里,她提出很多成功的职业女性都没有孩子,这并不是因为她们不想要孩子,而是因为她们无法协调职业和小孩生育/抚养之间的冲突。在休利特看来,当这些妇女人到中年却还没有孩子的话,就会产生一种忧郁的向往——"婴儿饥渴症"。

** 小鸡文学(chick lit):Chick 既是小鸡,在俗语中也指青春少女。"小鸡文学"指的是二三十岁年轻女子在爱情与事业中疲于奔命、饱尝酸甜苦辣的小说,作者往往也是这类妙龄女郎。自从1998年英国美女作家海伦·菲尔丁的《BJ单身日记》一炮走红之后,这种被记者顺口称为"小鸡文学"(Chick Lit)的写作类型便不胫而走。——译注

打算怀孕。[39] 就像其他这种类型的作品一样,对不孕的担心构成了整个故事的背景:弗兰西斯卡本人并没有患不孕症,但她还是以记者的身份拜访了一家诊所,后来她便和这家诊所的主任劳伦斯(Laurence)好上了。与此同时,她和另外一个男人也有一段短暂的情史,所以当她发现自己怀孕时,她没有办法判断究竟谁是孩子的父亲。在考察了多方面的复杂情况之后,她发现孩子的亲生父亲正是她所爱的人,而且此人也想和她结婚。于是怀孕在此成功地实现了罗曼蒂克爱情和基因遗传的完美结合,并让其与父职结盟。这种感觉良好的结局帮助哈伦(以及她的读者)回避了小说最初提出的挑战。弗兰西斯卡避免了履行单身母职的经济压力,不用经历无法确定孩子父亲的麻烦,也不用和不是孩子亲生父亲的男人一起抚养孩子。通过对弗兰西斯卡的情人的描述,小说突出强调了血亲纽带关系对生育的重要意义。杰克(Jack)是孩子"自然的"父亲,他能把哭闹的孩子抱在自己粗糙的斜纹毛呢夹克里不停地安慰:他还是他儿子的合格的单身父亲。相反,劳伦斯却因自己是被收养的而且还被证明患有不育症而受到了感情伤害。文本富有偏袒性地对"自然的"给予强烈支持,以至于几乎让人感觉到,在他的被收养和不育症之间似乎具有某种程度的因果关联。

《婴儿城》同样回避了与单身母职相关的诸多困境。[40] 小说主要聚焦在梅芙(Maeve)身上,她是一位单身母亲(同样是从事媒体工作),在一次一夜情之后怀孕。尽管她一开始打算堕胎,后来在孩子父亲的友好支持下,还是决定勇敢坚持怀孕。恰巧的是,在孩子出生之前他们相爱了,因此罗曼蒂克的爱情和怀孕再次取得了和谐一致,为此梅芙同样免遭单身母亲的经济压力和情感困境。尽管在怀孕期

---

[39] 梅芙·哈伦:《她的全部之需》(Maeve Haran, *All That She Wants*, 1998, London: Warner Books, 1999)。

[40] 简·格林:《婴儿城》(Jane Green, *Babyville*, 2001, London: Penguin, 2002)。

间的性问题方面,这部小说强有力地提出了新的观点,但却依然对生育持一种极为传统的态度。

相比之下,蕾切尔·莫里斯的《艾拉与她的母亲们》则批驳了这种态度,尤其是对父母与孩子之间的血亲纽带提出了挑战。这部小说的情节概括起来相对比较简单。在接受生育治疗的过程中,艾拉的母亲玛德琳·金顿(Madeleine Kingdom)被丈夫抛弃。她决定继续治疗,但使用的是捐赠的精子。情节接着转向了一场混乱的体外受精,以及吉娜(Gina)对艾拉的追逐和诱拐,她相信自己是艾拉的亲生母亲。事实(玛德琳也不知道)表明她们俩都不是孩子的亲生母亲:移植到玛德琳子宫里的是另外一对夫妇的胚胎。通过情节和人物的塑造,这部小说审视了生物性母职的意识形态,凭什么母亲和孩子之间的基因联系不仅被解释为自然的而且还被自然化了,而其他的母职形式则被贬低了?尤其是通过吉娜这个人物,莫里斯让读者注意到了生物性母职被神秘化的方式。当发现艾拉可能是自己的孩子时,吉娜告诉自己她才是"真正的"母亲,并且还回忆起关于"代孕妈妈"的流行神话中的某个片断:"她曾听说过,养父母不能使得代孕所生的孩子停止哭闹,只有真正的母亲才能使其安静下来,这是因为血亲纽带非常重要。"[41] 在这里,神话故事("真正的母亲")的语言彰显了"血缘纽带"观念中所隐含的幻想成分和如愿以偿的心态。对比而言,当玛德琳意识到也许艾拉并不是她的孩子,她发现"有趣的是,尽管这一思想如此普遍,事实上它却什么也改变不了……因为这同样是事实,那就是她并不关心艾拉来自哪里,她也可能来自月球或其他什么地方。她的全部感受是她爱这个孩子,并且辛苦地养育了她,现在她们已经融为一体,不可分割了"(第138页)。像《第五个孩子》一样,小说因此质疑了基因纽带的神圣不可侵犯性。基因母职并

---

[41] 莫里斯:《艾拉与她的母亲们》(Morris, Ella and the Mothers),第111页。参考怀特黑德:《一位母亲的故事》(Whitehead, A Mother's Story),第112—113页。

不能保证同一性或兼容性(因为基因可以跨代遗传,并且伴随着卵子和精子的分裂,基因的重新分类还为差异性提供了进一步的基础)。不是基因,而是"爱、养育和辛劳"(toil)的工作创造了母亲和婴儿之间"无法分解的纽带"关系。在这里,"辛劳"一词的使用意味深长:小说没有弱化单独抚养小孩所需的努力,而是把全职工作和家庭职责结合起来考察(在早些年,玛德琳也只能白天照顾小孩,这构成了她的一项重要经济损失)。

尽管在艾拉出生以后她的生活很艰辛,但即使没有丈夫的收入支持,她还能负担起私人的怀孕治疗费用,这表明玛德琳至少还是幸运的。国家医疗卫生服务系统一般不会为单身母亲或女同性恋伴侣提供体外受精胚胎移植手术(尽管生育专家温斯顿伯爵[Lord Winston]承认,医生很难就这一做法给出合理的解释,但根据国家卓越临床研究中心新的生育治疗指导方针,这一做法也许会发生改变)。[42] 玛德琳的怀孕因此可以被看做是消费者的某种选择,而这在拥有尖端技术的消费社会里,引发了更大的怀孕商业化的问题。

贾内尔·S.泰勒(Janelle S. Taylor)在一篇讨论该问题的文章中指出,20 世纪 80 年代女性主义学者在人口生育和工业生产之间所做的类比至今仍然具有说服力。[43] 的确,在一个拥有产前诊断测试和

---

[42] 参考罗伯特·温斯顿:《怀孕:多产与不育的完备指南》(Robert Winston, *Getting Pregnant: The Complete Guide to Fertility and Infertility*, London: Pan Books, 1993),第 311 页。

[43] 参考简内尔·S.泰勒:《超声波扫描图与婴儿车:产前诊断、怀孕和消费》(Janelle S. Taylor, "Of Sonograms and Baby Prams: Prenatal Diagnosis, Pregnancy, and Consumption"),载《女性主义研究》(*Feminist Studies*), 26, 2 (Summer, 2000),第 392 页。随后对这一文献的参考将采用随文注。将生育和生产进行类比的有关探讨,可参考艾米莉·马丁:《身体里的女人:关于生育的文化分析》(Emily Martin, *The Woman in the Body: A Cultural Analysis of Reproduction*, Boston: Beacon Press, 1987);安·奥克利:《被捕获的子宫:孕妇医疗史》(Ann Oakley, *The Captured Womb: A History of the Medical Care of Pregnant Women*, Oxford: Blackwell, 1984);芭芭拉·卡茨·罗思曼:《重建母职:父权制社会的意识形态与技术》(Barbara Katz Rothman, *Re-creating Motherhood: Ideology and Technology in a Patriarchal Society*, New York: W. W. Norton, 1989)。

其他新的生育技术的时代,用大规模生产来表达生育似乎更加切中要害:"医生开始变成了生育'经理人',胎儿变成了有价值的'产品',而妇女则像是生育'工人'。"(第392—293页)然而,泰勒继续指出,不仅可以用工业生产的术语来表达人口生育,而且还可以用消费的术语来解释生育,二者都能丰富我们对当代怀孕文化的理解。她的观点建立在对芝加哥一家产科诊所的人种志研究基础之上,通过这项研究,她得出结论认为"妇女转变成生育的'工人',同时这也能为她们带来作为消费者所能享受到的生育幸福"(第397页)。从某种意义上看,我们可以将这一看法视为艾丽斯·扬的观点的翻版,扬认为怀孕的经验可以消解主体与客体之间的对立,因此可以说怀孕的身体"在积极照顾自己的同时,还在制定着自己的计划"[44]。不过,泰勒认为怀孕妇女生产出她所消费的东西(胎儿就是未来的孩子)的这一观点,是在更为特殊的社会和文化与境中提出来的。

1991年8月,摄影师安妮·雷波维茨(Annie Leibewitz)为《名利场》(Vanity Fair)杂志拍摄了黛米·摩尔(Demi Moore)的怀孕裸照,并刊登在杂志封面上,这开辟了一个从魅力和渴望的角度诠释怀孕身体的新时代。[45] 雷波维茨的照片将摩尔建构成既令人向往(一个迷人的凝视客体)又充满渴望的形象(手臂紧扣住怀孕的腹部,如马修斯和韦克斯勒所说的那样,她看起来"就像是搂着一只膨胀的购物袋")。[46] 随后,开始出现大量的"怀孕偶像"形象,这赋予怀孕以(相互竞争的)消费激情。它既鼓励怀孕妇女通过适当的穿着搭配将自己建构成情欲客体,同时又鼓励她们将胎儿建构成怀孕的目的和

---

[44] 艾丽斯·玛丽昂·扬:《怀孕的具身化:主观性与异化》(Iris Marion Young, "Pregnant Embodiment: Subjectivity and Alienation", 1990),见《女性主义与哲学》(Tuana and Tong, eds., *Feminism and Philosophy*),第408页。

[45] 这一期的《名利场》在美国销售时,因为担心可能被认为很下流,所以用素色包装纸将黛米·摩尔的封面照片包住了。

[46] 桑德拉·马修斯和劳拉·韦克斯勒:《妊娠图片》(Sandra Matthews and Laura Wexler, *Pregnant Pictures*, London: Routledge, 2000),第203页。

目标(同样是通过穿着搭配来实现,在孩子出生之前,就购买好了适当的衣服和配饰)。与此同时,正如泰勒所指出的,新的生育技术使得人们能做出各种与怀孕有关的"消费选择"。妇女可以选择技术统治式(technocratic)或整体式(holistic)的产前护理服务,她们还可以商定一个方便的日期进行分娩,当然还可以选择不同的辅助受孕方式。

怀孕(某些方面)的商业化与欧美经济从物质文化转向消费文化的大趋势有关。就像西莉亚·卢瑞(Celia Lury)所指出的,其特征表现为对消费品的强化配置,"它们成了艺术、图像或标识的产物,成为自觉创造生活方式的一个部分"[47]。这一转变几乎影响到了生活的所有方面,例如将现在所能获得的消费品和消费服务的扩散与激增,解释成怀孕的必要配备(衣服、指定的食品、训练班,等等)。

导致怀孕商业化的另一个更深层的因素,是越来越多的男人和女人都准备好了要投资(在全部意义上)一个小孩。他们认为在一个"分裂和离异的社会里",亲子关系纽带比婚姻/性的关系纽带要重要得多,也持久得多。[48] 因此,对于男人和女人来说,怀孕都是生命中极为重要的一件大事,他们希望用一种仪式来加以标识:因此便从美国引入了"新生儿派对"*的做法,为未来的孩子送去礼物。(有一点显然很重要,那就是现在的男人也很愿意说自己正处于"怀孕状态",这从隐喻的层面将男性纳入到先前被定义为女性气质的某一过程之

---

[47] 西莉亚·卢瑞:《消费文化》(Celia Lury, *Consumer Culture*, Cambridge: Polity Press, 1996),第 77 页。

[48] 参考卡罗尔·斯玛特:《"我真的没有想过":新身份/新父职》(Carol Smart and Bren Neale, "'I Hadn't Really Thought About It': New Identities/New Fatherhoods"),见《亲密关系:权力与反抗》(Julie Seymour and Paul Bagguley, *Relating Intimacies: Power and Resistance*, Basingstoke: Macmillan, 1999),第 127 页。

* "新生儿派对"("baby shower"):指的是婴儿诞生之前的庆祝会,一般是在婴儿预产期的前一两个月内举办,派对上聚集了准妈妈的女性朋友、同事和亲戚,这些人共同把祝福、忠告、礼物和幽默洒向准妈妈,为的是帮助她做好物质和精神上的双重准备。传统的"新生儿派对"只有女性参加,如今也有邀请准爸爸参加的,甚至还有专门为准爸爸开的派对。——译注

中)。在英国,导致怀孕商业化的最后一个关键因素是市场经济进入了先前被认为是政府职责的领域。其中,国家医疗卫生服务系统促成了"国内市场"的形成,病人也被鼓励将自己看成是医疗服务的"消费者",而且如果国家医疗卫生服务机构不能"交付"理想的产品,消费者可以考虑选择接受私人服务。

然而,只有富人才有做出这些"选择"的可能。就像齐格蒙特·鲍曼(Zygmunt Bauman)所指出的,"在表面的机会均等之下,市场发展和宣传掩盖了实际消费中的不平等状况——即不同消费者的实际选择自由存在巨大差异"[49]。在最近的30年里,英国的收入不平等状况不断恶化,其加剧速度比其他任何工业化国家的都要快。在1979年到1995年期间,人均收入增长了40%,但最富的10%的人口的人均收入增长超过了60%,而最穷的10%人口的人均收入只增长了10%。1995年,18%的人口的收入低于当前平均水平的一半以下,比1997年的数字增加了3/4。[50] 越来越多的人生活在贫困线以下,他们只能完全依赖于政府资助和救济。对于那些低收入或无收入的人而言,根本无法做出上述消费选择。不能购买孕妇专用的消费品也许并不那么重要,但这会产生一种普遍深入的失败感和被社会排斥的感受。从更高的衡量水平上看,无法接受训练班的学习或享受健康的饮食,将可能对怀孕的结果产生不利影响(对孩子的生活机遇也会产生不利影响)。更不用说的是,很多夫妇因为无法获得免费的生育治疗,而遭受了无尽的痛苦和不幸。因此,尽管从绝对意义上看,二战以来孕妇及其胎儿的健康水平得到了很大的提高,但是孕妇之间的不平等状况仍然十分突出,而且将来可能还会进一步加剧。因此在英国,怀孕依然是一个充满多样性和阶级差异的领域。

---

[49] 转引自卢瑞:《消费文化》(Lury, *Consumer Culture*),第5页。
[50] 这些统计数字来自麦克雷主编的《正在改变的英国》(McRae, ed., *Changing Britain*)的导论部分,第7页。

参考书目

Acton, William, *The Functions and Disorders of the Reproductive Organs in Childhood, Youth, Adult Age, and Advanced Life, Considered in their Physiological, Social, and Moral Relations* (London: J. and A. Churchill, 1875).
Ahmed, Sara and Jackie Stacey (eds), *Thinking Through the Skin* (London: Routledge, 2001).
Anzieu, Didier, *The Skin Ego: A Psychoanalytic Approach to the Self*, trans. Chris Turner (New Haven: Yale University Press, 1989).
Appignanesi, Lisa and John Forrester, *Freud's Women* (London: Virago, 1993).
Armstrong, Isobel, Joseph Bristow and Cath Sharrock (eds), *Nineteenth-Century Women Poets: An Oxford Anthology* (Oxford: Clarendon Press, 1996).
Austen, Jane, *Sense and Sensibility* (1811), ed. Mary Lascelles (London: Dent, 1967).
Bagnold, Enid, *The Squire* (1938) (London: Virago, 1987).
Baird, Dugald, 'The Evolution of Modern Obstetrics', *The Lancet*, Vol. 2 (July–December 1960), pp. 557–64, 609–14.
Ballantyne, J. W., 'A Plea for a Pro-Maternity Hospital', *British Medical Journal* (6 April 1901), pp. 813–14.
___ *Antenatal Pathology and Hygiene: The Embryo* (Edinburgh: William Green & Sons, 1904).
___ pamphlet reprinted from the *Journal of Obstetrics and Gynaecology of the British Empire*, 'The "Byrth of Mankynde" (Its Author and Editions)' (London and Manchester: Sherratt and Hughes, 1906).
___ *Expectant Motherhood: Its Supervision and Hygiene* (London, New York, Toronto and Melbourne: Cassell and Company, 1914).
Barker, David, *The Best Start in Life: How a Woman's Diet Can Protect her Child from Disease in Later Life* (London: Century Books, 2003).
Barker, David J. P., 'The Malnourished Baby and Infant', in *Type 2 Diabetes: The Thrifty Phenotype, British Medical Bulletin*, ed. David J. P. Barker, vol. 60 (2001), pp. 69–88.
Barrett-Browning, Elizabeth, *Aurora Leigh* (1857), ed. Cora Kaplan (London: The Women's Press, 1978).
Barron, S.L. and D.F. Roberts (eds), *Issues in Fetal Medicine: Proceedings of the Twenty-Ninth Annual Symposium of the Galton Institute, London 1992* (Basingstoke: Macmillan, in association with The Galton Institute, 1995).
Berthoud, Richard, Stephen McKay and Karen Rowlingson, 'Becoming a Single Mother', in McRae, Susan (ed.), *Changing Britain: Families and Households in the 1990s* (Oxford: Oxford University Press, 1999), pp. 354–73.
Bewell, Alan, 'An Issue of Monstrous Desire: Frankenstein and Obstetrics', *Yale Journal of Criticism* 2, 1 (1988).
Blackwell, Elizabeth, *The Human Element in Sex: Being a Medical Enquiry into the Relation of Sexual Physiology to Christian Morality* (London: J. and A. Churchill, 1894).
Borch-Jacobsen, Mikkel, *Remembering Anna O: A Century of Mystification*, trans. Kirby Olson in collaboration with Xavier Callahan and the author (New York and London: Routledge, 1996).

Bronfen, Elizabeth, *Over Her Dead Body: Death, Femininity and the Aesthetic* (Manchester: Manchester University Press, 1992).
Brontë, Emily, *Wuthering Heights* (1847) (Harmondsworth: Penguin, 1988).
Browne, F.J., *Antenatal and Postnatal Care* (London: J. and A. Churchill, 1935).
Brumberg, Joan Jacobs, *Fasting Girls: The Emergence of Anorexia Nervosa as a Modern Disease* (Cambridge, Mass. and London: Harvard University Press, 1988).
Buchan, William, *Domestic Medicine or, a Treatise on the Prevention and Cure of Diseases by Regimen and Simple Medicines*, second edition (London: W. Strachan, and T. Cadell; Edinburgh: A. Kincaid & W. Creech, and J. Balfour, 1772).
Bunting, Evelyn M. (ed.), *A School for Mothers* (London: Horace Marshall and Son, 1907).
Burrows, George Man, *Commentaries on the Causes, Forms, Symptoms, and Treatment, Moral and Medical, of Insanity* (London: Thomas and George Underwood, 1828).
Byatt, A.S., *The Virgin in the Garden* (1978) (Harmondsworth: Penguin, 1981).
Byatt, A.S., *Still Life* (1985) (Harmondsworth: Penguin, 1986).
Bynum, W.F. and Roy Porter (eds), *William Hunter and the Eighteenth-Century Medical World* (Cambridge: Cambridge University Press, 1985).
Campbell, Janet Campbell, *The Protection of Motherhood* (London: HMSO, 1927).
Campbell, Stuart (ed.), *Ultrasound in Obstetrics and Gynaecology: Recent Advances*, book version of *Clinics in Obstetrics and Gynaecology*, Vol. 10, No. 3 (December 1983) (London, Philadelphia and Toronto: W.B. Saunders, 1983).
Campion, Sarah, *National Baby* (London: Ernest Benn, 1950).
Carlile, Richard, *Every Woman's Book; or, What is Love?* (London: published by the author, 1828).
Carroll, David (ed.), *George Eliot: The Critical Heritage* (London: Routledge and Kegan Paul, 1971).
Carter, Angela, *Nights at the Circus* (1984) (London: Vintage, 1994).
Chapple, J.A.V. and Arthur Pollard (eds), *The Letters of Mrs Gaskell* (Manchester: Manchester University Press, 1966).
Chavasse, Henry Pye, *Advice to a Wife on the Management of her Own Health and on the Treatment of Some of the Complaints Incidental to Pregnancy, Labour, and Suckling, with an Introductory Chapter Especially Addressed to a Young Wife*, twelfth edition (London: J. and A. Churchill, 1877).
Cherry, Deborah, *Painting Women: Victorian Women Artists* (London: Routledge, 1993).
Creed, Barbara, 'Horror and the Monstrous-Feminine: An Imaginary Abjection', *Screen*, Vol. 27, No. 1 (January–February 1986), pp. 44–70.
Cusk, Rachel, *A Life's Work: On Becoming a Mother* (London: Fourth Estate, 2001).
Dakin, W.F., *A Handbook of Midwifery* (London, New York and Bombay: Longman, Green and Co., 1897).
Dale Owen, Robert, *Moral Physiology; or, a Brief and Plain Treatise on The Population Question* (1830) (London: J. Watson, 1846).
Darwin, Charles, *The Descent of Man and Selection in Relation to Sex* (1871) (New York: Hurst and Company, 1875).
Darwin, Erasmus, *Zoonomia: Or, The Laws of Organic Life*, 2 vols (London: J. Johnson, 1794).
Davidoff, Leonore and Catherine Hall, '"The Hidden Investment": Women and the Enterprise', in Pamela Sharpe (ed.), *Women's Work: The English Experience 1650–1914* (London: Arnold, 1998), pp. 239–93.

___*Family Fortunes: Men and women of the English middle class, 1780–1850* (London: Hutchinson, 1987).
Davin, Anna, 'Imperialism and Motherhood', *History Workshop*, Vol. 5 (Spring 1978), pp. 9–65.
Dawes, G.S., F. Borruto, A, Zacutti and A. Zacutti Jr (eds), *Fetal Autonomy and Adaptation* (Chichester: John Wiley & Sons, 1990).
Delavenay, Emile, *D.H. Lawrence: The Man and His Work, The Formative Years: 1885–1919* (London: Heinemann, 1972).
Denman, Thomas, *An Introduction to the Practice of Midwifery*, 2 vols (London: J. Johnson, 1788).
Deutsch, Helene, 'The Psychology of Women in Relation to the Functions of Reproduction' (1924), in R. Fliess, *The Psychoanalytic Reader* (London: Hogarth Press, 1950).
Donnison, Jean, *Midwives and Medical Men: A History of Inter-Professional Rivalries and Women's Rights* (London: Heinemann, 1977).
Douglas, Mary, *Purity and Danger: An Analysis of Concepts of Pollution and Taboo* (Harmondsworth: Pelican Books, 1970).
Egerton, George, *Keynotes and Discords* (1893) (London: Virago, 1983).
Eliot, George, *Adam Bede* (1859) (New York: Random House, 2002).
Ellmann, Maud, *The Hunger Artists: Starving, Writing and Imprisonment* (London: Virago, 1993).
Elwin, Malcolm, *The Noels and the Milbankes: Their Letters for Twenty-Five Years, 1767–1792* (London: Macdonald, 1967).
Feminist Review Collective (ed.), *Sexuality: A Reader* (London: Virago, 1987).
Firestone, Shulamith, *The Dialectic of Sex: The Case for a Feminist Revolution* (1970) (London: Jonathan Cape, 1971).
Fletcher, Loraine, *Charlotte Smith: A Critical Biography* (Basingstoke: Palgrave, 1998).
Foucault, Michel, *The Birth of the Clinic: An Archaeology of Medical Perception*, trans. A.M. Sheridan (London: Routledge, 1997).
___*The History of Sexuality: Volume One, An Introduction* (Harmondsworth: Penguin, 1990).
Fox, Douglas, *The Signs, Disorders and Management of Pregnancy: the Treatment to be Adopted During and After Confinement; and the Management and Disorders of Children. Written Expressly for the Use of Females* (Derby: Henry Mozley & Sons, 1834).
Freud, Sigmund and Joseph Breuer, Penguin Freud Library 3, *Studies on Hysteria* (Harmondsworth: Penguin, 1988).
Freud, Sigmund, Penguin Freud Library 11, *On Metapsychology* (Harmondsworth: Penguin, 1984).
Fulford, Roger (ed.), *Dearest Child: Letters between Queen Victoria and the Princess Royal, 1858–1861* (London: Evans Brothers, 1964).
Garet, Garrett, *Ouroboros, of the Mechanical Extension of Mankind* (London: Kegan Paul, Trench, Trubner & Co. Ltd, 1926).
Gaskell, Elizabeth, *Ruth* (1853) (Oxford: Oxford World's Classics, 1998).
Giddens, Anthony, *The Transformation of Intimacy: Sexuality, Love and Eroticism in Modern Societies* (Cambridge: Polity Press, 1992).
Gilbert, Sandra M. and Susan Gubar, *The Madwoman in the Attic: The Woman Writer and the Nineteenth-Century Literary Imagination*, second edition (New Haven and London: Yale University Press, 2000).

Gillis, John R., *For Better, For Worse: British Marriages 1600 to the Present* (New York and Oxford: Oxford University Press, 1985).
Gilman, Charlotte Perkins, *Herland* (1915) (London: The Women's Press, 1979).
Gilroy, Amanda, '"Candid Advice to the Fair Sex": or, the politics of maternity in late eighteenth-century Britain', in Avril Horner and Angela Keane (eds), *Body Matters: Feminism, Textuality, Corporeality* (Manchester: Manchester University Press, 2000).
Gleadle, Kathryn (ed.), *Radical Writing on Women, 1800-1850: An Anthology* (Basingstoke: Palgrave Macmillan, 2002).
Graham, Thomas John, *Modern Domestic Medicine*, second edition (London: Simpkin & Marshall, 1827).
Grand, Sarah, *The Heavenly Twins* (1893) (London: William Heinemann, 1895).
Granville, Augustus Bozzi, *A Report of the Practice of Midwifery at the Westminster General Dispensary, During 1818; including new classification of labours, abortions, female complaints, etc...*(London: Burgess and Hill, 1819).
Green, Jane, *Babyville* (2001) (London: Penguin, 2002).
Greer, Germaine, *The Female Eunuch* (1970) (London: Flamingo, 1999).
Greer, Germaine, *The Whole Woman* (1999) (London: Anchor, 2000).
Grigg, John, *Advice to the Female Sex in General, Particularly those in a State of Pregnancy and Lying-in: The Complaints incident to their respective Situations are specified, and Treatment recommended, Agreeable to Modern Practice* (Bath: S. Hazard, 1789).
Haight, Gordon, *George Eliot: A Biography* (Oxford: Clarendon Press, 1968).
Haldane, Charlotte, *Man's World* (London: Chatto and Windus, 1926).
___ *Motherhood and Its Enemies* (London: Chatto and Windus, 1927).
___ *Truth Will Out* (London: Weidenfeld and Nicolson, 1949).
Haldane, J.B.S., *Daedalus or Science and the Future* (London: Kegan Paul, Trench, Trubner & Co., Ltd, 1924).
Hall, Marion H., P.K. Ching and I. MacGillivray, 'Is Routine Antenatal Care Worthwhile?', *The Lancet*, Vol. 2 (July–December 1980), pp. 78–80.
Hamilton, Alexander, *A Treatise of Midwifery Comprehending the Management of Female Complaints, and the Treatment of Children in Early Infancy...Divested of Technical Terms and Abstruse Theories* (London: J. Murray; Edinburgh: Dickson, Creech and Elliot, 1781).
Hanson, Clare, 'Save the Mothers? Representations of Pregnancy in the 1930s' in *Literature and History* 12, 2 (Autumn 2003).
Haran, Maeve, *All That She Wants* (1998) (London: Warner Books, 1999).
Hays, Mary, *The Victim of Prejudice* (1799), ed. Eleanor Ty (Ontario, New York and Cardiff; Broadview Press, 1994).
Hewlett, Sylvia Ann, *Babyhunger: The New Battle for Motherhood* (London: Atlantic Books, 2002).
Holland, Eardley, R.C. Jewsbury and Wilfred Sheldon, *A Doctor to a Mother: The Management of Maternal and Infant Health* (London: Edward Arnold, 1933).
Horney, Karen, 'The Flight from Womanhood' (1926), in *Feminine Psychology* (New York: Norton, 1967).
Hunter, William, *Anatomia Uteri Humani Gravidi: Tabulis Illustrata* (Birmingham; John Baskerville, 1774).
___ 'On the Uncertainty of the Signs of Murder in the Case of Bastard Children' (London: J. Callow, 1812), p. 6. Paper read to the Medical Society, 14 July 1783.

Huxley, Aldous, 'A Note on Eugenics', in *Proper Studies* (London: Chatto and Windus, 1927).
Huxley, Aldous, *Brave New World* (1932), with an introduction by David Bradshaw (London: Flamingo, 1994).
Jacobus, Mary, 'Is There a Woman in This Text?', *New Literary History* 14 (1982), pp. 117–41.
Johnson, Barbara, *A World of Difference* (Baltimore and London: Johns Hopkins University Press, 1987).
Joint Committee of the Royal College of Obstetricians and Gynaecologists and the Population Investigation Committee, *Maternity in Great Britain* (Oxford: Oxford University Press, 1948).
Jones, Ernest, *The Young Freud, 1856–1900* (London: Hogarth Press, 1956).
Kaplan, E. Ann, *Motherhood and Representation: The Mother in Popular Culture and Melodrama* (London: Routledge, 1992).
Keller, Evelyn Fox, *The Century of the Gene* (Cambridge, Mass. and London: Harvard University Press, 2000).
Kitzinger, Sheila, *The Experience of Childbirth*, revised edition (Harmondsworth: Penguin, 1967).
Kristeva, Julia, 'Motherhood According to Giovanni Bellini', reprinted in Kelly Oliver (ed.), *The Portable Kristeva* (New York and Chichester: Columbia University Press, 1997), pp. 301–7.
___ 'Stabat Mater', reprinted in Oliver (ed.), *The Portable Kristeva*, pp. 308–31.
___ 'Women's Time', reprinted in Oliver (ed.), *The Portable Kristeva*, pp. 349–69.
Lacan, Jacques 'The Mirror Stage as Formative of the Function of the I as Revealed in Psychoanalytic Experience', in *Ecrits: A Selection*, trans. Alan Sheridan (London: Tavistock, 1977).
Laënnec, E.T.H., *Treatise on Mediate Auscultation and Diseases of the Lung and Heart*, trans. J. Forbes, second edition (1827).
Laqueur, Thomas, 'Bodies, Details, and the Humanitarian Narrative', in Lynn Hunt (ed.), *The New Cultural History* (Berkeley and London: University of California Press, 1989), pp. 176–204.
Lawrence, C.J., 'William Buchan: Medicine Laid Open', *Medical History* Vol. 19 (1975), pp. 20–35.
___ *Medicine in the Making of Modern Britain 1700–1920* (London: Routledge, 1994).
Lawrence, D.H., *The Rainbow* (1915) (Harmondsworth: Penguin, 1972).
Laycock, Thomas, *Mind and Brain: or, The Correlations of Consciousness and Organisation: Systematically Investigated and Applied to Philosophy, Mental Science and Practice* (London: Simpkin, Marshall and Co., 1869).
Lee, Robert, *Three Hundred Consultations in Midwifery* (London: John Churchill and Sons, 1864).
Lemione-Luccioni, Eugénie, *The Dividing of Women or Woman's Lot* (*Partage des Femmes*), trans. Marie-Laure Davenport and Marie-Christine Reguis (London: Free Association Books, 1987.
Lessing, Doris, *A Proper Marriage* (1964) (St Albans: Panther Books, 1966).
___ *The Fifth Child* (1988) (London: Flamingo, 2001).
___ *Under My Skin: Volume One of My Autobiography, To 1949* (1994) (London: Flamingo, 1995).
Lewis, Jane, *The Politics of Motherhood* (London: Croom Helm, 1980).

Lewis, Judith Schneid, *In the Family Way: Childbearing in the British Aristocracy, 1760–1860* (New Brunswick: Rutgers University Press, 1986).
Lewis, Sarah, *Woman's Mission* (London: J.W. Parker, 1839).
Leybourne-White, Grace and Kenneth White, *Children for Britain* (London: Pilot Press, 1945).
Life (30 April 1965).
Llewelyn Davies, Margaret (ed.), *Maternity: Letters from Working Women* (1915) (London: Virago, 1978).
Loudon, Irvine, *Death in Childbirth: An International Study of Maternal Care and Maternal Mortality 1800–1950* (Oxford: Clarendon Press, 1992).
___ (ed.), *Western Medicine: An Illustrated History* (Oxford: Oxford University Press, 1997).
Lury, Celia, *Consumer Culture* (Cambridge: Polity Press, 1996).
Macfie, Ronald C., *Metanthropos, or the Future of the Body* (London: Kegan Paul, Trench, Trubner & Co. Ltd., 1928).
Malthus, Thomas, *An Essay on the Principle of Population as It Affects the Future Improvement of Society, With Remarks on the Speculations of Mr Godwin, M. Condorcet, And Other Writers* (London: J. Johnson, 1798).
Mansfield, Katherine, *In a German Pension* (1911) (Harmondsworth: Penguin, 1975).
___ *Selected Stories* (Oxford: Oxford World's Classics, 1981).
Marland, Hilary (ed.) *The Art of Midwifery: Early Modern Midwives in Europe* (London: Routledge, 1993).
Marteau, T. and M. Richards (eds), *The Troubled Helix* (Cambridge: Cambridge University Press, 1996), pp. 331–49.
Martin, Emily, *The Woman in the Body: A Cultural Analysis of Reproduction* (Boston: Beacon Press, 1987).
Martin, Emma, *The Bible No Revelation, or the Inadequacy of Language to Convey a Message from God to Man*, second edition (London: published by the author, c.1850).
Matthews, Sandra and Laura Wexler, *Pregnant Pictures* (London: Routledge, 2000).
Matus, Jill L., *Unstable Bodies: Victorian Representations of Sexuality and Maternity* (Manchester and New York: Manchester University Press, 1995).
Maudsley, Henry, *The Physiology and Pathology of Mind*, second edition (London: Macmillan and Co., 1868).
Mazumdar, Pauline, *Eugenics, Human Genetics and Human Failings* (London: Routledge, 1992).
McCall Smith, Alexander, 'Fetal Medicine: Legal and Ethical Implications', in S.L. Barron and D.F. Roberts (eds), *Issues in Fetal Medicine: Proceedings of the Twenty-Ninth Annual Symposium of the Galton Insititute, London 1992* (Basingstoke: Macmillan, in association with the Galton Institute, 1995), pp. 163–71.
McCleary, G.F., *Race Suicide?* (London: George Allen and Unwin, 1945).
McLaren, Angus, *Reproductive Rituals* (London and New York: Methuen, 1984).
McRae, Susan (ed.), *Changing Britain: Families and Households in the 1990s* (Oxford: Oxford University Press, 1999).
Mears, Martha, *The Midwife's Candid Advice to the Fair Sex: or the Pupil of Nature* (1797), A New Edition (London: Crosby and Co. and R. Faulder, 1805).
Mitchell, Juliet, *Mad Men and Medusas: Reclaiming Hysteria and the Effects of Sibling Relations on the Human Condition* (Harmondsworth: Penguin, 2000).

Mitchell, S. Weir, *Wear and Tear, or Hints for the Overworked*, fifth edition (Philadelphia: J.B. Lippincott Company, 1887).
Mitchison, Naomi, *Solution Three* (1975), with an afterword by Susan M. Squier (New York: The Feminist Press at The City University of New York, 1995).
Moers, Ellen, *Literary Women* (New York: Doubleday, 1977).
Montgomery, W.F., *An Exposition of the Signs and Symptoms of Pregnancy, the Period of Human Gestation, and the Signs of Delivery* (London: Sherwood, Gilbert, & Piper, 1837).
Moorhead, Joanna, *New Generations: 40 Years of Birth in Britain* (Cambridge: HMSO in collaboration with National Childbirth Trust Publishing Ltd., 1996).
Morris, Norman, 'Human Relations in Obstetric Practice', *The Lancet*, Vol. 1 (January–June 1960), pp. 913–15.
Morris, Rachel, *Ella and the Mothers* (London: Sceptre, 1997).
Moscucci, O., *The Science of Woman: Gynaecology and Gender in England, 1800–1929* (Cambridge: Cambridge University Press, 1990).
Murray, Janet Horowitz (ed.), *Strong-Minded Women* (Harmondsworth: Penguin, 1984).
News of the World (8 April 1928).
Nihell, Elizabeth, *A treatise on the art of midwifery. Setting forth various abuses therein, especially as to the practice with instruments: the whole serving to put all rational inquirers in a fair way of very safely forming their own judgment upon the question; what it is best to employ, in cases of pregnancy and lying-in, a man-midwife or, a midwife* (London, A. Morley, 1760).
Nordau, Max, *Degeneration*, trans. from the second edition of the German (London: William Heinemann, 1895).
Oakley, Ann, *The Captured Womb: A History of the Medical Care of Pregnant Women* (Oxford: Blackwell, 1984).
Oaks, Laury, 'Smoke-Filled Wombs and Fragile Fetuses: The Social Politics of Fetal Representation', in *Signs: Journal of Women in Culture and Society*, 26, 1 (2000), pp. 63–107.
Oliver, Kelly (ed.), *The Portable Kristeva* (New York and Chichester: Columbia University Press, 1997).
Opie, Amelia, *Adeline Mowbray* (1805) (Oxford: Oxford World's Classics, 1999).
Otis, Laura (ed.), *Literature and Science in the Nineteenth Century* (Oxford: Oxford World's Classics, 2002).
Pankhurst, Sylvia, *Save the Mothers* (London: Knopf, 1930).
Peel, Robert A. (ed.) *Essays in the History of Eugenics* (London: The Galton Institute, 1998).
Perkin, Joan, *Victorian Women* (London: John Murray, 1993).
Petchesky, Rosalind, 'Foetal Images: The Power of Visual Culture in the Politics of Reproduction', in Michelle Stanworth (ed.), *Reproductive Technologies: Gender, Motherhood and Medicine* (Minneapolis: University of Minnesota Press, 1987), pp. 57–80.
Playfair, W.S., *A Treatise on the Science and Practice of Midwifery*, third edition (London: Smith, Elder, & Co., 1880).
Porter, Roy, *The Greatest Benefit to Mankind: A Medical History of Humanity from Antiquity to the Present* (London: Fontana Press, 1999).
Power, John, *Essays on the Female Economy* (London: Burgess and Hill, 1821).

Priestley, W.O. and Horatio R. Storer (eds) *The Obstetric Memoirs and Contributions of James Y. Simpson, Professor of Midwifery in the University of Edinburgh* (Edinburgh: Adam and Charles Black, 1854).

Pritchard, James Cowles, *A Treatise on Insanity and Other Disorders Affecting the Mind* (London: Sherwood, Gilbert, and Piper, 1835).

Queen Charlotte's Practice of Obstetrics, first edition, ed. J. Bright Banister et al. (London: J. and A. Churchill, 1927).

Queen Charlotte's Textbook of Obstetrics, eighth edition, ed. G.F. Gibberd et al. (London: J. and A. Churchill, 1952).

Radcliffe Richards, Janet, *The Sceptical Feminist: A Philosophical Enquiry* (1980) (Harmondsworth: Penguin, 1988).

Read, Grantly Dick, *Natural Childbirth* (London: William Heinemann, 1933).

___ *Revelation of Childbirth* (London: Heinemann, 1942), published in the US in 1944 as *Childbirth Without Fear*. This was the title subsequently adopted in Britain.

Reid, D. and M.E. Cohen, 'Trends in Obstetrics', *Journal of the American Medical Association*, Vol. 142 (1950), pp. 615–23.

Rich, Adrienne, *Of Woman Born: Motherhood as Experience and Institution* (1976) (London: Virago, 1986).

Romero, Patricia, *E. Sylvia Pankhurst: Portrait of a Radical* (New Haven and London: Yale University Press, 1987).

Rothman, Barbara Katz, *Re-creating Motherhood: Ideology and Technology in a Patriarchal Society* (New York: W.W. Norton, 1989).

Royal Commission on Population, *Report* (London: HMSO, 1949).

Russo, Mary, *The Female Grotesque: Risk, Excess and Modernity* (London: Routledge, 1994).

Ryan, William B., *Infanticide: Its Law, Prevalence, Prevention and History* (London: J. and A. Churchill, 1862).

Saleeby, Caleb Williams, *Woman and Womanhood: A Search for Principles* (London: William Heinemann, 1912).

Saul, Jennifer Mather, *Feminism: Issues and Arguments* (Oxford: Oxford University Press, 2003).

Sebba, Anne, *Enid Bagnold: The Authorized Biography* (London: Weidenfeld and Nicolson, 1986).

Seymour, Julie and Paul Bagguley (eds), *Relating Intimacies: Power and Resistance* (Basingstoke: Macmillan, 1999).

Shelley, Mary, *Frankenstein: or The Modern Prometheus* (1818), ed. Maurice Hindle (Harmondsworth: Penguin, 1992).

Sheridan, Frances, *Memoirs of Miss Sidney Bidulph* (1761) (Oxford: Oxford World's Classics, 1999).

Shoemaker, Robert B., *Gender in English Society 1650–1850: The Emergence of Separate Spheres?* (Harlow: Longman, 1998).

Showalter, Elaine, *The Female Malady: Women, Madness and English Culture, 1830–1980* (London: Virago, 1987).

Shuttleworth, Sally, *Charlotte Brontë and Victorian Psychology* (Cambridge: Cambridge University Press, 1996).

Smart, Carol and Bren Neale, '"I Hadn't Really Thought About It": New Identities/New Fatherhoods', in Julie Seymour and Paul Bagguley, *Relating Intimacies: Power and Resistance* (Basingstoke: Macmillan, 1999), pp. 118–41.

Smellie, William, *A Treatise on the Theory and Practice of Midwifery*, 3 vols (London: D. Wilson, 1752–64).

___ *Anatomical Tables with Explanations and an Abridgement of the Practice of Midwifery, with a view to illustrate A Treatise on that Subject and Collection of Cases* (1754), A New Edition, Carefully Corrected and Revised, with Notes and Illustrations Adapted to the present Improved Method of Practise By A. Hamilton (Edinburgh: William Creech, 1787).

Smith, Adam, *An Inquiry into the Nature and Causes of the Wealth of Nations*, 2 vols, ed. R.H. Campbell, A.S. Skinner and W.B. Todd (Oxford: Clarendon Press, 1976).

Smith, Charlotte, *Montalbert: A Novel*, 3 vols (London: E. Booker, 1795).

___ *The Young Philosopher: A Novel*, in four volumes (London: T. Cadell, Jun. and W. Davies, 1798).

Smith, R.D. (ed.), *The Writings of Anna Wickham, Free Woman and Poet* (London: Virago, 1984).

Southcott, Joanna, *Memoirs of the Life and Mission of Joanna Southcott, interspersed with Authentic Anecdotes and elucidated by Interesting Documents including the Progress of her Pregnancy detailed by herself together with the Opinions of Drs Reece and Sims to which is added a Sketch of the Rev. W. Tozer, M.J.S. embellished with a Striking Likeness of the Prophetress* (London: M. Jones, 1814).

Spencer, Herbert, *The Study of Sociology*, seventeenth edition (London: Kegan Paul, Trench, Trubner & Co., Ltd., 1894).

Spring Rice, Margery, *Working-class Wives: Their Health and Conditions*, with an Introduction by Dame Janet Campbell (Harmondsworth: Penguin, 1939).

Squier, Susan Merrill, *Babies in Bottles: Twentieth-Century Visions of Reproductive Technology* (New Brunswick, New Jersey: Rutgers University Press, 1994).

Stacey, M., 'The New Genetics: A Feminist View', in T. Marteau and M. Richards (eds), *The Troubled Helix* (Cambridge: Cambridge University Press, 1996), pp. 331–49.

Stopes, Marie, *Wise Parenthood* (1918), twelfth edition (London: G.P. Putnam's Sons, 1926).

Summers, Leigh, *Bound to Please: A History of the Victorian Corset* (Oxford: Berg, 2001).

Taylor, Barbara, *Eve and the New Jerusalem* (London: Virago, 1983).

___ *Mary Wollstonecraft and the Feminist Imagination* (Cambridge: Cambridge University Press, 2003).

Taylor, Janelle S., 'Of Sonograms and Baby Prams: Prenatal Diagnosis, Pregnancy, and Consumption', *Feminist Studies* 26, 2 (Summer 2000), pp. 391–418.

Tew, Marjorie, *Safer Childbirth? A Critical History of Maternity Care*, second edition (London: Chapman and Hall, 1995).

Theriot, Nancy, 'Diagnosing Unnatural Motherhood: Nineteenth-century Physicians and "Puerperal Insanity"', in Philip K. Wilson (ed.), *Childbirth: Changing Ideas and Practices*, Vol. 5 (New York: Garland, 1996), pp. 133–52.

Thomson, J., 'A Defence of Abortion', *Philosophy and Public Affairs* 1, 1971, pp. 47–66.

Todd, Janet (ed.), Mary Wollstonecraft, *Mary* and *Maria*; Mary Shelley, *Matilda* (Harmondsworth: Penguin, 1991).

Tuana, Nancy and Rosemarie Tong (eds), *Feminism and Philosophy: Essential Readings in Theory, Reinterpretation and Application* (Boulder and Oxford: Westview Press, 1995).

Tuke, J.B., 'On the Statistics of Puerperal Insanity as observed in the Royal Edinburgh Asylum, Morningside', *Edinburgh Medical Journal*, Vol. X (July 1864–June 1865) (Edinburgh: Oliver and Boyd, 1865), pp. 1013–28.

Tyler Smith, W., *A Manual of Obstetrics: Theoretical and Practical* (London: John Churchill, 1858).

Tyler, Imogen, 'Skin-tight: Celebrity, Pregnancy and Subjectivity', in Sara Ahmed and Jackie Stacey (eds), *Thinking Through the Skin* (London: Routledge, 2001), pp. 69–83.

Walker, Alexander, *Woman, Physiologically Considered as to Mind, Morals, Marriage, Matrimonial Slavery, Infidelity and Divorce* (London: A.H. Baily & Co., 1840).

Wardle, Ralph M. (ed.), *Collected Letters of Mary Wollstonecraft* (Ithaca, NY and London: Cornell University Press, 1979).

Warnock, Mary, *Making Babies: Is There a Right to Have Children?* (Oxford: Oxford University Press, 2002).

Weber, R.F.A., F.H. Pierik, G.R. Dohle and A. Burdof, 'Environmental Influences on Male Reproduction, ' *BUJ International* 89 (2002), pp. 143–8.

Weismann, August, *Essays Upon Heredity and Kindred Biological Problems*, 2 vols (Oxford: Clarendon Press, 1889–92).

Weldon, Fay, *Puffball* (1980) (London: Coronet, 1982).

Whitehead, Mary Beth (with Loretta Schwartz-Nobel), *A Mother's Story: The Truth About the Baby M Case* (New York: St. Martin's Press, 1989).

Williams, Clare, Priscilla Alderson and Bobbie Farsides, 'Is Nondirectiveness Possible within the Context of Antenatal Screening and Testing?', *Social Science and Medicine*, 54, 3 (February 2002), pp. 339–47.

Wilson, Adrian, *The Making of Man-Midwifery: Childbirth in England 1660–1770* (London: UCL Press, 1995).

Wilson, Philip K. (ed.), *Childbirth: Changing Ideas and Practices in Britain and America 1600 to the Present*, 5 vols (New York and London: Garland, 1996).

___'"Out of Sight, Out of Mind?": The Daniel Turner-James Blondel Dispute over the Power of the Maternal Imagination', in Wilson (ed.), *Childbirth: Changing Ideas and Practices*, Vol. 3, pp. 361–83.

Winston, Robert, *Getting Pregnant: The Complete Guide to Fertility and Infertility* (London: Pan Books, 1993).

Wollstonecraft, Mary, *Political Writings* (Oxford: Oxford World's Classics, 1994).

Wood, Ellen, *East Lynne* (1861), ed. Andrew Maunder (Peterborough, Ontario: Broadview Literary Texts, 2000).

Wyndham, John, *The Midwich Cuckoos* (1957) (Harmondsworth: Penguin, 1960).

Young, Iris Marion, 'Pregnant Embodiment: Subjectivity and Alienation', reprinted in Nancy Tuana and Rosemarie Tong (eds), *Feminism and Philosophy: Essential Readings in Theory, Reinterpretation and Application* (Boulder and Oxford: Westview Press, 1995), pp. 407–19.

Zytaruk, George J. and James T. Boulton (eds), *The Letters of D.H. Lawrence, Vol. 11, 1913–15* (Cambridge: Cambridge University Press, 1981).

索引

Abortion 堕胎 6,41
Acton, William 威廉·阿克顿 56,59,184n
amniocentesis 羊水诊断、羊膜穿刺术 162
Anderson, Elizabeth Garrett 伊丽莎白·加勒特·安德森 86
Anna O (Bertha Pappenheim) 安娜·欧（伯莎·帕彭海姆）105—106
anorexia 厌食、厌食症 36,61
antenatal care 产前护理 92—94,95,128—135
anti-abortion lobby 反堕胎游说 158
Anzieu, Didier 迪迪埃·安齐厄 12,178n
artifical placenta 人造胎盘 147
artifical womb 人造子宫 122,164
Austen, Jane, *Sense and Sensibility* 简·奥斯汀《理智与情感》37,181n

babyhunger 婴儿饥渴症、想生孩子的女人 171,198n
Bagnold, Enid 伊妮德·巴格诺尔德 141,192n
　　The Squire 《乡绅》116—119,123,140,191n

Baird, Dugald 杜格尔·贝尔德 134—135,193n
Ballantyne, J. W. J. W. 巴兰坦 8,85,92—96,119,129,187n
　　Expectant Motherhood: Its Supervision and Hygiene 《孕妇：监护与卫生保健》94—95,177n,188n
Barker, David 戴维·巴克 177n
Barlow, Sir Thomas 托马斯·巴洛爵士 96
Barrett-Browning, Elizabeth, *Aurora Leigh* 伊丽莎白·巴雷特·勃朗宁,《奥罗拉·莉》70—71,185n
Barron, S. L. S. L. 巴伦 178n
Bauman, Zygmunt 齐格蒙特·鲍曼 175
Beauvoir, Simone de 西蒙娜·德·波伏娃 146
Besant, Annie 安妮·贝赞特 7
Bewell, Alan, 艾伦·毕维尔 49,182n
Bjerre, Poul 波尔·比耶勒 105
Bonham Carter, Violet 维奥莱特·博纳姆·卡特 119
Borch-Jacobsen, Mikkel 米克尔·博尔奇-雅各布森 190n
Bradlaugh, Charles 查尔斯·布雷德洛 7

Breuer, Joseph 约瑟夫·布罗伊尔 105—106

Briance, Prunella 普鲁内拉·布赖恩斯 142

Bronfen, Elizabeth 伊丽莎白·布龙方 50, 183n

Brontë, Emily, *Wuthering Heights* 艾米莉·勃朗特,《呼啸山庄》 66—69, 185n

Brown, Ford Madox 福特·马多克斯·布朗 79—81

Browne, F. J. F. J. 布朗 129, 139, 193n

Brumberg, Joan Jacobs 琼·雅各布斯·布伦伯格 184n

Buchan, William, *Domestic Medicine or, a Treatise on the Prevention and Cure of Diseases by Regimen and Simple Medicines* 威廉·巴肯,《家庭医学：疾病预防、治疗的养生法则和简明医学》 35, 37, 66, 181n

Bunting, Evelyn M. 伊夫琳·M. 邦廷 177n, 189n

Burney, Fanny 范妮·伯尼 46

Burrows, George Man 乔治·曼·伯罗斯 62, 184n

Butler, Josephine 约瑟芬·巴特勒 75

Byatt, A. S. A. S. 拜厄特 133, 193n

　The Virgin in the Garden 《花园处女》 136

　Still Life 《静物》 133, 193n

Byron, Lord 拜伦 2, 176n

Campbell, Janet 珍妮特·坎贝尔 191n

Campbell, Stuart 斯图尔特·坎贝尔 137, 194n

Campion, Sarah 萨拉·坎皮恩 132, 193n

Carlile, Richard, *Every Woman's Book; or, What is Love?* 理查德·卡莱尔,《妇女手册：或什么是爱》 52—53, 183n

Carpenter, William 威廉·卡彭特 56, 188n

Carswell, Catherine 凯瑟琳·卡斯韦尔 110

Carter, Angela, *Nights at the Circus* 安杰拉·卡特,《马戏团之夜》 68—69, 185n

Chavasse, Henry Pye, *Advice to a Wife on the Management of her Own Health and on the Treatment of Some of the Complaints Incidental to Pregnancy, Labour, and Suckling, with an Introductory Chapter Especially Addressed to a Young Wife* 亨利·派伊·查维斯,《给妻子们的建议：关于健康管理及怀孕、分娩、哺育相关疾病的治疗,其中有一章专门为年轻的妻子们而写》 77, 187n

Cherry, Deborah 德博拉·彻丽 73, 186n

chorionic villus sampling(CVS) 绒毛膜绒毛活检 162

cloning 克隆 145, 165

commodification of pregnancy 怀孕商业化 173—175

competitive model of pregnancy 怀孕的竞争模型 9, 160

confluent love 融汇之爱 169—170

consent, doctrine of 协同学说、协同原则 17, 18, 24, 25, 26

contraception 避孕、避孕法 7, 52—54, 101—102

corsetry 紧身衣、紧身衣制造业

77,80,186n,187n

craniotomy 穿颅术、颅骨切开术 14,63

Creed, Barbara 芭芭拉·克里德 144,195n

Cusk, Rachel, A Life's Work: On Becoming a Mother 蕾切尔·卡斯克,《一生的工作:成为一位母亲》 2,3,160,161,176n,196n

Dakin W. F. W. F. 戴金 90,189n

Dale Owen, Robert, Moral Physiology; or, a Brief and Plain Treatise on the Population Question 罗伯特·戴尔·欧文,《道德生理学:关于人口问题的简要论述》 53—55,183n

Darwin, Charles 查尔斯·达尔文 88

    On the Origin of Species 《物种起源》 76,84,91

    The Descent of Man and Selection in Relation to Sex 《人类起源及性的选择》 92,189n

Darwin, Erasmus, Zoonomia 伊拉斯谟·达尔文,《动物生理学》 15,27,47—48,49,178n,180n

Davidoff, Leonore 莉奥诺·达维多夫 38,176n,182n

Davin, Anna 安娜·达文 97,187n,189n

Dawes, G. S. G. S. 道斯 196n

Denman, Thomas 托马斯·登曼 1,2,9,14,15,19,21,24,30,45,47,139,178n,180n,181n

Depression in pregnancy 怀孕/妊娠期精神抑郁症 143

Deutsch, Helene 海伦妮·多伊奇 107,190n

Differential breeding 差异培育 37,84—85,98,114

Donald, Ian 伊恩·唐纳德 136—137

Donnison, Jean 琼·唐尼森 179n

Douglas, Mary 玛丽·道格拉斯 13,178n

Down's syndrome 唐氏综合症 162

eclampsia 惊厥 129

ectogenesis 人工培育、体外发育 122—128

Egerton, George 乔治·艾格顿 91—92,189n

Eliot, George, Adam Bede 乔治·艾略特,《亚当·比德》 75—79,186n

Ellmann, Maud 莫德·埃尔曼 36,181n,191n

Elwin, Malcolm 马尔科姆·埃尔温 176n

embryology 胚胎学 46—48

environmental health 环境健康 119—120,122

epigenesis 渐成论、渐成说 47

Esquirol, J. E. D. J. E. D. 埃斯基罗尔 62,69

eugenic feminism 优生学女权/女性主义 86—87,91

eugenics 优生学 6,40,55,84,94,114—123,125,127

Eugenics Society 优生学协会 116

evolutionary theory 生物进化论 76

Firestone, Shulamith 舒拉米斯·费尔斯通 146—147,195n

Fletcher, Loraine 洛兰·弗莱彻 33,181n

fotel heart monitoring 胎心监护 20,151

fotel patient 作为病人的胎儿 10,
159—161
foetal person 作为个体的胎儿
154—159
Foucault, Michel 米歇尔·福柯
60,134,178n,190n
Fox, Douglas 道格拉斯·福克斯
61,184n
Freud, Sigmund 西格蒙德·弗洛伊
德 12,13,105—109,111—113,
141,150,178n,190n,194n
Fulford, Roger 罗杰·富尔福德
187n

Galton, Francis 弗朗西斯·高尔顿
40,84,188n
Garrett, Garet 加雷特·加勒特
114,191n
Gaskell, Elizabeth, *Ruth* 伊丽莎
白·盖斯凯尔《露丝》 72—75,
79,185n,186n
Giddens, Anthony 安东尼·吉登斯
169,197n
Gilbert, Sandra M. 桑德拉·M.吉
尔伯特 66,185N
Gillis, John R. 约翰·R.吉利斯
182n
Gilman, Charlotte Perkins 夏洛
特·珀金斯·吉尔曼 86
Herland 《她乡》 102—104,
190n
Gilroy, Amanda 阿曼达·吉尔罗伊
180n
Graham, Thomas John, *Modern Domestic Medicine* 托马斯·约翰·格
雷厄姆,《现代家庭医学》 66,69,
185n
Grand, Sarah, *The Heavenly Twins*
萨拉·格兰德,《神圣的孪生子》

88—91,188n
Granville, Augustus Bozzi 奥古斯塔
斯·博齐·格兰维尔 39—40,
182n
Green, Jane, *Babyville* 简·格林,
《婴儿城》 158,171—172,196n,
198n
Greer, Germaine 杰曼·格里尔
147,195n
Grigg, John, *Advice to the Female Sex in General, Particularly those in a State of Pregnancy and Lying-in: The Complaints incident to their respective Situations are specified, and Treatment recommended, Agreeable to Modern Practice*, 约翰·格里格,
《给普通女性尤其是孕妇和产妇的
建议:关于她们各自状态下易患疾
病的说明和治疗建议,适合于现代
医疗实践》 9,11,24,27,28,
177n,178n,180n
Gubar, Susan 苏珊·古巴里 66,
185n

Haeckel, Ernst 欧内斯特·海克尔
194n
Haldane, Charlotte 夏洛特·霍尔丹
103
Man's World 《男人世界》
123—125,192n
Motherhood and Its Ememies
《母职及其敌人》125—126,
192n
Haldane, J. B. S. J. B. S.霍尔丹
114,121,165
Daedalus or Science and the Future
《代达罗斯或科学与未来》
122—123,191n,192n
Hall, Catherine 凯瑟琳·霍尔

38,176n,182n

Hall, Lesley A. 莱斯莉·A.霍尔 190n

Hamilton, Alexander, *A Treatise of Midwifery Comprehending the Management of Female Complaints, and the Treatment of Children in Early Infancy...Divested of Technical Terms and Abstruse Theories* 亚历山大·汉密尔顿 《关于妇科疾病管理和婴幼儿疾病治疗的助产术论文……没有技术术语和高深的理论》 11,14,17,20,24,28,45,178n,179n

Hanson, Clare 克莱尔·汉森 192n

Haran, Maeve 梅芙·哈伦 171,198n

harmonious symbiosis 和谐共生 9,95

Hawthorne, Nathaniel 纳撒尼尔·霍桑 186n

Hays, Mary 玛丽·海斯 33,181n

Hewlett, Sylvia Ann 西尔维娅·安·休利特 198n

Himmelweit, Susan 苏珊·希默尔魏特 147,195n

Human Fertilisation and Embryology Authority(HFEA) 英国人类生育及胚胎繁殖管理局 162,163

Hunter, William 威廉·亨特 19,80,156

 Anatomia Uteri Humani Gravidi: Tabulis Illustrata 《孕妇子宫解剖学：图解》 14,44,47,178n,182n

 "On the Uncertainty of the Signs of Murder in the Case of Bastard Children" 《私生子谋杀特征的不确定性》 20,42—43,77,179n,187n

Huxley, Aldous, *Brave New World* 阿尔道斯·赫胥黎，《美丽新世界》 123,126—127,165,192n

Huxley, Julian 朱利安·赫胥黎 126,165

hysteria 歇斯底里、歇斯底里症、癔病 37,89—91

hysterical pregnancy 癔病性怀孕 23,106

illegitimacy 非法私生 40—46,71—80

in vitro fertilization(IVF) 体外受精、试管受精 163—165

inheritance law 继承法 6

insanity of pregnancy 妊娠期精神病 4,6,58,60—71,90—91,143

irritability 兴奋性/应激性 23,24,25

Jacobus, Mary 玛丽·雅各布斯 49,50,182n,183n

Johnson, Barbara 芭芭拉·约翰逊 49,182n

Jones, Ernest 欧内斯特·琼斯 105—106,190n

Joyce, James 詹姆斯·乔伊斯 152

Jung, Carl 卡尔·荣格 105

Kaplan, E. Ann E.安·卡普兰 5,176n,197n

Keller, Evelyn Fox 伊夫琳·福克斯·凯勒 4,176n

Kergaradec, Jacques Alexandre de 雅克·亚历山大·德·克加拉德克 3,180n

Kitzinger, Sheila, *The Experience of*

Childbirth 希拉·基辛格,《分娩经验》142—144,194n

Kristeva, Julia 朱莉娅·克里斯蒂娃 152
    "Motherhood According to Giovanni Bellini" "乔瓦尼·贝利尼的母职" 149,194n,195n
    "Stabat Mater" "圣母悼歌",12,13,149,194n
    "Women's Time" "女人的时间" 140,150,194n

Lacan, Jacques 雅克·拉康 12,178n

Laënnec, E. T. H. E. T. H. 拉埃内克 3,180n

Lamarck, Jean Baptiste 简·巴蒂斯特·拉马克 103

Laqueur, Thomas 托马斯·拉克尔 42—43,182n

Lawrence, C. J. C. J. 劳伦斯 134,181n

Lawrence, D. H. D. H. 劳伦斯 108—109,190n,193n

Laycock, Thomas 托马斯·莱科克 59,70,184n

Lee, Robert 罗伯特·李 63,184n

Leibewitz, Annie 安妮·莱贝维兹 173,174

Leishmann, William 威廉·利什曼 65

Lemoine-Luccioni, Eugénie 欧金尼娅·勒莫因-卢乔尼 67—68,185n

Lessing, Doris 多丽丝·莱辛 142
    A Proper Marriage 《良缘》140,141,194n
    The Golden Notebook 《金色笔记》140
    The Fifth Child 《第五个孩子》167—169,197n
    Under My Skin: Volume One of My Autobiography, To 1949 《我的皮肤之下:个人自传——至1949年》194n

Lewis, Jane 简·刘易斯 126,192n

Lewis, Judith Schneid 朱迪思·施奈德·刘易斯 38,80,182n,187n

Lewis, Sarah 萨拉·刘易斯 74,186n

Leybourne-White, Grace 格蕾丝·利伯恩-怀特 120—121,192n

Life 《生命》154,196n

Llewelyn Davies, Margaret 玛格丽特·卢埃林·戴维斯 99—102,129,189n

Loudon, Irvine 欧文·劳登 15,176n,178n,179n

Lury, Celia 西莉亚·卢瑞 174,198n

Macfie, Ronald C. 罗纳德·C. 麦克菲 114,191n

Malthus, Thomas 托马斯·马尔萨斯 7,177n

man-midwives 男接生婆/男助产婆 14,16,19,20

Mansfield, Katherine 凯瑟琳·曼斯菲尔德 108,111—113,191n

Marland, Hilary 希拉里·马兰 179n

Martin, Emily 埃米莉·马丁 198n

Martin, Emma 埃玛·马丁 55—56,183n

mass production 大规模生产 130—132,134,173

maternal impressions 母性印记 26—27,28,37,58,61

Matthews, Sandra 桑德拉·马修斯

154,196n,198n

Matus, Jill L. 吉尔·L.马图斯 4, 58,176n,184n,187n

Maudsley, Henry 亨利·莫兹利 65,86,89,185n,188n

Maurice, General J.F.莫里斯 83

Mazumdar, Pauline 保利娜·马宗达 188n,191n,192n

McCall Smith, Alexander 亚历山大·麦考尔·史密斯 159,160,161,196n

McCleary, G.F. G.F.麦克利里 119—120,177n,192n

McLaren, Angus 安格斯·麦克拉伦 39,41,182n

McRae, Susan 苏珊·麦克雷 198n

Mears, Martha, *The Midwife's Candid Advice to the Fair Sex; or the Pupil of Nature* 《助产婆给女性的坦率建议:或自然的学生》玛莎·米尔斯 9,11,24,25,26,151,177n,178n,180n

Moorhead, Joanna 乔安娜·穆尔黑德 194n,197n

Moral insanity 道德精神病 62

Morris, Norman 诺曼·莫里斯 133,134,193n

Morris, Rachel, *Ella and the Mothers* 蕾切尔·莫里斯,《艾拉与她的母亲们》 163—164,172—173,197n,198n

Moscucci, O. 欧·莫斯库奇 57,179n,184n

Murray, Janet Horowitz 珍妮特·霍罗威茨·默里 186n,188n

Natural Childbirth Association 自然分娩协会 142

national maternity policy 国家生育政策 128—135

natural childbirth 自然分娩 137—144

nature 自然、本性 11,21,139

News of the World 《世界新闻报》 115,191n

Nihell, Elizabeth, *A Treatise on the Art of Midwifery, Setting forth various abuses therein, especially as to the practice with instruments; the whole serving to put all rational inquirers in a fair way of very safely forming their own judgment upon the question; what it is best to employ, in cases of pregnancy and lying-in, a man-midwife or, a midwife* 伊丽莎白·尼哈尔,《助产技艺论,列举了各种各样滥用器械的情况:目的是确保所有理性的探寻者能形成自己对问题的公正判断;在怀孕和分娩的过程中,最好是雇请男助产婆还是雇请女助产婆》 11,16—19,141,152,178n,179n,195n

Nilsson, Lars 拉斯·尼尔松 154—155,158

Non-directive counseling 非指导性咨询 162

Nordau, Max 马克斯·诺尔道 84—85,188n

Norton, Caroline 卡罗琳·诺顿 186n

Nurse, Chris 克丽丝·纳斯 156—157

Oakley, Ann, *The Captured Womb: A History of the Medical Care of Pregnant Women* 安·奥克利,《被捕获的子宫:孕妇医疗史》 129,131,176n,187n,188n,190n,193n,

198n

Oaks, Laury　劳里·奥克斯　196n

ontogeny　个体发生学、个体发生　141

Opie, Amelia, *Adeline Mowbray*　阿米莉亚·奥佩,《阿德琳·莫布雷》30—33,181n

Owen, Robert　罗伯特·欧文　51,183n

Pankhurst, Sylvia,　西尔维娅·潘克赫斯特　115—116,189n,191n

parasitism　寄生状态、寄生病　9,95,160

Parsons, Betty　贝蒂·帕森斯　142

parthenogenesis　单性生殖、孤雌生殖　103,107

Patmore, Coventry　考文垂·帕特摩尔　146

Perkin, Joan　琼·珀金　187n

Petchesky, Rosalind　罗莎琳德·皮切斯基　158,196n

phylogeny　系统发育　141

Place, Francis　弗朗西斯·普莱斯　53

placenta praevia　胎盘前置　3,137,153

Playfair, W. S.　W. S. 普莱费尔　65,185n

Porter, Roy　罗伊·波特　185n

Power, John, *Essays on the Female Economy*　约翰·鲍尔,《女性经济论集》56—57,59,184n

preformationism　预成论、先成说　47

pre-natal death　死胎、死产　101

Pritchard, James Cowles　詹姆斯·考尔斯·普里查德　62,29,184n

puerperal fever　产褥热　177n

quickening　胎动初觉　1,10,41

race　种族、种族气质　84—85,120—121

Radcliffe Richards, Janet　珍妮特·拉德克利夫·理查兹　148,195n

Read, Grantly Dick　格兰特利·迪克·里德 10,114,115,117,138—143,191n,194n

Read, Jessica　杰茜卡·里德　142

Reece, Richard　理查德·里斯　21

reproductive technologies　生育技术　161—167

Rich, Adrienne　阿德里安娜·里奇　148—149,195n

Rogers, Nicholas　尼古拉斯·罗杰斯　182n

Romero, Patricia　帕特丽夏·罗梅罗　115,191n

Rothman, Barbara Katz　芭芭拉·卡茨·罗思曼　130,198n

Rowlandson, Thomas　托马斯·罗兰森　22—23

Royal Commission on Population　皇家人口调查委员会　176n,192n

Russo, Mary　玛丽·拉索　82,187n

Saleeby, Caleb Williams　凯莱布·威廉斯·萨勒比　86—87,177n,188n

Samuel, Herbert　赫伯特·塞缪尔　99

Scott, Sir Walter　沃尔特·斯科特爵士　186n

second-wave feminism　第二次女权主义运动浪潮　146—154

sensibility　敏感性　25,26

serum screening 血清筛查 161—162

sexual passivity 性被动 56—57,59,60

Shaw, George Bernard 萧伯纳 98,103

Shelley, Mary 玛丽·雪莱 48
    Frankenstein 《弗兰肯斯坦》 49—50,169,183n

Sheridan, Frances, *Memoirs of Miss Sidney Bidulph* 弗朗西丝·谢里丹,《西德尼·比达尔弗小姐回忆录》 43—46,182n

Shoemaker, Robert B. 罗伯特·B.休梅克 182n

Showalter, Elaine 伊莱恩·肖沃尔特 68,184n

Shuttleworth, Sally 萨莉·沙特尔沃思 185n

sickle-cell anaemia 镰刀形红细胞贫血症 162

Simpson, James Y. 詹姆斯·Y.辛普森 11,186n

Sims, John 约翰·西姆斯 21

single motherhood 单身母职 170—173

Smellie, William 威廉·斯梅利 15,19,20,27,80,181n
    A Treatise on the Theory and Practice of Midwifery 《助产术理论与实践专论》 8,14,16,177n,178n,180n
    Anatomical Tables with Explanations and an Abridgement of the Practice of Midwifery, with a view to illustrate A treatise on that Subject and Collection of Cases 《解剖工作台:附带图解说明与助产术实践案例及研究》 14,16,178n

Smith, Adam 亚当·斯密 38,182n

Smith, Charlotte 夏洛特·史密斯
    Montalbert 《梦达乐拜》 17,46,182n
    The Young Philosopher 《年轻的哲学家》 33—35,179n,181n

Smollett, Tobias 多比亚斯·斯摩莱特 16,19,141,179n

social problem group 社会问题群体 116

Southcott, Joanna 乔安娜·索思科特 21—23,180n

Spencer, Herbert 赫伯特·斯宾塞 12,76,86,178n

Spring Rice, Margery 马格丽·斯普林·赖斯 9,129,130,177n,193n

Squier, Susan Merrill 苏珊·梅里尔·斯奎尔 126,192n,196n,197n

St Pancras Shool for Mothers 圣班克洛斯母亲学校 96

Stacey, M. M.斯泰西 197n

starvation 饥饿、饥荒 97,99—100

Stopes, Marie 玛丽·斯托普斯 7,87,188n

Summers, Leigh 利·萨默斯 77,186n

Summerskill, Dr Edith 伊迪丝·萨默斯基尔医生 120

Surrogacy 代孕 145,164,165,167

Swammerdam, Jan 扬·斯瓦默丹 47

Sykes, J.W. J.W.赛克斯 8,96

syphilis 梅毒 85,88

taboos 禁忌 13,14

Taylor, Barbara 芭芭拉·泰勒 52,72,182n,183n,185n

Taylor, Janelle S.　贾内尔·S.泰勒　173,174,193n,198n

Tew, Marjorie　玛乔丽·图　142,194n,196n

Theriot, Nancy　南希·塞里奥特　61,184n

third sex　第三性　126

Thoma, Helmut,　赫尔穆特·托马　111

Thomson, Judith Jarvis　朱迪思·贾维斯·汤姆森　196n

touching　触摸　16,17,136

Tozer, William　威廉·托泽　23

Tuke, J. B.　J. B.图克　64—65,184n

Turner, Daniel　丹尼尔·特纳　26

Tyler, Imogen　伊莫金·泰勒　156

Tyler Smith, W.　W.史密斯·泰勒　184n

ultrasound screening　超声波扫描　137,151,154,156—159

Victoria, Queen　维多利亚女王　80—82,187n

vocational motherhood　职业母职　123,126,127

Walker, Alexander, *Woman, Physiologically Considered as to Mind, Morals, Marriage, Matrimonial Slavery, Infidelity and Divorce*　亚历山大·沃克,《关于妇女思想、道德、婚姻、婚姻的奴隶、不忠和离婚的生理学考察》　57—58,59,184n

Warnock, Mary　玛丽·沃诺克　162,163,165,197n

Waston, James　詹姆斯·沃森　166

Weismann, August　奥古斯特·魏斯曼　104,190n

Weldon, Fay, *Puffball*　菲·维尔登,《尘菌》　152—154,195n

Wells, H. G.　H. G.韦尔斯　117,191n

Wexler, Laura　劳拉·韦克斯勒　154,196n,198n

White, Kenneth　肯尼思·怀特　120—121,192n

Whitehead, Mary Beth　玛丽·贝丝·怀特黑德　197n

Wickham, Anna　安娜·威克姆　97—98,110—111,189n,190n

Wilson, Adrian　阿德里安·威尔逊　20,179n

Wilson, Philip K.　菲利普·K.威尔逊　26,180n

Winston, Professor Sir Robert　罗伯特·温斯顿爵士　198n

Wollstonecraft, Mary　玛丽·沃斯通克拉夫特　183n
　　A Vindication of the Rights of Woman　《女权辩护》　28
　　The Wrongs of Woman: or Maria　《玛丽亚:女人的受罪》　29—30,41—42,181n

Women's Co-operative Guild　合作社妇女公会　98—99

Wood, Ellen, *East Lynne*　艾伦·伍德,《伊斯特林传》70,184n,185n

Woolf, Virginia　维吉尼亚·伍尔夫　42

Wyndham, John, *The Midwich Cuckoos*　约翰·温德姆,《米德维奇村庄的布谷鸟》　144—145,195n

xenogenesis　异种生殖　144,164

X-ray monitoring　X射线监测　136,138

Young, Iris Marion　艾丽斯·玛丽昂·扬　150—151,156,173,195n,198n

译后记

去年秋天的时候,我接受了这部《怀孕文化史》的翻译任务。在此之前,北大出版社的编辑吴敏女士给我寄来了这本书的导言和目录,以让我决定是否能够参与此事。看完之后,我很快打电话回复了她的邀约。之所以决定翻译这本书,原因是多方面的,其中最主要的是我对医疗文化史与社会史的兴趣,恰巧这本书里又涉及性别与医疗的问题,所以就欣然应允了。

克莱尔·汉森教授的研究兴趣是探究文学与科学之间的关系,同时也对战后英国的优生学思想有过专门的研究。在这本书当中,她选择"怀孕"作为研究对象,探究了过去 250 年中英国社会在怀孕的文化"建构"方面所经历的变化。在她看来,怀孕显然不只是属于生理学或医学范畴的事物,更不是具有某种本质属性的东西,它是医学和文化共同塑造与建构的产物。在不同的社会和不同的时代,人们对怀孕的理解各不相同,这既归因于医学理论的发展和医疗技术的进步,更是各种社会因素综合作用的结果。一方面,医学的发展不断改变人们对怀孕的理解,例如超声波扫描仪的使用、人工培育技术的发展等,引发了一系列关于胎儿性别检测、婴儿监护权纠纷、母婴关系确定等方面的争论;另一方面,种族政治、殖民战争和优生学思想的盛行,又促使差异培育、人口控制等相关的生育观念成为社会讨论的中心话题。简言之,在"怀孕"这个场域,医学与文化是相互关联、相互塑造、相互强化的关系,它们共同建构了人们对"怀孕"的理解,影响了"怀孕"的实践。

这样一部怀孕文化史好比是一个纵横交错的网络,其中,孕妇的身体、精神与智力的医学建构和文化塑造是一条主线,胎儿身体的医学建构、胎儿生命权益的法律维护是另一条主线,这两条线的交叉之处涉及母婴关系的界定、母婴权利的争夺以及母职文化的塑造;除此之外,还有无数条线与它们相互连接,例如男女助产士的专业竞争、国家的人口控制措施以及母婴的公共医疗政策等等。可以说,怀孕既是私人事件,更是公共事件;既是医学事件,更是文化事件。而且,这样一个网络总是身处于更大的社会文化网络之中的,因此它所触及的学术问题绝不仅限于怀孕本身,更涉及疾病的定义与管理、身体的医疗化、医学与文化的互动甚至性别政治和种族政治等问题。

可以说,汉森的研究为我们打开了医疗文化史研究的又一扇窗,更推动了我们对科学与文学的互动关系的理解。在《怀孕文化史》中,汉森讨论的很多文学作品都是我们所熟知的,例如勃朗特的《呼啸山庄》、奥斯汀的《理智与情感》和劳伦斯的《虹》等;从这些作品中解析出与怀孕有关的医学思想和文化观念,是这本书的特色之一,当然也是汉森的研究所长。透过汉森的研究,我们能从中窥见医学与文学相互作用与影响的过程和方式,进而反思医学话语与文学话语之间竞争和共谋的关系。

一言以蔽之,这本书不是一部传统的内史意义上的医学史著作,它是在医学与文化的互动框架中解释"怀孕"和理解"怀孕"的,它将与"怀孕"有关的医学史话题置于更宽泛的国家、社会、家庭以及种族、性别、法律等多重复杂网络中加以探讨,揭示了身体、疾病、医疗、文化和社会之间的复杂关系;它既拓展了医学史研究的领域,同时也可以为文学研究者所借鉴。

在本书的翻译过程中,我要感谢汉森教授,她让我了解到她的学术旨趣与研究成果,并帮助我明确了几处古英语词汇的意思;感谢剑桥大学东亚科学史图书馆莫弗特馆长帮助我确定了几个英语词汇的含义;感谢清华大学刘兵教授对这本书翻译工作的关心和支持;感谢翟源静博士帮我借阅书中涉及的 1 篇小说;感谢吴燕博士为我明确了 1 处拉丁文词汇的含义;感谢我的研究生包明明和马粹参与了本书第 2 章和第 4 章部分内容的初译工作。

  由于时间仓促,加上知识和专业水平有限,本书译文难免有误,敬请读者批评指正。

章梅芳

2009 年 6 月 8 日于北京科技大学